Resto Cité

Resto Cité

1600 restaurants du grand Montréal

Nous reconnaissons l'aide financière du gouvernement du Canada par l'entremise du Programme d'aide au développement de l'industrie de l'édition (PADIÉ) pour nos activités d'édition; du Conseil des Arts du Canada; de la SODEC; du gouvernement du Québec par l'entremise du Programme de crédit d'impôt pour l'édition de livres (gestion SODEC).

Conception graphique et mise en pages : Cyclone design communications

ISBN 2-89568-204-6

Dépôt légal 2003
Bibliothèque nationale du Québec

Imprimé au Canada

Éditions du Trécarré, division de Éditions Quebecor Média inc.
7, chemin Bates
Outremont (Québec) Canada
H4V 4V7

1 2 3 4 5 07 06 05 04 03

MARKETING VIVACITY

« Divertissement à votre portée »

Président
Yashar Moieny

Vice-président opérations
Remy Gounel

Vice-président marketing
Anthonio Arcoraci

Finances
Thierry Dubois

Pour nous contacter :
Vente et informations générales
sales@vivacityonline.com

Informations générales
et commentaires:
info@vivacityonline.com

Concours :
concours@vivacityonline.com

Pour contacter le webmestre :
webmestre@vivacityonline.com

RESTO-CITÉ

Directeur de la publication
Yashar Moieny

Traduction
Sébastian P. Stefanov

Rédacteur en chef
Sébastian P. Stefanov

Critiques gastronomiques: Vatche Bartekian, Mark Pittana, Anthony Arcoraci, Armando Gomez.

Photographies: Yashar Moieny, Vatche Bartekian
Chez La Mère Michel :
René Delbuguet
Alpenhaus : photos fournies par Alpenhaus
Les Chenêts : photos fournies par Les Chenêts
Le Bleu Raisin : Arnaud Thomas
Le Stash Café : photos fournies par Stash Café

Resto Cité

TABLE DES MATIÈRES

TABLE DES MATIÈRES

REMERCIEMENTS

Marketing VivaCity aimerait remercier en particulier l'équipe des Éditions du Trécarré pour son étroite collaboration tout au long de ce projet qui a ainsi permis d'offrir ce guide au grand public. Merci également aux propriétaires de nos meilleurs vingt-cinq restaurants pour leurs produits et services, et pour leur passion de l'art culinaire.

Grâces soient rendues à ma famille pour le soutien qu'elle m'a accordé. Et ma gratitude s'adresse, bien entendu, à tous les restaurants de Montréal.

Nous aimerions aussi adresser nos vifs remerciements aux personnes qui ont participé à la réalisation de cet ouvrage. Sans leur travail acharné et leurs efforts obstinés, ce guide n'aurait pu voir le jour : Vahe Bartekian, Viken Bartekian, Neil Fluckiger, Ancil Maraj, Sara Moieny, Patty Pangnasith et Johnny Yang.

Avertissement : *Les renseignements fournis dans ce guide datent de cette année. Tous les efforts ont été faits pour vous donner les informations les plus exactes. Si vous constatez des erreurs ou des omissions, n'hésitez pas à communiquer avec VivaCity (info@vivacityonline.com).*

INTRODUCTION

Comment se servir du guide?

Le guide Resto Cité a été conçu de manière à pouvoir être utilisé facilement. Vous y trouverez une liste exhaustive d'environ 1600 restaurants situés dans la grande région de Montréal. Chaque restaurant comporte une brève description, ses adresse et numéro de téléphone, l'échelle de prix appliquée et le type de cuisine qui le caractérise.

L'ouvrage est aisé à consulter. Dans un premier temps est mentionnée l'origine, c'est-à-dire la nationalité : cuisine italienne, française, mexicaine, etc. Par la suite, les restaurants sont rassemblés en quatre grandes régions : Montréal, Laval, Ouest de l'Île et Rive-Sud. Puis par quartiers ou villes tels que centre-ville, Plateau, Vieux-Montréal, Longueuil, Pointe-Claire, etc. Enfin, le regroupement final est trié par prix, ce qui vous permet d'établir vos préférences en fonction de votre budget.

Vous y trouverez également une liste des vingt-cinq meilleurs restaurants de Montréal. L'icône ☆ signale l'un de nos 25 coups de cœur. Nous vous invitons à lire une description plus détaillée de ces restaurants à la fin du livre. VivaCity a choisi ces restaurants pour la qualité de leur service, leur ambiance et l'excellence de leur cuisine. Le guide souligne, pour chacun des restaurants, les joies culinaires qu'il vous réserve et, en général, ce qui fait de ces établissements les meilleurs qui soient en ville. Cette liste unique en son genre vous révélera bien des surprises gastronomiques.

Icône Terrasse ⚲
Icône Apportez votre vin ☿

À la suite des renseignements fournis, nous avons conçu des icônes qui désignent les établissements où l'on peut apporter son vin et ceux qui comportent une terrasse.

Qui sommes-nous ?

Marketing VivaCity a été créé pour offrir aux Montréalais et aux touristes de la région montréalaise une source de renseignements inégalés sur les restaurants ainsi que sur les boîtes de nuit de Montréal. Le site Web dispense ce service gratuitement et de manière plus efficace et plus pertinente que ne s'y sont employés d'autres fournisseurs de services semblables. Deux outils de recherche, l'un simplifié et l'autre détaillé, permettent dorénavant aux internautes intéressés de repérer rapidement l'endroit idéal pour leurs futures sorties. De plus, grâce à la collaboration récente entre Marketing VivaCity et les Éditions du Trécarré, *le guide Resto Cité* offre au grand public une nouvelle voie d'accès à notre bloc d'information sans pareil.

Tout cela n'étant que la première phase d'activité de Marketing VivaCity, l'administration a pour autre objectif de multiplier pour le public les sources d'accès à l'information, de réaliser des sources de promotion à son intention et de continuer à lui offrir des renseignements soigneusement mis à jour. En conclusion, je souhaite que vous ayez autant de plaisir à découvrir les restaurants de Montréal que nous en avons eu nous-mêmes.

Yashar Moieny
Président Marketing VivaCity.

Resto Cité

Montréal

CAVALIER AFGHAN (LE) 🍷 ✦

170, rue Prince-Arthur Est
Plateau Mont-Royal
(514) 284-6662

15 $ à 30 $

Cuisine afghane authentique. Menu composé des meilleurs plats traditionnels. Spécialité : agneau.

....

KHYBER PASS 🍷 ✦ ☆

506, av. Duluth Est
Plateau Mont-Royal
(514) 844-7131

15 $ à 30 $

Cuisine afghane authentique. Essayez leur mantoo et leur sambosa en entrée et leur chopan kebab (agneau) et les diverses spécialités de la maison. Décor typique avec plusieurs photos et tapisseries afghanes. Propriétaire sympathique.

....

Resto Cité

AFRICAIN

KEUR FATOU

66, rue Saint-Viateur Ouest
Mile-End
(514) 277-2221

15 $ et moins

Cuisine du Sénégal. Spécialité : ragoûts de viande. Décoration simple et familiale.

AFRICA

837, av. du Mont-Royal Est
Plateau Mont-Royal
(514) 521-7035

15 $ à 30 $

Cuisine africaine, accent particulier mis sur les plats du Sénégal. Ambiance chaleureuse. Table d'hôte tous les jours.

SOUVENIRS D'AFRIQUE

844, av. du Mont-Royal Est
Plateau Mont-Royal
(514) 598-8181

15 $ à 30 $

Cuisine authentique de tous les coins de l'Afrique. Musiciens la fin de semaine.

MESSOB D'OR (AU)

5690, av. Monkland
Notre-Dame-de-Grâce
(514) 488-8620

15 $ à 30 $

Petit restaurant éthiopien avec 40 places. Spécialités : poulet épicé, steak tartare et agneau. Essayez le injera (pita éthiopien) et le café éthiopien traditionnel.

NIL BLEU (LE)

3706, rue Saint-Denis
Plateau Mont-Royal
(514) 285-4628

15 $ à 30 $

Cuisine éthiopienne au menu varié. Spécialités : agneau, poulet, fruits de mer, plats végétariens. Décor exotique ; ambiance intime. Capacité de 130 personnes. Ouvert depuis plus de 10 ans.

ABIATA

3435, rue Saint-Denis
Quartier latin
(514) 281-0111

15 $ à 30 $

Cuisine éthiopienne avec une bonne sélection de mets végétariens, de poulet, d'agneau et de bœuf. Plats servis sans ustensiles, avec pain injera. Mets variant de très épicés à doux. Décor exotique africain. Essayez le vin éthiopien.

AFRICAIN DU NORD: ALGÉRIEN, MAROCAIN, TUNISIEN

ALGÉRIEN
RITES BERBÈRES

4697, rue de Bullion
Plateau Mont-Royal
(514) 844-7863

15 $ à 30 $

Spécialités incluant un assortiment d'apéritifs, méchoui (agneau du Québec) et couscous maison avec trois sortes de viandes. Deux salles. Établi depuis 18 ans.

GAZELLE (LA)

201-A, rue Rachel Est
Plateau Mont-Royal
(514) 843-9598

15 $ à 30 $

Un des meilleurs couscous en ville. Décor typiquement algérien. Possibilité de danseuses de baladi sur demande.

COIN BERBÈRE (AU)

73, av. Duluth Est
Plateau Mont-Royal
(514) 844-7405

15 $ à 30 $

Spécialité : couscous. 22 ans d'excellence. Ambiance chaleureuse et familiale.

TAROT (AU)

500, rue Marie-Anne Est
Plateau Mont-Royal
(514) 849-6860

15 $ à 30 $

Cuisine algérienne authentique spécialisée en couscous et agneau. Service chaleureux. Capacité de 50 personnes.

MAROCAIN
CHEZ BADI

1675, boul. de Maisonneuve
Ouest
Centre-ville
(514) 932-6144

15 $ à 30 $

Cuisine marocaine. Plats d'influence méditerranéenne incluant couscous, sandwichs de merguez et foie de veau mariné et grillé. Narguilés disponibles.

EL MOROCCO

3450, rue Drummond
Centre-ville
(514) 844-6888

15 $ à 30 $

Restaurant marocain servant de la cuisine kasher. Ambiance idéale pour les sorties en famille ou pour les fêtes. Excellent choix de couscous, de tajines et de salades.

AFRICAIN DU NORD: ALGÉRIEN, MAROCAIN, TUNISIEN

EL MOROCCO II

3450, rue Drummond
Centre-ville
(514) 844-6888

15 $ à 30 $

Restaurant spécialisé en cuisine marocaine traditionnelle. Ambiance marocaine. Table d'hôte le midi et le soir incluant entrée, plat principal, dessert et café.

SOLEIL DE MARRAKECH

5131, boul. Décarie
Côte-des-Neiges
(514) 485-5238

15 $ à 30 $

Fine cuisine marocaine, menu incluant couscous et différents plats traditionnels. Ambiance marocaine, musique arabe. Danseuses de baladi les fins de semaine et sur réservation.

COUSCOUS ROYAL ⚑

919, av. Duluth Est
Plateau Mont-Royal
(514) 528-1307

15 $ à 30 $

Cuisine marocaine traditionnelle. Spécialités : couscous et méchoui. Table d'hôte incluant entrée, plat principal et thé à la menthe. On apporte son vin.

VIEUX SAINT-LAURENT (AU) ⚐

854, boul. Décarie
Saint-Laurent
(514) 855-9855

15 $ et moins

Restaurant marocain. Cuisine style maison, ambiance amicale et plutôt moderne. Service personnalisé ; table d'hôte le midi. Capacité de 30 personnes.

MENARA (LA)

256, rue Saint-Paul Est
Vieux-Montréal
(514) 861-1989

15 $ à 30 $

Menu marocain traditionnel. Décorations féeriques, à la Mille et une nuits. Soirées et menu personnalisés au thème de l'événement. Spectacles de baladi, parfait pour les mariages et les réceptions.

TUNISIEN
KERKENNAH (LE)

1021, rue Fleury Est
Ahuntsic
(514) 387-1089

15 $ à 30 $

Restaurant de fine cuisine tunisienne. Ambiance traditionnelle, musique arabe. Spéciaux le midi pour les gens d'affaires. Bonne carte des vins. Service pour emporter disponible.

SOLEIL (LE)

1624, boul. Saint-Laurent
Plateau Mont-Royal
(514) 287-7489

15 $ et moins

Cuisine nord-africaine. Spécialités : plats algériens, marocains et tunisiens. Ambiance typiquement arabe. Menu différent chaque jour. Certains plats pour aussi peu que 5 $.

KAMELA

1227, rue Marie-Anne Est
Plateau Mont-Royal
(514) 526-0881

15 $ à 30 $

Cuisine africaine, accent mis sur les spécialités de la Tunisie. À essayer : le brick à l'œuf. Bonne sélection de couscous, pizzas et pâtes. Service courtois.

CAFÉ SIDI BOU

3583, rue Jean-Talon Est
Rosemont/Petite-Patrie
(514) 725-9793

15 $ et moins

Ambiance exotique d'Afrique. Décor tunisien. Menu incluant des sandwichs, des keftas et une spécialité du jour. À essayer : leurs narghilés.

....

COUSCOUSSIÈRE (LA)

1460, rue Amherst
Village
(514) 842-6667

15 $ à 30 $

Gastronomie tunisienne proposant une variété de couscous. Ambiance arabe, décor traditionnel, petit salon. Service attentionné. Danseuse de baladi à l'occasion.

....

ÉTOILE DE TUNIS (L')

6701, av. de Chateaubriand
Villeray/Rosemont
(514) 276-5518

15 $ à 30 $

Cuisine style maison. Restaurant familial, ambiance décontractée. Table d'hôte pour deux le soir à partir de 39 $. Le midi pour aussi peu que 11 $.

....

AFRICAIN DU NORD: ALGÉRIEN, MAROCAIN, TUNISIEN

Resto Cité

ALLEMAND ET AUTRICHIEN

ALLEMAND
BERLIN

101, av. Fairmount Ouest
Mile-End
(514) 270-3000

15 $ à 30 $

Restaurant allemand authentique. Belle ambiance la semaine ; atmosphère de beer garden la fin de semaine. Table d'hôte du dimanche au jeudi. Musiciens à l'occasion. Capacité de 85 personnes.

....

CHECKPOINT CHARLIE

50, rue Rachel Est
Plateau Mont-Royal
(514) 842-0191

15 $ à 30 $

Cuisine française et allemande. Spécialités : schnitzels, saucisses et veau. Menu très varié. Décor éclectique et rustique. Éclairage tamisé. Capacité de 24 personnes. Réservations préférables. Excellente carte des vins avec un grand choix au bar.

....

AUTRICHIEN
VIEUX KITZBUHEL

505, boul. Perrot
Île-Perrot
(514) 453-5521

15 $ à 30 $

Établissement situé sur le bord de l'eau. Cuisine autrichienne, allemande et française. Ambiance joviale et chaleureuse. Décor autrichien. Service coutumier, comme en Autriche.

....

Resto Cité

AMÉRICAIN

BUFFALO BILL

700, boul. Crémazie Est
Ahuntsic
(514) 948-4444

5335, ch. Queen-Mary
Côte-des-Neiges
(514) 486-5479

1270, av. Beaumont
Mont-Royal
(514) 342-4443

1995, boul. Marcel-Laurin
Saint-Laurent
(514) 334-2455

1651, av. Dollard
Verdun/LaSalle
(514) 368-2455

4004, rue Sainte-Catherine
Ouest
Westmount
(514) 932-2455

15 $ et moins

Cuisine américaine à prix abordable. Menu pratique qui inclut sous-marins, ailes de poulet, hamburgers et autres confections. À essayer : le spécial à moitié prix à l'achat d'un deuxième hamburger. Ambiance familiale. Table d'hôte disponible.

NICKEL'S

5779, boul. des
Grandes-Prairies
Anjou/Saint-Léonard
(514) 955-9359

1500, av. Atwater
Centre-ville
(514) 907-5555

1384, rue Sainte-Catherine
Ouest
Centre-ville
(514) 932-7771

710, rue Sainte-Catherine Ouest
Centre-ville
(514) 871-2899

5252, ch. de la Côte-des-Neiges
Côte-des-Neiges
(514) 735-7622

5460, rue Sherbrooke Est
Hochelaga-Maisonneuve
(514) 259-6937

1991, boul. Marcel-Laurin
Saint-Laurent
(514) 333-6544

1475, rue Saint-Hubert
Village
(514) 907-1450

6950, rue Saint-Hubert
Villeray/Rosemont
(514) 277-5886

15 $ et moins

Restaurant familial avec un menu très varié : fruits de mer, grillades, pâtes, pizzas, viandes fumées, baguettes et sandwichs. Petit déjeuner servi avec café ou thé jusqu'à 9 h tous les jours. Menu 55 pour les aînés disponible. Ambiance des années 1950.

....

BÂTON ROUGE

7999, boul. Les
Galeries-d'Anjou
Anjou/Saint-Léonard
(514) 355-7330

180, rue Sainte-Catherine Ouest
Centre-ville
(514) 282-7444

5385, rue des Jockeys
Côte-des-Neiges
(514) 738-1616

205-1995, aut. de la Côte-de-Liesse
Saint-Laurent
(514) 856-5555

15 $ à 30 $

Coté un des meilleurs restaurants de côtes levées par les clients. Service très agréable avec un goût de Louisiane. À ne pas manquer.

....

HARD ROCK CAFÉ

1458, rue Crescent
Centre-ville
(514) 987-1420

15 $ et moins

Atmosphère rock 'n roll. Demandez leurs verres souvenirs que vous pourrez garder. Une expérience à ne pas manquer.

....

MISTER STEER

1198, rue Sainte-Catherine Ouest
Centre-ville
(514) 866-3233

15 $ et moins

Gagnant du prix « meilleur hamburger en ville ». Établi depuis 45 ans. Possibilité d'accommoder des groupes de 40 personnes.

....

BRISKETS

1073, Côte du Beaver-Hall
Centre-ville
(514) 878-3641

15 $ et moins

Spécialité: smoked meat. Bonne sélection de grillades et de pizzas. Capacité de 200 personnes. Les touristes s'y sentent toujours bienvenus.

....

WINNIE'S

1455, rue Crescent
Centre-ville
(514) 288-0623

15 $ à 30 $

Menu varié incluant pâtes, steaks et hamburgers. Endroit populaire parmi les gens d'affaires et les personnalités des médias. Cigares disponibles. Ouvert depuis 35 ans.

....

INDIANA'S

2001, rue University
Centre-ville
(514) 845-2002

15 $ à 30 $

Restaurant américain offrant divers mets à bon prix. Délicieuses côtes levées. Idéal pour sorties en famille et entre amis.

....

AMÉRICAIN

Laval

NICKEL'S

1600, boul. Le Corbusier
Laval
(450) 681-8737

15 $ et moins

Restaurant familial avec un menu très varié : pâtes, fruits de mer, grillades, pizzas, viande fumée, sandwichs et baguettes. Petit déjeuner servi avec café ou thé jusqu'à 9 h tous les jours. Menu 55 pour les aînés disponible. Ambiance des années 1950.

....

BENTLEY'S

1845, boul. Saint-Martin Ouest
Laval
(450) 973-1851

15 $ et moins

Pionnier de la cuisson sur pierre chaude. Ambiance décontractée et populaire. Portions très généreuses.

....

BÂTON ROUGE

3035, boul. Le Carrefour
Laval
(450) 681-9902

15 $ à 30 $

Coté un des meilleurs restaurants de côtes levées par les clients. Service très agréable avec un goût de Louisiane. À ne pas manquer.

....

Ouest de l'Île

JACK ASTOR'S

3051, boul. des Sources
Dollard-des-Ormeaux
(514) 685-5225

15 $ et moins

Bon service. Serveurs divertissants. Ambiance parfaite pour la famille. Menu inclut pâtes, hamburgers et sandwichs.

....

BÂTON ROUGE

3839, boul. Saint-Jean
Dollard-des-Ormeaux
(514) 626-6440

15 $ à 30 $

Coté un des meilleurs restaurants de côtes levées par les clients. Service très agréable avec un goût de Louisiane. À ne pas manquer.

....

BUFFALO BILL

8, boul. Brunswick
Pointe-Claire
(514) 695-2455

15 $ et moins

Cuisine américaine à prix abordable. Menu pratique qui inclut sous-marins, ailes de poulet, hamburgers et autres confections. À essayer : le spécial à moitié prix à l'achat d'un deuxième hamburger. Ambiance familiale. Table d'hôte disponible.

....

VESSEL'S & BARRELS

6321, rte. Transcanadienne
Ouest
Pointe-Claire
(514) 695-7550

15 $ et moins

Brasserie avec télévision satellite au bar, salon privé et piste de danse. Grande variété de mets. Cigares cubains disponibles.

....

AMÉRICAIN

Rive-Sud

BÂTON ROUGE

4890, boul. Taschereau
Greenfield Park
(450) 466-3100

15 $ à 30 $

Coté un des meilleurs restaurants de côtes levées par les clients. Service très agréable avec un goût de Louisiane. À ne pas manquer.

....

TEDDY'S DELI & BAR

5000, rue Cousineau
Saint-Hubert
(450) 445-1715

15 $ et moins

Ambiance chaleureuse. Bois et brique. Spécialité : smoked meat.

....

AMÉRICAIN

AMÉRIQUE LATINE

Montréal

CHERO

5761, rue Jean-Talon Est
Anjou/Saint-Léonard
(514) 255-2000

15 $ à 30 $

Restaurant péruvien situé dans un centre commercial de Saint-Léonard. Mets typiques de la côte du Pacifique. Choix de différentes grillades, poissons et fruits de mer. Spécialités incluant jalea de mariscos, ceviche de mérou et conque noire. Ambiance chaleureuse.

RESTAURANT BAR À TAPAS

1468, rue Crescent
Centre-ville
(514) 281-9560

15 $ et moins

Cuisine spécialisée en tapas inspirée des cuisines espagnole et sud-américaine. Excellent choix de fruits de mer et de brochettes. À essayer : les Noches de Cartagène, un plat de pieuvre, crevettes, buccins, calmars et goberge. Décoration moderne et boiseries.

MILSA (LE)

1445, rue Bishop
Centre-ville
(514) 985-0777

15 $ à 30 $

Maison de steaks brésilienne : churrascaria. Danseuses brésiliennes de 20 h à 21 h tous les soirs. Ouvert 7 jours. Spécialité: viandes grillées sur charbon de bois.

BARROS LUCO

204, rue Saint-Viateur Ouest
Mile-End
(514) 273-7203

15 $ et moins

Bistro de quartier où déguster sandwichs et empañadas au fromage ou à la viande. Décor très simple. Ambiance décontractée.

SENZALA

177, av. Bernard Ouest
Mile-End
(514) 274-1464

15 $ à 30 $

Restaurant avec musique live. Bar offrant des cocktails tropicaux à la Brasileira. À essayer : le ceviche, la mariscada et la pieuvre marinée à l'ail. Brunch le dimanche.

AMÉRIQUE LATINE

LAS AMERICAS

6700, rue Clark
Petite Italie
(514) 274-7303

15 $ et moins

Restaurant de cuisine colombienne. Bon rapport qualité/prix et portions généreuses. Ambiance intime.

....

CARRETA (LA)

350, rue Saint-Zotique Est
Petite Italie
(514) 278-5779

15 $ et moins

Cuisine salvadorienne et mets mexicains. Ambiance typique et chaleureuse. Spécialité : pupusas. Excellent rapport qualité/prix.

....

SOSUA

6548, boul. Saint-Laurent
Petite Italie
(514) 271-6622

15 $ et moins

Restaurant spécialisé en cuisine dominicaine. Menu à la carte varié. Ambiance traditionnelle avec musique latine. Orchestre dominicain une fois par mois avec guitariste, chanteurs salsa et meringue.

....

PUCAPUCA

5400, boul. Saint-Laurent
Plateau Mont-Royal
(514) 272-8029

15 $ et moins

Restaurant péruvien avec décor sud-américain. Menu influencé par la cuisine des Incas, surtout composée de poissons frais et pommes de terre. Ambiance des Andes.

....

SELVA (LA) 🍷

862, rue Marie-Anne Est
Plateau Mont-Royal
(514) 525-1789

15 $ et moins

Cuisine péruvienne. Spécialité : poissons frais. Excellent rapport qualité/prix. Ambiance traditionnelle. Table d'hôte incluant entrée, plat principal, dessert et café.

....

SANDWICHMANIA

23, av. du Mont-Royal Est
Plateau Mont-Royal
(514) 281-0400

15 $ et moins

Petit snack-bar chilien confectionnant des chacareros (petits sandwichs au bœuf, au poulet ou au porc), des empañadas et des soupes.

....

CHILENITA (LA)

152, rue Napoléon
Plateau Mont-Royal
(514) 286-6075

15 $ et moins

Petit restaurant comparable à une boulangerie. Cuisine chilienne et mexicaine spécialisée en empañadas. Menu à la carte seulement. Ambiance artisanale et familiale.

....

BAYOU-BRASIL

4552, rue Saint-Denis
Plateau Mont-Royal
(514) 847-0088

15 $ à 30 $

Cuisines brésilienne, cajun et créole. Ambiance brésilienne avec décor colonial et musique d'ambiance : bossa-nova, samba et jazz.

....

Resto Cité

EL TACO DEL TABARNACO

916, av. Duluth Est
Plateau Mont-Royal
(514) 528-9865

15 $ à 30 $

Restaurant latin dont le décor agréable comprend des palmiers. Cuisine abordable plutôt rapide spécialisée en fajitas et jus.

LÉLÉ DE CUCA 🍸

70, rue Marie-Anne Est
Plateau Mont-Royal
(514) 849-6649

15 $ à 30 $

Petit restaurant intime servant des portions généreuses de fruits de mer et poulet. On apporte son vin. Capacité de 40 personnes. Établissement non-fumeurs. Ouvert depuis 22 ans.

VILLA WELLINGTON

4701, rue Wellington
Verdun/Lasalle
(514) 768-0102

15 $ et moins

Menu péruvien composé de fruits de mer et de grillades. Excellent rapport qualité/prix. Ambiance traditionnelle.

COIN SALVADORIEN

7805, boul. Saint-Laurent
Villeray/Rosemont
(514) 274-0962

15 $ et moins

Bon choix de tacos, burritos, huarraches, enchiladas, guacamole. À essayer : le Jarritas, soda fruité. Ambiance et clientèle très latines. Bruyant lors des matchs de soccer à la télévision.

LOS PLANES 🏃

531, rue Bélanger Est
Villeray/Rosemont
(514) 277-3678

15 $ et moins

Petit restaurant salvadorien. Atmosphère latine accueillante. Spéciaux tous les jours incluant différents trios. Spécialité: pupusas.

PUPUSERIA CABANAS

1453, rue Bélanger Est
Villeray/Rosemont
(514) 725-7208

15 $ et moins

Petit restaurant salvadorien spécialisé en fruits de mer. Excellent rapport qualité/prix. Atmosphère typiquement salvadorienne. Spéciaux tous les jours.

LOS PALMAS

632, rue Jarry Est
Villeray/Rosemont
(514) 270-7334

15 $ et moins

Petit restaurant latin à prix modeste. Excellent choix pour une sortie détendue.

CHURROS MONTRÉAL

7497, rue Saint-Hubert
Villeray/Rosemont
(514) 271-6006

15 $ et moins

Restaurant à la cuisine uruguayenne authentique. Ambiance active et courtoise. Spéciaux le midi.

AMÉRIQUE LATINE

AMÉRIQUE LATINE

EL CHALAN

520, rue Beaubien Est
Villeray/Rosemont
(514) 272-5585

15 $ à 30 $

Restaurant péruvien servant une grande sélection d'entrées, de fruits de mer et de viandes. À essayer : les soupes-repas. Ambiance ethnique avec télé en espagnol.

LAS PALMAS PUPUSERIA

632, rue Jarry Est
Villeray/Rosemont
(514) 270-7334

15 $ à 30 $

Restaurant salvadorien. On apporte son vin. Spécialités: pupusas, tacos, burritos et grillades. Cuisine simple offrant des portions généreuses.

COIN DU MEXIQUE (LE)

2489, rue Jean-Talon Est
Villeray/Rosemont
(514) 374-7448

15 $ à 30 $

Cuisine mexicaine. Plats populaires : tacos, grillades, enchiladas et autres festins. Décor aux couleurs vives. Ambiance latine chaleureuse.

MELCHORITA

7901, rue Saint-Dominique
Villeray/Rosemont
(514) 382-2129

15 $ à 30 $

Cuisine maison typiquement péruvienne. Plusieurs spécialités, parmi lesquelles les ceviches et les calmars frits. Petits déjeuners disponibles tous les jours. Excellent rapport qualité/prix.

ECHE PA' ECHARLA

7216, rue Saint-Hubert
Villeray/Rosemont
(514) 276-3243

15 $ à 30 $

Cuisine péruvienne authentique. Spécialité: plats maritimes. Décore simple et service calme. Ambiance et menu sans prétention.

EL JIBARO

7183, rue Saint-Hubert
Villeray/Rosemont
(514) 948-4827

15 $ à 30 $

Restaurant servant une cuisine péruvienne authentique dans un décor traditionnel. Spécialité de la maison : soupe des amoureux. Bon choix de fruits de mer, brochettes et autres confections péruviennes.

IRAZU

1028, rue Saint-Zotique Est
Villeray/Rosemont
(514) 279-0027

15 $ à 30 $

Restaurant de fine cuisine costaricaine : grillades, fruits de mer, poissons et soupes traditionnelles. À essayer : leur carne casado. Décoration traditionnelle. La table d'hôte le midi et le soir inclut une entrée, le plat principal et un dessert.

ASIATIQUE

PAPAYER (LE)

1432, rue Fleury Est
Ahuntsic
(514) 381-8088

15 $ et moins

Cuisine japonaise, thaïlandaise et viet-namienne. Ambiance moderne. Capacité de 72 personnes. À essayer: la surprise du chef. Ce dernier vous préparera un plat à sa guise à partir d'une viande de votre choix.

PIMENT FORT (LE) 🍷

8460, boul. Lacordaire
Anjou/Saint-Léonard
(514) 326-5002

15 $ et moins

Restaurant non-fumeurs. Spécialités sichuanaises et vietnamiennes.

SOUPES ET NOUILLES

1871, rue Sainte-Catherine
Ouest
Centre-ville
(514) 933-0531

15 $ et moins

Cuisine orientale : nouilles, soupes, rou-leaux. Grand choix à bas prix. Service rapide. Spécialité de la maison : poulet du Général Tao.

ACCESS ASIA

904, rue Sherbrooke Ouest
Centre-ville
(514) 842-5381

15 $ et moins

Mets thaïlandais, chinois et vietnamiens. Bières asiatiques seulement.

SINGAPOUR (LE)

2090, rue de la Montagne
Centre-ville
(514) 288-8898

15 $ à 30 $

Fine cuisine orientale. Décor moderne. Table d'hôte le midi incluant soupe, rou-leau, riz et plat principal. Spéciaux pour deux à quatre personnes le soir. Portes coulissantes ouvertes l'été.

BAGUETTE D'IVOIRE (LA)

1242, rue Mackay
Centre-ville
(514) 932-7099

15 $ à 30 $

Restaurant vietnamien, thaïlandais et chinois. Spécialité: combinés (combo) de fruits de mer. Excellent bœuf au basilic. Bière, vin et saké. Décor asiatique.

ASIATIQUE

CITÉS D'ASIE

1242, rue Drummond
Centre-ville
(514) 398-0456

30 $ à 45 $

Grand restaurant de cuisine asiatique situé dans l'hôtel Best Western Europa. Grand choix de mets : cantonais, mandarins, thaïlandais, pékinois, japonais, etc. Ambiance moderne.

ZYNG

5515, av. Monkland
Notre-Dame-de-Grâce
(514) 481-2020

1371, rue du Mont-Royal Est
Plateau Mont-Royal
(514) 284-2016

1748, rue Saint-Denis
Quartier latin
(514) 284-2016

1254, rue Sainte-Catherine Est
Village
(514) 684-9454

15 $ et moins

Repas personnalisés au choix du client. Assortiments de légumes frais. Spécialité : bol-repas. Aussi une épicerie asiatique offrant une grande variété de noix et de thés.

ASEAN GARDEN

5828, rue Sherbrooke Ouest
Notre-Dame-de-Grâce
(514) 487-8868

15 $ et moins

Établissement de deux étages offrant une variété de mets japonais, thaïlandais, sichuanais et dim sum. Capacité maximale de 300 personnes.

TAMPOPO

4449, rue de Mentana
Plateau Mont-Royal
(514) 526-0001

15 $ et moins

Nouilles de différents pays d'Asie. Décor japonais avec chambres tatami et tables basses. Prix abordables.

SOY

5258, boul. Saint-Laurent
Plateau Mont-Royal
(514) 499-9399

15 $ à 30 $

Cuisine coréenne, thaïlandaise, cantonaise et sichuanaise. Table d'hôte à partir de 14 $. À essayer: le saumon au saké et le bœuf BBQ coréen. Décoration unique et ambiance chaleureuse.

GINGER

16, av. des Pins Est
Plateau Mont-Royal
(514) 844-2121

15 $ à 30 $

Restaurant asiatique au décor élégant. Menu présentant une variété de spécialités asiatiques.

TONG POR

43, rue de la Gauchetière Est
Quartier chinois
(514) 393-9975

15 $ à 30 $

Cuisine chinoise, vietnamienne et thaïlandaise authentique. Spécialités : poulet du Général Tao et canard. Bonne sélection de nouilles.

ASIE MODERNE

1017, boul. Saint-Laurent
Quartier chinois
(514) 875-8888

1676, rue Poirier
Saint-Laurent
(514) 748-0567

15 $ à 30 $

Cuisine thaïlandaise, vietnamienne, cambodgienne et chinoise. Ambiance de détente. À essayer: les rouleaux impériaux aux crevettes et le poulet du Général Tao.

FOU D'ASIE

1732, rue Saint-Denis
Quartier latin
(514) 281-0077

15 $ à 30 $

Cuisine authentique. Mets asiatiques divers incluant le sushi. Excellente carte des vins. Rapport qualité/prix respectable.

ÉPICERIE KEIPHAT

4215, rue Jarry Est
Villeray/Rosemont
(514) 376-5749

15 $ et moins

Grande épicerie asiatique où l'on peut déguster une bonne variété de mets populaires thaïlandais, cantonais et vietnamiens. Portions généreuses.

LYS DE SZECHUAN

4022, rue Sainte-Catherine
Ouest
Westmount
(514) 932-1968

15 $ à 30 $

Spécialités thaïlandaises, sichuanaises et japonaises : boulettes de pâte de Hunan, poulet du Général Tao, rouleaux printaniers, sushi et pad thaï. Décor chic mais ambiance décontractée. Livraison possible.

Ouest-de-l'Île

ZYNG

3343, boul. des Sources
Dollard-des-Ormeaux
(514) 523-8883

15 $ et moins

Repas personnalisés au choix du client. Assortiments de légumes frais. Spécialité : bol-repas. Aussi une épicerie asiatique offrant une grande variété de noix et de thés.

Rive-Sud

ZENDO

450, boul. de Mortagne
Boucherville
(450) 641-8488

15 $ à 30 $

Fine cuisine japonaise, vietnamienne, thaïlandaise, sichuanaise et pékinoise. Table d'hôte le midi et le soir incluant entrée, plat principal, dessert et café ou thé. Chambres tatami, paravents shoji et comptoir de sushi.

VIET THAI 🍷

7525, boul. Taschereau
Brossard
(450) 676-4452

15 $ et moins

Cuisine vietnamienne et thaïlandaise. Service rapide. Excellent rapport qualité/prix. Rouleaux printaniers délicieux.

ASIATIQUE

TIKI SUN

1463, ch. Chambly
Longueuil
(450) 674-2888

15 $ et moins

Cuisine chinoise simple. Ambiance chaleureuse. Décor chinois. Excellent rapport qualité/prix.

....

ÉTOILES D'ASIE (LES)

♈

227, rue Richelieu
Saint-Jean-sur-Richelieu
(450) 358-1061

15 $ et moins

Spécialités cambodgiennes, vietnamiennes et thaïlandaises : rouleaux printaniers et des plats saïgonnais à ne pas manquer. Ambiance feutrée.

....

ASEAN GARDEN

116, route 132
Saint-Constant
(450) 632-1400

15 $ et moins

Établissement offrant une variété de mets japonais, thaïlandais, sichuanais et dim-sum. À essayer : le menu de dégustation à 20 $ incluant les sushis. Décor moderne avec des touches asiatiques.

....

ASIATIQUE

BAR SPORTIF

CAGE AUX SPORTS (LA)

6419, rue Jean-Talon Est
Anjou/Saint-Léonard
(514) 259-2095

1212, rue de la Gauchetière
Ouest
Centre-ville
(514) 925-2255

1437, boul. René-Lévesque
Ouest
Centre-ville
(514) 878-2243

10715, boul. Pie-IX
Montréal-Nord
(514) 324-2243

1244, av. Beaumont
Mont-Royal
(514) 739-2243

3450, chemin de la
Côte Côte-Vertu
Saint-Laurent
(514) 332-2243

7077, boul. Newman
Verdun/LaSalle
(514) 363-1403

395, rue LeMoyne
Vieux-Montréal
(514) 288-1115

15 $ et moins

Brasserie parfaite pour les gens qui aiment le sport et une ambiance animée. 4 à 7, combinés (combos) le mercredi et spécial ailes de poulet le jeudi. Dimanche : gratuit pour les enfants ! Grande variété de grillades et assortiment de vins.

CHAMPS

3956, boul. Saint-Laurent
Plateau Mont-Royal
(514) 987-6444

15 $ et moins

Établissement abritant un restaurant et un bar. Spéciaux tous les jours. Parfait pour les soirées de sport.

Resto Cité

BAR SPORTIF

CAGE AUX SPORTS (LA)

2900, boul. Le Carrefour
Laval
(450) 688-8244

15 $ et moins

Brasserie parfaite pour les gens qui aiment le sport et une ambiance animée. 4 à 7, combinés (combos) le mercredi et spécial ailes de poulet le jeudi. Dimanche : gratuit pour les enfants ! Grande variété de grillades et assortiment de vins.

Ouest-de-l'Île

CAGE AUX SPORTS (LA)

6321, rte. Transcanadienne
Pointe-Claire
(514) 694-4915

15 $ et moins

Brasserie parfaite pour les gens qui aiment le sport et une ambiance animée. 4 à 7, combinés (combos) le mercredi et spécial ailes de poulet le jeudi. Dimanche : gratuit pour les enfants ! Grande variété de grillades et assortiment de vins.

....

Rive-Sud

CAGE AUX SPORTS (LA)

1150, rue Volta
Boucherville
(450) 641-2243

15 $ et moins

Brasserie parfaite pour les gens qui aiment le sport et une ambiance mouvementée. 4 à 7, combinés (combos) le mercredi et spécial ailes de poulet le jeudi. Dimanche : gratuit pour les enfants ! Grande variété de grillades et assortiment de vins.

....

JACK'EEZ

1717, boul. Périgny
Chambly
(450) 447-0008

15 $ et moins

Resto-bar similaire à Moe's. Discothèque les fins de semaine. Spécialité: hamburgers.

....

BELGE

ACTUEL (L')

1194, rue Peel
Centre-ville
(514) 866-1537

15 $ à 30 $

Cuisine belge authentique. À essayer: les moules et les crevettes. Jambon aux œufs très populaire. Ambiance familiale.
....

FRITE ALORS

5235-A, av. du Parc
Mile-End
(514) 948-2219

1562, av. Laurier Est
Plateau Mont-Royal
(514) 524-6336

433, rue Rachel Est
Plateau Mont-Royal
(514) 843-2490

15 $ et moins

Spécialités : frites et sauces. Hamburgers exotiques cajuns et à l'agneau. Cuisine ouverte. Ambiance branchée et musique populaire.
....

WITLOOF (LE)

3619, rue Saint-Denis
Plateau Mont-Royal
(514) 281-0100

15 $ à 30 $

Cuisine belge. À essayer: le fromage de chèvre et le saumon (entrées), le tartare au chocolat et la soupe à la vanille. Menu original à découvrir. Moules et frites aussi. Ambiance sereine et calme.
....

PETIT MOULINSART (LE)

139, rue Saint-Paul Ouest
Vieux-Montréal
(514) 843-7432

15 $ à 30 $

Bistro belge et français de 70 places établi depuis 13 ans. Spécialité de la maison : moules. Table d'hôte incluant choix entre : côtes de veau, poisson, tartare et bavette de bœuf ou de cheval. Décor vieillot. Maison bicentenaire.
....

Rive-Sud

BISTRO DES BIÈRES BELGES (LE)

2088, rue Montcalm
Saint-Hubert
(450) 465-0669

15 $ à 30 $

*Spécialités : moules et frites. Une cen-
taine de sortes de bières importées.
Bâtisse centenaire.*

....

BELGE

BISTRO

ESTAMINET (L')

1340, rue Fleury Est
Ahuntsic
(514) 389-0596

15 $ et moins

Bistro parfait pour les causeries. Spécialité: salades. Décor contemporain sans prétention et musique d'ambiance. Table d'hôte le soir.

GENTILE BAR

9299, av. du Parc
Ahuntsic
(514) 383-9299

15 $ et moins

Bistro italien d'ambiance méditerranéenne avec un restaurant et café. Menu toujours différent. Parfait pour les collations et sorties entre amis. Situé dans le centre Cité de la mode. Ouvert depuis 1959.

CAFÉ PETIT FLORE

1145, rue Fleury Est
Ahuntsic
(514) 387-2640

15 $ à 30 $

Deux sections : resto et bistro. Cuisine française et menu varié. Ambiance relaxante, parfaite pour les sorties entre amis.

MILANO CAFÉ

5190, rue Jarry Est
Anjou/Saint-Léonard
(514) 852-9452

15 $ et moins

Bistro italien avec café. Spécialités : sandwichs, sous-marins, soupes et salades. Ambiance animée. Capacité de 70 personnes. Cuisine ouverte.

PANINO ESPRESSO

5124, rue Jean-Talon Est
Anjou/Saint-Léonard
(514) 721-9444

15 $ et moins

Restaurant à l'ambiance familiale typiquement italienne. Au menu : sandwichs, pâtes et salades. On s'y sent chez soi.

STEAK FRITES ST-PAUL

6675, rue Jean-Talon Est
Anjou/Saint-Léonard
(514) 252-7829

12, rue Saint-Paul Ouest
Vieux-Montréal
(514) 842-0972

15 $ à 30 $

Cuisine française. Steak, filet mignon. Aussi, variété de tapas. Idéal pour les repas d'affaires et après les sorties le soir. Sélection de vins privés.

BISTRO

CAFÉ BISTRO BAROQUE

190, rue Sainte-Catherine Ouest
Centre-ville
(514) 844-3912

15 $ et moins

Décor éclectique au thème baroque. Reproductions d'œuvres d'art. Cuisine santé.

....

BEAUX JEUDIS (LES)

1449, rue Crescent
Centre-ville
(514) 281-5320

15 $ à 30 $

Brasserie parisienne de style classique. Cuisine décontractée à prix abordable. Réservez pour les anniversaires et les événements spéciaux.

....

BOUQUET (LE)

475, av. du Président-Kennedy
Centre-ville
(514) 286-1986

15 $ à 30 $

Ambiance chaleureuse. Récemment rénové. Musique douce. Menu très varié. Bon prix. Table d'hôte tous les jours.

....

GUTENBERG (LE)

359, av. du Président-Kennedy
Centre-ville
(514) 285-8686

15 $ à 30 $

Bistro style bourgeois Art Déco. Spécialités : gibier du Québec et canard. Ouvert le midi pour repas d'affaires et salle à manger conviviale le soir.

....

GRAND COMPTOIR (LE)

1225, rue du Square-Phillips
Centre-ville
(514) 393-3295

15 $ à 30 $

Charmant bistro parisien. Spécial au menu tous les jours le midi et le soir, incluant une soupe, plat principal et dessert pour aussi peu que 10 $.

....

BISTRO ROCK DÉTENTE

1410, rue Peel
Centre-ville
(514) 847-9005

15 $ à 30 $

Spécialité: bavette. Table d'hôte différente chaque semaine. Moules à volonté à partir de 17 h. Deux étages. Bar parfait pour le 5 à 7.

....

MONTRÉALAIS (LE)

900, boul. René-Lévesque Ouest
Centre-ville
(514) 954-2261

15 $ à 30 $

Bistro situé dans l'hôtel Reine-Élisabeth. Restaurant et bar sur deux niveaux. Buffet le midi incluant accès au comptoir à dessert. Belle vue sur la cathédrale.

....

BISTRO GOURMET (AU)

2100, rue Saint-Mathieu
Centre-ville
(514) 846-1553

15 $ à 30 $

Bistro spécialisé en carrés d'agneau, ris et rognons de veau. Capacité de 35 personnes. Ambiance intime. Établi depuis 12 ans.

....

CAFÉ DES BEAUX-ARTS

1384, rue Sherbrooke Ouest
Centre-ville
(514) 843-3233

15 $ à 30 $

Fine cuisine française avec un soupçon d'influence italienne et portugaise. À essayer: le jarret d'agneau, le portobello, le risotto et les pétoncles rôtis. Capacité de 75 personnes. Situé au deuxième étage du pavillon principal du Musée des beaux-arts de Montréal. Ambiance thématique.

CROCODILE

5414, av. Gatineau
Côte-des-Neiges
(514) 733-2125

15 $ et moins

Resto-bar. Salle de billard. Ambiance, parfaite pour les étudiants.

BISTRO OLIVIERI

5219, ch. de la Côte-des-Neiges
Côte-des-Neiges
(514) 739-3303

15 $ à 30 $

Bistro servant différentes cuisines du monde. Endroit décontracté, idéal comme lieu de rencontre entre amis et les sorties en famille.

RESTAURANT BISTRO L'ADRESSE ⚑

6060, rue Sherbrooke Est
Hochelaga-Maisonneuve
(514) 252-9014

15 $ à 30 $

Bistro spécialisé en truite, foie de veau et agneau. Capacité de 70 personnes. Vin, bière et spiritueux. Table d'hôte le midi et le soir. Décor moderne. Ambiance française.

MELEVEN

12910, rue Sherbrooke Est
Montréal-Est
(514) 642-2632

15 $ et moins

Table d'hôte et petit déjeuner 24 heures. Trois sections : pub, salle à manger et casino.

CAFÉ SOUVENIR ⚑

1261, av. Bernard Ouest
Outremont
(514) 948-5259

15 $ et moins

Bistro de quartier. Établissement très décontracté et branché, spécialisé en brunchs.

VAUDEVILLE (LE)

361, av. Bernard Ouest
Outremont
(514) 495-8258

15 $ et moins

Ravissant bistro parisien entièrement décoré de blanc. Porte coulissante l'été. À voir ! Spécialités : steaks et grillades. Capacité de 40 personnes.

PARIS-BEURRE (LE) ⚑

1226, av. Van Horne
Outremont
(514) 271-7502

15 $ à 30 $

Bistro parisien décontracté. Spécialités : ris de veau, côte de bœuf et crème brûlée. Table d'hôte le midi et le soir. Terrasse magnifique avec jardin.

BISTRO

Resto Cité

BISTRO

CAFÉ CINÉ LUMIÈRE

5163, boul. Saint-Laurent
Plateau Mont-Royal
(514) 495-1796

15 $ et moins

Bistro où il y a projection de films dans la salle à manger le soir seulement. Décor des années 1940 : vieilles chaises, vieux films. Ambiance intime, parfaite pour les couples.

AUPRÈS DE MA BLONDE

3845, rue Saint-Denis
Plateau Mont-Royal
(514) 845-5385

15 $ et moins

Décor de bois et de brique. Terrasse devant et derrière. Cuisine mixte grecque.

BARBARE (LE)

4670, rue Saint-Denis
Plateau Mont-Royal
(514) 288-8377

15 $ et moins

Resto-bar classique. Service jovial. Clientèle régulière. Décor unique en son genre.

NEWS ROOM CAFÉ

3712, boul. Saint-Laurent
Plateau Mont-Royal
(514) 499-1888

15 $ et moins

Ambiance chaleureuse et branchée. Atmosphère de lounge. Musiciens le samedi soir. Télé satellite pour les événements sportifs. Au menu, pâtes, quiches, paninis et viennoiseries. Petit déjeuner toute la semaine de 8 h à 11 h.

CAFÉ SO

1302, av. du Mont-Royal Est
Plateau Mont-Royal
(514) 590-0076

15 $ et moins

Décor avant-gardiste et ambiance décontractée. Gagnant du concours Design commerce de Montréal. Bon rapport qualité/prix.

PORTÉ DISPARU

957, av. du Mont-Royal Est
Plateau Mont-Royal
(514) 524-0271

15 $ et moins

Expositions de toiles. Étagère de livres. Enclave de jeux pour enfants au fond. Spectacles de blues, jazz et swing vers 20 h. Spécialités : paninis, salades, soupes maison.

BISTRO DULUTH

121, av. Duluth Est
Plateau Mont-Royal
(514) 287-9096

15 $ et moins

Resto-bar. Cuisine méditerranéenne et portugaise. Ambiance décontractée.

BELLES-SOEURS (LES)

2251, rue Marie-Anne Est
Plateau Mont-Royal
(514) 526-1574

15 $ et moins

Bistro de quartier spécialisé en hamburgers. Menu Montignac. Exposition de toiles.

OPINEL

408, rue Gilford
Plateau Mont-Royal
(514) 848-9696

15 $ à 30 $

Bistro haut de gamme. Capacité de 50 personnes. Pianiste le jeudi et le vendredi. Grillades. Carte des vins et menu variés.

917 (AU) ♟

917, rue Rachel Est
Plateau Mont-Royal
(514) 524-0094

15 $ à 30 $

Bistro à l'ambiance typiquement parisienne. À essayer: l'agneau, le magret de canard, le ris de veau et le gâteau au fromage. Portions énormes.

ACADÉMIE (L') ♟

4051, rue Saint-Denis
Plateau Mont-Royal
(514) 849-2249

15 $ à 30 $

Cuisine française et italienne. Ambiance chaleureuse. Table d'hôte le midi et le soir incluant soupe, salade, plat principal et café. Prix abordables.

CAFÉ CHERRIER ⚲

3635, rue Saint-Denis
Plateau Mont-Royal
(514) 843-4308

15 $ à 30 $

Bistro au décor sympathique. Idéal pour les petits déjeuners.

PETIT PORTEFEUILLE (LE) ♟

4593, rue Saint-Denis
Plateau Mont-Royal
(514) 849-8929

15 $ à 30 $

Bistro familial spécialisé en gibiers, poissons et pâtes. Grande sélection de plats. À essayer: le chevreuil aux bleuets.

P'TIT PLATEAU (LE) ♟

330, rue Marie-Anne Est
Plateau Mont-Royal
(514) 282-6342

15 $ à 30 $

Spécialité: mets du Sud-Ouest de la France. Ambiance traditionnelle. Fermé en juillet.

YOYO ♟

4720, rue Marquette
Plateau Mont-Royal
(514) 524-4187

15 $ à 30 $

Fine cuisine française. Spécialités : ris de veau et agneau. On apporte son vin. Capacité de 70 places. Ambiance chaleureuse. Décor sobre.

CAFÉ MÉLIÈS ⚲

3530, boul. Saint-Laurent
Plateau Mont-Royal
(514) 847-9218

15 $ à 30 $

Bistro situé à l'intérieur du complexe Ex-Centris, avec le cinéma de répertoire. Spécialités : bavette, bouillabaisse et poisson. Lounge servant cocktails, vins et digestifs le soir. Décor unique.

BISTRO

BISTRO

EXPRESS (L')

3927, rue Saint-Denis
Plateau Mont-Royal
(514) 845-5333

30 $ à 45 $

Bistro typiquement français. Ambiance chaleureuse et vive. Menu varié entièrement à la carte. Carte des vins à la hauteur de sa réputation.

....

BISTRO 2000

2000, rue Saint-Denis
Quartier latin
(514) 843-2000

15 $ et moins

Bistro spécialisé en steaks et moules. Moules à volonté du lundi au mercredi. Table d'hôte le midi et le soir. Ambiance familiale. Foyer. Capacité de 120 places.

....

BISTRO L'ADRESSE

1254-A, rue Saint-Denis
Quartier latin
(514) 842-5648

15 $ et moins

Bistro avec une touche québécoise, sans prétention. Endroit agréable et chaleureux. Menu du midi incluant steak et saucisses Toulouse. Gros vendeur : grillade de filet d'agneau.

....

BISTRO SAINT-DENIS

1738, rue Saint-Denis
Quartier latin
(514) 842-3717

15 $ à 30 $

Bistro de quartier récemment rénové. L'ambiance se prête aux rencontres entre amis. Bar avec plancher d'ardoise et plafond de cathédrale.

....

BISTRO PAPARRAZZI

6846, boul. Saint-Laurent
Quartier latin
(514) 948-5552

15 $ à 30 $

Pâtes, salades et sandwichs. Ambiance de bistro durant la semaine, plutôt animée les fins de semaine. DJ le vendredi. Spéciaux tous les jours. Capacité de 66 personnes.

....

CAFÉ BISTRO LE VA-ET-VIENT

3706, rue Notre-Dame Ouest
Saint-Henri
(514) 940-2330

15 $ et moins

Petit resto à l'ambiance bien branchée et décontractée. Restaurant de quartier.

....

P'TIT BONHEUR (LE)

2496, rue Notre-Dame Ouest
Saint-Henri
(514) 931-0500

15 $ à 30 $

Bistro style français avec bar complet. Jambon à l'os, ragoût de pattes et mijoté de lapin à ne pas manquer. Décor contemporain. Situé près du théâtre Corona.

....

SANS MENU

3714, rue Notre-Dame O
Saint-Henri
(514) 933-4782

15 $ à 30 $

Beau petit restaurant dont le menu est centré sur une cuisine du marché. Service rapide, simple et cordial. Formidable pour les longues soirées entre amis. Demi-table d'hôte le soir.

....

MONTCLAIR

747, boul. Décarie
Saint-Laurent
(514) 747-3227

15 $ à 30 $

Décor original : banquettes de velours et murs de ciment. Musique et menu diversifiés.

....

BORIS BISTRO

465, rue McGill
Vieux-Montréal
(514) 848-9575

15 $ à 30 $

Bistro plusieurs fois gagnant du concours Design Commerce Montréal pour son décor. Spécialité : cuisse de canard confite. Grande terrasse.

....

CHEZ PLUME

360, rue Saint-Antoine Ouest
Vieux-Montréal
(514) 987-9900

15 $ à 30 $

Bistro avec un juke-box. Spécialités : soupers légers, 5 à 8 et hamburgers. Menu express servi tous les midis. Situé dans l'hôtel Intercontinental.

....

GRILL BISTRO 1 (LE)

183, rue Saint-Paul Est
Vieux-Montréal
(514) 397-1044

15 $ à 30 $

Fine cuisine française. La qualité du service garantit l'ambiance. Table d'hôte tous les jours et spéciaux le midi. Belle terrasse.

....

USINE DE SPAGHETTI PARISIENNE

273, rue Saint-Paul Est
Vieux-Montréal
(514) 866-0963

15 $ à 30 $

Situé dans un ancien bâtiment. Menu à la carte comprenant plusieurs spéciaux. Bonne variété de pâtes.

....

MODAVIE

1, rue Saint-Paul Ouest
Vieux-Montréal
(514) 287-9582

15 $ à 30 $

Spectacle de jazz tous les jours. Spécialité : agneau. Plus de 300 différentes sortes de vins.

....

OGATÔ

1301, rue Sainte-Catherine Est
Village
(514) 528-6222

15 $ et moins

Cuisine italienne à bas prix. Ambiance chaleureuse. Décor sans prétention.

....

SALOON CAFÉ

1333, rue Sainte-Catherine Est
Village
(514) 522-1333

15 $ et moins

Cuisine internationale. Hamburgers, filet mignon et poulet. Ambiance bistro. DJ la fin de semaine et 5 à 7. Deux étages et mezzanine. Les groupes sont bienvenus avec réservations. Tables d'hôtes différentes les midis et les soirs.

....

BISTRO

BISTRO

PETIT EXTRA (AU)

1690, rue Ontario Est
Village
(514) 527-5552

15 $ à 30 $

Bistro raffiné à l'excellente atmosphère qui a reçu de nombreux éloges, incluant dans les journaux. Cuisine variée : agneau, poulet, poisson, et plusieurs desserts au choix.

....

GRAIN DE SEL (LE)

2375, rue Sainte-Catherine Est
Village
(514) 522-5105

15 $ à 30 $

Ambiance chaleureuse et service attentionné. Bistro-resto de style français. Spécialité : bavette de bœuf du maître queux. Menu variable.

....

RESTO BISOUS

1327, rue Sainte-Catherine Est
Village
(514) 526-2552

15 $ à 30 $

Chaleureux bistro au menu très varié : cuisine française, italienne. Fruits de mer. Capacité de 70 places. Table d'hôte le midi et le soir et brunchs le samedi et le dimanche.

....

POTION MAGIQUE (LA)

3017, rue Masson
Villeray/Rosemont
(514) 727-0991

15 $ et moins

Très bon rapport qualité/prix. Bel endroit pour les tête-à-tête. À essayer: la raie et les moules. Menu original.

....

COLBERT (LE) ☂

1235, rue Jean-Talon Est
Villeray/Rosemont
(514) 271-3890

15 $ à 30 $

Fine cuisine. Ambiance rustique. Grande sélection de pâtes, pizzas, veau, grillades et fruits de mer. Salles privées pour 2 à 50 personnes. Parfait pour les fêtes privées. Fermé dimanche et lundi.

....

BISTRO DÉTOUR

2480, rue Beaubien Est
Villeray/Rosemont
(514) 728-3107

15 $ à 30 $

Restaurant français au menu varié offrant viandes, gibiers, abats et poissons. Lieu chaleureux et élégant. Baie vitrée. Capacité de 40 personnes. Table d'hôte, le midi et le soir.

....

BISTRO UNIQUE

1039, rue Beaubien Est
Villeray/Rosemont
(514) 279-4433

15 $ à 30 $

Cuisine maison, ambiance décontractée et service rapide. Tout est fait sur place : pâtes, desserts, pain, etc. Table d'hôte le midi et le soir incluant entrée, plat principal et dessert. Spécialités: pizzas, pâtes et salades. Salle de réception disponible. Établi depuis 20 ans

....

CHEZ NICK

1377, av. Greene
Westmount
(514) 935-0946

15 $ et moins

Restaurant ouvert depuis belle lurette. Spécialité : smoked meat. Atmosphère familiale.

....

MESS HALL

4858, rue Sherbrooke Ouest
Westmount
(514) 482-2167

15 $ à 30 $

Choix impressionnant de cuisines locales et de produits italiens de qualité. Menu composé de pâtes, risotto, canard et veau. À essayer: le steak. Bonne carte des vins.

··

Laval

WILFRED

1974, boul. Le Carrefour
Laval
(450) 973-9131

15 $ et moins

Bistro pasta-bar spécialisé en pâtes et pizzas. Ambiance familiale et décontractée. Table d'hôte le midi et le soir comprenant entrée, plat principal, café et dessert.

··

IL MOMENTO

180, boul. Concorde Ouest
Laval
(450) 667-9300

15 $ et moins

Cuisine style maison. Spécialité : ciabatta. Environnement chaleureux. Foyer. Télévision satellite.

··

STEAK FRITES ST-PAUL

2125, boul. Le Carrefour
Laval
(450) 682-6224

15 $ à 30 $

Cuisine française. Steak, filet mignon et aussi variété de tapas. Idéal pour les affaires et après les sorties le soir. Sélection de vins privés.

··

ACADÉMIE (L') ♟

1730, av. Pierre-Péladeau
Laval
(450) 988-1015

15 $ à 30 $

Cuisine française et italienne. On apporte son vin. Ambiance chaleureuse. Table d'hôte midi et soir incluant soupe, salade, plat principal et café. Prix abordable.

··

PRIMA NOTTE

500, boul. Saint-Martin Ouest
Laval
(450) 975-7555

15 $ à 30 $

Bistro italien spécialisé en pâtes maison. Ambiance calme et romantique le soir et parfaite pour les dîners d'affaires le midi.

··

BISTRO LE MOUTON NOIR ⚐

30, boul. Curé-Labelle
Laval
(450) 628-8176

15 $ à 30 $

Maison centenaire convertie en restaurant de deux étages. Ambiance chaleureuse et détendue avec décor rustique. Deux foyers. Table d'hôte et menu varié. Spécialité: pâtes.

··

Ouest-de-l'Île

BISTRO DESTINATION

aut. 730, Montréal-Toronto
Dorval
(514) 636-1731

15 $ et moins

Établissement plutôt sportif, idéal pour les soirées entre amis. Au menu : pizzas, sous-marins et steaks. Grand choix de

BISTRO

bières importées. Menu du jour le midi. Ambiance chaleureuse et orchestre les fins de semaine. Service de banquets disponible.

....

MARLOWE

981, boul. Saint-Jean
Pointe-Claire
(514) 426-8713

15 $ à 30 $

Resto-bar style boulevard Saint-Laurent spécialisé en cuisines cajun, italienne et thaïlandaise. Cuisine et musique éclectiques.

....

Rive-Sud

BISTRO

STEAK FRITES ST-PAUL
95, boul. de Mortagne
Boucherville
(450) 655-1808

15 $ à 30 $

Cuisine française. Steak, filet mignon. Aussi, variété de tapas. Idéal pour les repas d'affaires et après les sorties le soir. Sélection de vins privés.

....

TIRE-BOUCHON (LE)
141, boul. de Mortagne
Boucherville
(450) 449-6112

15 $ à 30 $

Bistro de style parisien. Mélange de cuisine française, méditerranéenne et nord-africaine.

....

BISTRO LE VIEUX BOURGOGNE
1718, rue Bourgogne
Chambly
(450) 447-9306

15 $ à 30 $

Ouvert seulement le midi. Décor antique.

....

CAFÉ TERRASSE 1957 ⚐
305, rue Saint-Charles Ouest
Longueuil
(450) 928-4628

15 $ à 30 $

Grande sélection de bières de la compagnie Unibroue. Ambiance décontractée. Spécialités : croc 57 et hamburgers.

....

MAGIA (LA) ⚐
361, rue Saint-Charles Ouest
Longueuil
(450) 670-7131

15 $ à 30 $

Bistro typiquement italien spécialisé en pâtes et pizzas. Ambiance animée. Table d'hôte le midi.

....

COMME PAR HASARD
244, rue Saint-Charles Ouest
Longueuil
(450) 679-9590

15 $ et moins

Ambiance chaleureuse. Vieille maison au décor dépareillé. Sans prétention. Spécialités : 18 sortes de hamburgers. Table d'hôte : choix entre pâtes, volaille et veau. Deux types de menus.

....

ÉCHOPPE DES FROMAGES (L') ⚐
12, rue Aberdeen
Saint-Lambert
(450) 672-9701

15 $ et moins

Bistro avec une bonne carte des vins. À essayer: le brunch du dimanche et les assiettes de fromages.

....

CAFÉ

CAFÉ VIENNE

7100, rue Jean-Talon Est
Anjou/Saint-Léonard
(514) 354-1793

1100, rue de la Gauchetière
Ouest
Centre-ville
(514) 861-8487

1500, av. McGill College
Centre-ville
(514) 281-1732

1981, av. McGill College
Centre-ville
(514) 985-6131

625, boul. René-Lévesque Ouest
Centre-ville
(514) 390-8888

1446, rue Sainte-Catherine
Ouest
Centre-ville
(514) 397-8779

460, rue Sainte-Catherine Ouest
Centre-ville
(514) 875-7474

1010, rue Sherbrooke Ouest
Centre-ville
(514) 847-1939

1001, rue Sherbrooke Est
Centre-ville
(514) 598-8533

1701, rue Parthenais
Hochelaga-Maisonneuve
(514) 521-0002

405, rue Sherbrooke Est
Hochelaga-Maisonneuve
(514) 284-6687

4750, av. Henri-Julien
Plateau Mont-Royal
(514) 282-3369

1, rue Notre-Dame Est
Vieux-Montréal
(514) 875-0295

800, rue Sainte-Catherine Est
Village
(514) 287-0040

15 $ et moins

Spécialisé en plats froids : salades et sandwichs. Bon service et choix abondant de viennoiseries. Décor classique.

CAFÉ RÉPUBLIQUE

1429, rue Crescent
Centre-ville
(514) 845-5999

93, rue Sainte-Catherine Ouest
Centre-ville
(514) 840-0000

5693, ch. de la Côte-des-Neiges
Côte-des-Neiges
(514) 733-9633

Resto Cité

CAFÉ

15 $ et moins

Resto-café. Au menu : salades, sandwichs et paninis. Grande variété de cafés.

BRÛLERIE ST-DENIS

977, rue Sainte-Catherine Ouest
Centre-ville
(514) 287-7878

1188, rue Sherbrooke Ouest
Centre-ville
(514) 985-9159

5252, ch. de la Côte-des-Neiges
Côte-des-Neiges
(514) 731-9158

3967, rue Saint-Denis
Plateau Mont-Royal
(514) 286-9158

1587, rue Saint-Denis
Quartier latin
(514) 286-9159

10, rue King
Vieux-Montréal
(514) 389-9159

9740, rue Jeanne-Mance
Villeray/Rosemont
(514) 287-7878

15 $ et moins

Cafés du monde entier torréfiés sur place. Spécialités : café, cacao pur, sandwichs maison et desserts. Ambiance décontractée.

PRESSE CAFÉ

930, rue Sainte-Catherine Ouest
Centre-ville
(514) 395-4416

15 $ et moins

Café bien situé. Cuisine maison offrant différents menus le midi. Grande variété de cafés. À essayer: le coco blanc.

CAFÉ PRESTO

1244, rue Stanley
Centre-ville
(514) 879-5877

15 $ et moins

Cuisine italienne familiale. Menu incluant pâtes, paninis et autres petits délices. Il fait bon se rencontrer là après le travail.

BAGEL EXPRESSIONS BEAVER HALL

1045, côte du Beaver-Hall
Centre-ville
(514) 866-8412

15 $ et moins

Cuisine fraîche et santé : sandwichs personnalisés, paninis et crêpes. Peut accueillir 60 personnes.

CAFÉ DU NOUVEAU MONDE

84, rue Sainte-Catherine Ouest
Centre-ville
(514) 866-8669

15 $ à 30 $

Restaurant français situé à l'intérieur du Théâtre du Nouveau Monde. Deux étages. Atmosphère feutrée. Nomination au concours Design Commerce de Montréal.

CAFÉ FLEURI

4, Complexe Desjardins
Centre-ville
(514) 285-1450

15 $ à 30 $

Restaurant situé à l'intérieur de l'hôtel Wyndham, dans le Complexe Desjardins. Vue sur les jardins de l'hôtel. Petit déjeuner, lunch et buffet.

COULEUR CAFÉ ✑

5555, ch. de la Côte-des-Neiges
Côte-des-Neiges
(514) 735-0967

15 $ et moins

Restaurant au décor intéressant. Ambiance décontractée. Menu incluant paninis, salades et desserts. Café en vente sur place. Grande terrasse.

....

CAFÉ ROMOLO

272, av. Bernard Ouest
Mile-End
(514) 272-5035

15 $ et moins

Endroit tranquille offrant un bon choix de sandwichs et de pizzas. Plus de 50 bières locales, importées et de microbrasseries. Ambiance de café le jour et bistro-bar le soir.

....

CAFÉ SANTROPOL ✑

3990, rue Saint-Urbain
Mile-End
(514) 842-3110

15 $ et moins

Café spécialisé en soupes et sandwichs (fromage frais). Café équitable. Grande terrasse et jardin. Décor coloré. Ambiance chaleureuse et sans prétention.

....

ART FOLIE

5511, av. Monkland
Notre-Dame-de-Grâce
(514) 487-6066

15 $ et moins

Café où les clients font de la peinture pendant qu'ils mangent. Grande sélection de tisanes, thés et biscuits.

....

PALTOQUET (LE)

1464, av. Van Horne
Outremont
(514) 271-4229

15 $ et moins

Établissement réunissant un café et une pâtisserie. Petit déjeuner servi jusqu'à 15 h. Menu incluant sandwichs, salades, croque-monsieurs et quiches. Ambiance typiquement française et familiale.

....

CAFÉ ITALIA

6840, boul. Saint-Laurent
Petite Italie
(514) 495-0059

15 $ et moins

Café italien authentique. Spécialités : cafés espressos, cappuccinos et sandwichs italiens. Bonne sélection de mélanges maison. Beau décor et deux télévisions. Bon rapport qualité/prix.

....

CROISSANTERIE (LA)

3575, av. du Parc
Plateau Mont-Royal
(514) 849-4890

15 $ et moins

Resto français avec un excellent choix de croissants. Menu varié avec une table d'hôte. Petit déjeuner servi jusqu'à 11 h 30. Brunchs le samedi et dimanche.

....

CAFÉ FRUITS FOLIE ✑

3817, rue Saint-Denis
Plateau Mont-Royal
(514) 840-9011

15 $ et moins

Établissement spécialisé en petits déjeuners, cafés et jus fraîchement pressés. Assiettes de fruits impressionnantes. Ambiance familiale. Terrasse sur la rue. Choix varié de cafés.

....

CAFÉ

DEUX MARIE (AUX) ⚐

4329, rue Saint-Denis
Plateau Mont-Royal
(514) 844-7246

15 $ et moins

Cafés du monde entier et bon choix de croissants et de gâteaux. Plusieurs innovations. Café torréfié sur place.

ALCHIMISTE (L') ⚐

5866, av. de Lorimier
Plateau Mont-Royal
(514) 271-7128

15 $ et moins

Café avec une variété de pizzas, hamburgers et salades au menu. Décor chaleureux et ambiance intime. Capacité de 20 personnes. Petite terrasse.

ST-VIATEUR BAGEL & CAFÉ

1127, av. du Mont-Royal Est
Plateau Mont-Royal
(514) 528-6361

15 $ et moins

Café familial spécialisé en bagels maison, cafés espressos et salades. Choix de sept types de bagels faits sur place devant vous. Menu incluant soupes et sandwichs. Murs de brique.

CAFÉ LES ENTRETIENS ⚐

1577, av. Laurier Est
Plateau Mont-Royal
(514) 521-2934

15 $ et moins

Petit café au menu familial. Ambiance détendue. Spécialités : salades, spaghettis et sandwichs. Table d'hôte incluant entrée, plat principal et café.

ARTÉMISE ET AUBÉPINE

1610, rue Marie-Anne Est
Plateau Mont-Royal
(514) 525-7556

15 $ et moins

Herboristerie alimentaire. Cuisine biologique pour emporter (restaurant de huit places). Menu renouvelé quotidiennement. Spécialités : tarte au saumon et lentilles rouges, côtes levées à l'ail et au piment d'Espelette et salade de quinoa, grain sacré des Mayas, importé du Pérou. Aucun alcool et aucune salle de bains. Possibilité d'acheter des plantes médicinales.

DÉLICES BIO

1327-A, rue Mont-Royal Est
Plateau Mont-Royal
(514) 528-8843

15 $ et moins

Cuisine sans agents de conservation (100 % organique). À essayer: les pâtes au poulet ou la moussaka aux lentilles. Ouvert depuis 10 ans. Capacité de 10 personnes. Service pour emporter aussi.

CAFÉ BICYCLETTA

1251, rue Rachel Est
Plateau Mont-Royal
(514) 521-8356

15 $ et moins

Cuisine santé. Menu incluant choix de légumes, salades et sandwichs. Bonne ambiance. Aucune section pour fumeurs. Café de qualité.

CAFÉ

TOASTEUR (LE)

950, rue Roy Est
Plateau Mont-Royal
(514) 527-8500

15 $ et moins

Restaurant de 40 places. À essayer: les assiettes de fruits santé. Décor coloré et ambiance intime. Menu du jour avec table d'hôte le midi. Ouvert de 7 h à 15 h. Petite terrasse.

....

CÉRAMIC CAFÉ-STUDIO

4201, rue Saint-Denis
Plateau Mont-Royal
(514) 848-1119

95, rue de la Commune Ouest
Vieux-Montréal
(514) 868-1611

15 $ et moins

Endroit où les clients font de la peinture en buvant leur café. Spécialités : cafés et desserts. Ambiance et décor coloré. Idéal pour une activité en famille ou entre amis.

....

CAFÉ RÉPUBLIQUE

3563, boul. Saint-Laurent
Plateau Mont-Royal
(514) 840-9044

15 $ et moins

Resto-bar français. À essayer: le filet mignon et les fruits de mer. Décor parisien différent des autres Café République. Capacité de 85 personnes.

....

CYBERGROUND NETCAFÉ

3672, boul. Saint-Laurent
Plateau Mont-Royal
(514) 842-1726

15 $ et moins

Café Internet servant des petites collations et du café seulement. On y trouve 17 ordinateurs avec Internet. Connexion ADSL.

....

COTÉ SOLEIL

3979, rue Saint-Denis
Plateau Mont-Royal
(514) 282-8037

15 $ à 30 $

Spécialités : bavette, moules, carré d'agneau. Ambiance chaleureuse. Deux terrasses l'été. Carte des vins diversifiée.

....

BRIOCHE LYONNAISE

1593, rue Saint-Denis
Quartier latin
(514) 842-7017

15 $ et moins

Restaurant à l'ambiance et au décor français. Spécialités : crêpes bretonnes, croissants et brioches. Table d'hôte légère.

....

ST-SULPICE (LE)

1682, rue Saint-Denis
Quartier latin
(514) 844-9458

15 $ et moins

Café offrant un menu léger qui comprend soupes, hot dogs, hamburgers et salades. Bonne sélection de bières locales. Belle, grande terrasse.

....

CAFÉ

CAFÉ

OLIVIER PÂTISSERIE & CAFÉ

3580, rue Notre-Dame Ouest
Saint-Henri
(514) 937-3132

15 $ et moins

Café européen de quartier avec une pâtisserie et un service de traiteur. Ambiance conviviale et sympathique. Finaliste du concours Commerce design Montréal.

....

FRÉJUS ST-RAPHAEL CAFÉ (LE)

5433, rue Bannantyne
Verdun/LaSalle
(514) 768-2134

15 $ et moins

Café sympathique à l'ambiance chaleureuse et décontractée. Idéal pour les petits déjeuners. Service attentionné. Menu léger, cafés très frais et savoureux. Soirées littéraires.

....

RITZ (LE) 🍷

685, rue de la Commune Ouest
Vieux-Montréal
(514) 879-1874

15 $ et moins

Restauration rapide. Capacité de 40 places. Au menu : club sandwichs, sous-marins et autres plats populaires. Décor moderne. Ambiance animée.

....

CAFÉ LUNA D'ORO

469, rue Saint-François-Xavier
Vieux-Montréal
(514) 288-1999

15 $ et moins

Petit restaurant chaleureux. Cuisine maison comprenant pâtes, salades et paninis. Café équitable (produit sans exploitation d'ouvriers). Spécialité : tiramisu. Petit déjeuner et dîner chaque jour. Brunch le samedi.

....

KILO CAFÉ

1495, rue Sainte-Catherine Est
Village
(514) 596-3933

15 $ et moins

Spécialités: sandwichs santé, salades et desserts. Table d'hôte tous les jours. Ambiance décontractée le jour et animée les fins de semaine. Capacité de 90 personnes.

....

ORIENT EXPRESS (L')

1560, rue Sainte-Catherine Est
Village
(514) 523-4679

15 $ et moins

Café en forme de train au cachet des années 1950. Spécialités: sandwichs et desserts. Ouvert 24 heures tous les jours.

....

CAFÉ MOUSSE

2522, rue Beaubien Est
Villeray/Rosemont
(514) 376-8265

15 $ et moins

Concept original : une section buanderie et l'autre café. Capacité de près de 60 personnes. Décor coloré et atmosphère sympathique. Vin, bière et spiritueux. À essayer: leur poncho (sandwich sur pain tortilla avec jambon), leur chili gratiné et leurs soupes.

....

CAFÉ EURÉKA

2907, rue Dandurand
Villeray/Rosemont
(514) 374-5858

15 $ et moins

Petit café qui sert des très bons cafés, salades, sandwichs et desserts. Tout est fait sur place. Ambiance sans prétention et conviviale. Décor simple et un peu rétro.

....

CAFÉ LÉZARD

3119, rue Masson
Villeray/Rosemont
(514) 729-3777

15 $ et moins

Décor décontracté. Menu inclut sandwichs, paninis, salades et desserts. Bon rapport qualité/prix.

....

DERNIERS HUMAINS (AUX)

6950, rue Saint-Denis
Villeray/Rosemont
(514) 272-8521

15 $ et moins

Restaurant de quartier à l'ambiance très détendue. Décor artistique et baie vitrée. Petit déjeuner servi toute la journée. Table d'hôte et menu varié incluant côtelettes d'agneau, confit de canard, omelettes, salades, hamburgers et calzones. Argent comptant seulement.

....

CAFÉ ROMA

1667, rue Villeray
Villeray/Rosemont
(514) 593-0698

15 $ et moins

Établi depuis plus de 50 ans. Atmosphère de quartier. Spécialités : cafés et paninis.

....

CAFÉ ET BOUFFE ♀

171, rue Villeray
Villeray/Rosemont
(514) 277-7455

15 $ à 30 $

Bistro de quartier. Caché sur une rue tranquille du quartier Villeray. Menu incluant sandwichs, salades et pâtes. Ambiance décontractée.

....

CALORIES ⚐

4114, rue Sainte-Catherine Ouest
Westmount
(514) 933-8186

15 $ et moins

Café servant d'excellents desserts. Service courtois et expérimenté. Ambiance calme et accueillante. Variété de sandwichs et de salades. Spéciaux tous les jours.

....

CAFÉ HOT

4104, rue Sainte-Catherine Ouest
Westmount
(514) 932-1158

15 $ et moins

Restaurant de cuisine grecque. Menu composé de plats maison. Atmosphère calme et décontractée.

....

Laval

BRÛLERIE ST-DENIS

1599, boul. Saint-Martin Ouest
Laval
(450) 975-9159

15 $ et moins

Cafés du monde entier torréfiés sur place. Spécialités : café, cacao pur, sandwichs maison et desserts. Ambiance décontractée.

....

CAFÉ)

CÉRAMIC CAFÉ-STUDIO

565, boul. Saint-Martin Ouest
Laval
(450) 669-9399

15 $ et moins

Endroit où les clients font de la peinture en buvant leur café. Spécialités : cafés et desserts. Ambiance et décor colorés. Idéal pour une activité en famille ou entre amis.

....

Ouest-de-l'Île

CALORIES

6321, rte Transcanadienne
Ouest
Pointe-Claire
(514) 630-6729

15 $ et moins

Café servant d'excellents desserts. Service courtois et expérimenté. Ambiance calme et accueillante. Variété de sandwichs et de salades disponibles. Spéciaux tous les jours.

....

Rive-Sud

CÉRAMIC CAFÉ-STUDIO

6925, boul. Taschereau
Brossard
(450) 443-8582

15 $ et moins

Endroit où les clients font de la peinture en buvant leur café. Spécialités : cafés et desserts. Ambiance et décor colorés. Idéal pour une activité en famille ou entre amis. Section restaurant disponible. Menu incluant pizzas au four à bois, bagels et paninis.

....

CAFÉ RAMSES

8500, boul. Taschereau
Brossard
(450) 923-4659

15 $ et moins

Plus gros établissement de narghilés à Montréal. Spécialité : narghilés (20 saveurs différentes). Décor égyptien. Atmosphère style lounge. Cuisine arabe et orientale. À essayer: leur hummus et leurs hamburgers montagnards. Jus de fruits fraîchement pressés. Fermé le mardi.

....

CAFÉ PASSION

476, av. Victoria
Saint-Lambert
(450) 671-1405

15 $ et moins

Ambiance romantique et classique avec un décor chaleureux. Spécialités : sandwichs et salades. Grand choix de desserts. Excellente variété de cafés.

....

CAFÉ

CAJUN, CRÉOLE, CARAÏBES

ANTILLAIS AUX CAPRICES DE TOUS

5810, boul. Gouin Ouest
Ahuntsic
(514) 337-9393

15 $ et moins

Cuisine cajun. Spécialités: poulet, porc frit et vivaneau rouge. Capacité de 100 personnes. Ambiance intime dans un décor antillais. Bar et rhum haïtien.

....

CARIBBEAN CURRY HOUSE

6892, av. Victoria
Côte-des-Neiges
(514) 733-0828

15 $ et moins

Établissement reconnu pour son bœuf, son poulet, ses crevettes et son agneau rôti. Ouvert toute la semaine. Vendredis thématiques avec musiciens après 21 h. Musique des Caraïbes : soca, reggae et calypso.

....

INTERNATIONAL

6865, av. Victoria
Côte-des-Neiges
(514) 341-2166

15 $ et moins

Petit restaurant d'une capacité de 25 personnes. Menu incluant poulet, poisson et chèvre.

....

CARILLON TROPICAL (LE)

5872, av. du Parc
Mile-End
(514) 490-1919

15 $ et moins

Spécialités : porc, fruits de mer et tassot de cabri (chevreau). Salle à manger, un salon privé et piste de danse. Musique tropicale.

....

JARDIN DU CARI (LE)

21, rue Saint-Viateur Ouest
Mile-End
(514) 495-0565

15 $ et moins

Petit restaurant à la cuisine authentique. Menu incluant crevettes, chèvre et poulet. Musique et décor des Caraïbes.

....

SOLEIL CRÉOLE (LE)

8123, av. André-Ampère
Montréal-Est
(514) 494-3599

15 $ et moins

Restaurant typiquement créole. Spécialités : poulet grillé, légumes, poisson, lambi et fruits de mer.

....

CAJUN, CRÉOLE, CARAÏBES

CHEZ TOTO
10827, boul. Pie-IX
Montréal-Nord
(514) 324-9792

15 $ et moins

Restaurant de cuisine haïtienne. Prix modérés et service pour emporter.

TROPICO (LE)
9135, boul. Pie-IX
Montréal-Nord
(514) 327-4554

15 $ et moins

Resto haïtien situé au milieu d'un centre commercial. Menu sans prétention. Décor simple et coloré. Service amical et accueillant.

BENEDICTS ⚓
5500, av. Monkland
Notre-Dame-de-Grâce
(514) 481-6075

15 $ à 30 $

Restaurant de quartier avec une ambiance décontractée. Petit déjeuner servi 7 jours par semaine. Menu incluant de l'espadon, du saumon, du poulet et une grande salade servie avec papayes et mangues. Essayer la table d'hôte. Bar complet.

LOUISIANE (LA)
5850, rue Sherbrooke Ouest
Notre-Dame-de-Grâce
(514) 369-3073

15 $ à 30 $

Cuisine ouverte et bar. Ambiance intime. Repas à la chandelle. Menu de la Nouvelle-Orléans : crabe, poulet étouffé, jambalaya et poisson noirci. Jazz et blues.

RAINBOW ♟
5345, boul. de Maisonneuve
Ouest
Notre-Dame-de-Grâce
(514) 486-9496

15 $ et moins

Bistro jamaïcain au rythme reggae son menu offre du poisson frais, poulet jerk et soupes tropicales.

GRAND BAYOU ⚓
12, rue Rachel Ouest
Plateau Mont-Royal
(514) 284-2804

15 $ et moins

Restaurant à l'ambiance de bar sportif de Louisiane. Menu incluant jambalaya, crevettes et steak noirci. Excellente carte des vins. Bar complet. Grande terrasse.

DÉLICES DE L'ÎLE MAURICE ♟
272, rue Hickson
Verdun/LaSalle
(514) 768-6023

15 $ et moins

Petit restaurant spécialisé en cuisine hindoue, chinoise et créole. Ambiance intime, style maison. Situé au bord de l'eau.

PARADIS DES AMIS (LE)
1751, rue Fullum
Village
(514) 525-6861

15 $ à 30 $

Gastronomie antillaise. Décor des Caraïbes (palmiers). Spécialités : langouste, fruits de mer frais, poisson et gibier. Permis d'alcool et carte des vins. Réservations possibles pour événements spéciaux.

Resto Cité

STEVE ANNA

3302, rue Bélanger Est
Villeray/Rosemont
(514) 725-3776

15 $ et moins

Restaurant au décor tropical. Musique et ambiance des Caraïbes. Excellent lieu de rencontre. Spécialités : riz créole et griot (porc frit).

PICKS CARIBBEAN 🍸

5155, boul. de Maisonneuve
Ouest
Westmount
(514) 486-1857

15 $ et moins

Restaurant de quartier à l'ambiance décontractée. Spécialités incluant chèvre au curry, poulet jerk, queue de bœuf et vivaneau rouge (mets traditionnels de la Jamaïque). Fermé le dimanche.

Ouest-de-l'Île

CAJUN BLUES 🍹 ☆

60, rue Sainte-Anne
Sainte-Anne-de-Bellevue
(514) 457-0878

15 $ à 30 $

Cuisine cajun authentique. Spécialités : crevettes créoles et jambalaya. Côtes levées sublimes. Ambiance chaleureuse. Musiciens le samedi durant l'hiver. Lieu attachant sur le bord de l'eau. Belle terrasse. À ne pas manquer.

Rive-Sud

CARAÏBANA

1306, boul. Sainte-Foy
Longueuil
(450) 670-8314

15 $ et moins

Ambiance typiquement antillaise. Spécialités : porc mariné et frit, poulet créole. Capacité de 120 personnes. Table d'hôte le soir. Spéciaux du midi. Établi depuis sept ans. Soirées tropicales salsa le vendredi, musique zouk et rythmes africains le samedi.

CAJUN, CRÉOLE, CARAÏBES

Resto Cité

CHINOIS

KAMLUNT

2500, boul. Henri-Bourassa Est
Ahuntsic
(514) 389-8263

15 $ à 30 $

Buffet et menu à la carte spécialisé en cuisines sichuanaise et cantonaise. Décoration chinoise traditionnelle. Ambiance familiale. Ouvert tous les jours. Livraison possible. 10 % de rabais sur commandes à emporter.

PARASOL CHINOIS (AU)

325, boul. Henri-Bourassa Est
Ahuntsic
(514) 384-1070

15 $ à 30 $

Cuisines sichuanaise et cantonaise. Menu à la carte seulement. Spécialités incluant poulet du Général Tao et poulet à l'orange. Décor moderne. Ambiance familiale. Ouvert tous les jours le midi et le soir. Établi depuis 25 ans.

WOK DE SZECHUAN (LE)

1950, rue Fleury Est
Ahuntsic
(514) 382-2060

15 $ à 30 $

Fine cuisine sichuanaise. Menu offrant une vaste gamme de plats. Spécialités: boulettes de pâtes Hunan, poulet du Général Tao et bœuf à l'orange. Vin, bière et spiritueux. Capacité de 100 personnes. Ambiance chaleureuse et lieu confortable. Fermé le lundi. Établi depuis plus de 20 ans.

MAISON DU DRAGON

5992, rue de Salaberry
Cartierville
(514) 332-3123

15 $ et moins

Cuisines sichuanaise et cantonaise. Grand choix de combinés (combos). Ambiance chaleureuse et décor asiatique.

MAISON DE NOUILLE (LA)

1862, boul. de Maisonneuve
Ouest
Centre-ville
(514) 933-2288

15 $ et moins

Spécialités cantonaises authentiques : nouilles, fruits de mer, vermicelle, rouleaux et autres confections. Beau décor et cuisine ouverte.

Resto Cité

CHINOIS

KIM FOO

990, rue Saint-Antoine Ouest
Centre-ville
(514) 871-1515

15 $ et moins

Cuisines cantonaise et sichuanaise. Buffet et un menu à la carte. Bonne variété de plats courants. Nouilles Shanghai et nouilles Singapour particulièrement bonnes.

NOUILLES SEULEMENT

2016, rue Sainte-Catherine Ouest
Centre-ville
(514) 989-5826

15 $ et moins

Cuisine asiatique avec un menu courant : pad thaï, nouilles cantonaises et autres plats cantonais et thaïlandais. À essayer: la soupe Tom Yum. Portions généreuses et excellent rapport qualité/prix. Ambiance animée.

U & ME

1900, rue Sainte-Catherine Ouest
Centre-ville
(514) 931-0081

15 $ et moins

Cuisines cantonaise et sichuanaise. Menu à la carte. Combinés (combos) le midi. Bonne sélection de nouilles. Capacité de 100 personnes. Livraison possible.

BUFFET CHINOIS KALOHIN (LE)

1240, rue Stanley
Centre-ville
(514) 871-8099

15 $ et moins

Buffet chinois spécialisé en plats cantonais, thaïlandais et japonais. Menu à la carte aussi. À essayer: le poulet thaïlandais et le poulet du Général Tao. Décor et ambiance simples et élégants. Vin, bière et spiritueux.

CHRYSANTHÈME

1028, rue Crescent
Centre-ville
(514) 397-1408

15 $ à 30 $

Fine cuisine sichuanaise. À essayer: les raviolis won-ton en sauce gingembre piquante et l'agneau en sauce épicée. Très bien cotés. Décor formidable.

SHANGHAI (LE)

2080, rue de la Montagne
Centre-ville
(514) 282-6488

15 $ à 30 $

Cuisine authentique et abordable avec tous les mets chinois populaires. Bon rapport qualité/prix. Service courtois et rapide.

ENVOL DE CHINE (L')

398, boul. René-Lévesque Ouest
Centre-ville
(514) 866-8788

15 $ à 30 $

Cuisines sichuanaise et thaïlandaise. Excellent poulet du Général Tao, boulettes de pâte et crevettes thaïlandaises. Alcool importé : tsingtao et saké.

Resto Cité

ZEN
1050, rue Sherbrooke Ouest
Centre-ville
(514) 499-0801

15 $ à 30 $

*Fine cuisine sichuanaise. Deux menus :
jour et soir. Table d'hôte le jour entre
15 $ et 22 $, menu à la carte à prix fixe
(29 $). Choix entre 40 différents plats.
Décoration très contemporaine. Deux
salles privées pouvant accueillir 60 personnes en tout.*

MR. MA ☆
1, pl. Ville Marie
Centre-ville
(514) 866-8000

15 $ à 30 $

*Restaurant sichuanais et cantonais.
Spécialités : dim sum et fruits de mer.
Capacité de 220 personnes. Ambiance à
la fois décontractée et élégante, parfait
pour les dîners d'affaires ou les soirées
romantiques. Décor traditionnel. Service
expérimenté. Stationnement gratuit
après 17 h 30.*

ORCHIDÉE DE CHINE (L')
2017, rue Peel
Centre-ville
(514) 287-1878

30 $ à 45 $

*Cuisines sichuanaise et pékinoise.
Restaurant de deux étages comprenant
un bar et deux salles privées d'une capacité de 20 personnes. Jolies décorations
chinoises classiques. Service de valet le
soir. Ouvert depuis plus de 15 ans.
Restaurant gagnant de nombreux prix.*

PIMENT ROUGE (LE) ☆
1170, rue Peel
Centre-ville
(514) 866-7816

30 $ à 45 $

*Restaurant sichuanais quatre étoiles
gagnant de nombreux prix Dinora.
Boulettes de pâtes Hunan, poulet du
Général Tao et bœuf au sésame croustillant parmi les meilleurs en ville.
Ouvert depuis près de 20 ans. Décor
exceptionnellement élégant avec une
tour de vins et une mezzanine de deux
étages. Capacité de 300 personnes.
Réservations nécessaires pour les groupes.*

HUNG FA
6637, ch. de la Côte-des-Neiges
Côte-des-Neiges
(514) 738-2838

15 $ et moins

*Cuisines chinoise, thaïlandaise, vietna-
mienne et cambodgienne. À essayer : le
pad thaï et le bœuf thaïlandais. Décor et
ambiance thaïlandais. Livraison possible.*

JARDIN DE STEZA ♟
5557, ch. de la Côte-des-Neiges
Côte-des-Neiges
(514) 731-2817

15 $ et moins

*Cuisines sichuanaise et orientale.
Spécialités : poulet du Général Tao, bœuf
à l'orange, etc. Ambiance mi-orientale et
mi-contemporaine. Livraison possible.*

KAM SHING
6767, ch. de la Côte-des-Neiges
Côte-des-Neiges
(514) 731-1401

4771, av. Van Horne
Côte-des-Neiges
(514) 341-1628

CHINOIS

Resto Cité

CHINOIS

15 $ et moins

Grand menu sichuanais et cantonnais à la carte. Spécialités : canard rôti, nouilles cantonaises et homard au gingembre. Service pour emporter disponible.

....

KUMMON

6565, ch. de la Côte-des-Neiges
Côte-des-Neiges
(514) 733-6029

15 $ et moins

Cuisines sichuanaise et cantonaise à la carte. Spécialités incluant poulet du Général Tao et bœuf à l'orange. À essayer: les combinés (combos). Décoration chinoise.

....

MAISON KAM

6675, ch. de la Côte-des-Neiges
Côte-des-Neiges
(514) 340-9888

15 $ et moins

Cuisines sichuanaise et cantonaise à bas prix. Spécialités : poulet du Général Tao, chow mein cantonais. Alcool importé : bière tsingtao et saké. Capacité de 100 places. Décoration chinoise.

....

BAHAY KUBO

4735, av. Van-Horne
Côte-des-Neiges
(514) 733-1841

15 $ et moins

Spécialités : pancit bihon (nouilles de riz mélangées avec des légumes, porc et crevettes) et adobo (porc et poulet). Capacité de 40 personnes. Décor philippin. Bière seulement. Atmosphère décontractée.

....

YANGTZE

4645, av. Van Horne
Côte-des-Neiges
(514) 733-7171

15 $ et moins

Cuisine cantonaise. Différents combinés (combos). À essayer: les côtes levées yangtze avec sauce rubyfoo. Décoration typiquement asiatique. Ouvert depuis plus de 40 ans. Livraison possible.

....

CHUNG MEI

5055, ch. Queen-Mary
Côte-des-Neiges
(514) 731-6055

15 $ et moins

Cuisines sichuanaise et cantonaise. Bonne sélection de nouilles et de fruits de mer. Capacité de 60 personnes. Décoration traditionnelle. Ambiance familiale.

....

JARDIN DE PÉKIN

5339, ch. Queen-Mary
Côte-des-Neiges
(514) 484-9139

15 $ et moins

Restaurant sichuanais et cantonais ouvert depuis près de 25 ans. Spécialités : poulet du Général Tao, bœuf sichuanais et nouilles cantonaises. Décor contemporain.

....

SUN SHING RESTAURANT ☖

5255, ch. Queen-Mary
Côte-des-Neiges
(514) 484-3046

15 $ et moins

Cuisines sichuanaise et cantonaise à bas prix. Portions généreuses. Menu diversifié et table d'hôte. Ambiance asiatique sans prétention. On apporte son vin. Capacité de 150 personnes. Livraison gratuite.

....

Resto Cité

BILL WONG

7965, boul. Décarie
Côte-des-Neiges
(514) 731-8202

15 $ à 30 $

*Buffet sichuanais et cantonais à prix
abordable. Ambiance moderne. Livraison
possible.*

....

GOURMET HOT & SPICY (LE)

7373, boul. Décarie
Côte-des-Neiges
(514) 731-1818

15 $ à 30 $

*Buffet avec un choix très varié. Décor
moderne avec une touche asiatique. À
essayer: les crevettes sur pain, le poulet
du Général Tao et le bœuf au sésame.
Menu à la carte le jour et buffet à
23 $ le soir.*

....

PAPILLON DE SZECHUAN

5404, ch. Queen-Mary
Côte-des-Neiges
(514) 487-1459

15 $ à 30 $

*Buffet et aussi menu à la carte avec table
d'hôte. Excellent filet mignon style chinois. Deux sections de 80 places.
Ambiance chaleureuse dans un décor
moderne.*

....

KAM CHOI

6338, rue Sherbrooke Est
Hochelaga-Maisonneuve
(514) 253-3700

15 $ et moins

*Buffet et un menu à la carte. Spécialités
à la carte : côtes levées, poulet du
Générale Tao et soo guy (poulet doré).
Service courtois. Livraison possible.*

....

WAH-DO

4054, rue Sainte-Catherine Est
Hochelaga-Maisonneuve
(514) 524-3917

15 $ à 30 $

*Buffet cantonais et sichuanais avec menu
à la carte. Spécialité : chow mein cantonais. Vin, bière et spiritueux. Livraison
possible. Ouvert depuis 30 ans.*

....

WAHLY

13999, rue Notre-Dame Est
Montréal-Est
(514) 642-2210

15 $ et moins

*Cuisine s polynésienne et cantonaise à prix
abordable. Buffet et un menu à la carte.
Spécialité : fruits de mer. Décoration
polynésienne. Ambiance familiale.
Livraison possible.*

....

MAISON KUAN

8630, rue Sherbrooke Est
Montréal-Est
(514) 353-0909

15 $ et moins

*Restaurant sichuanais et cantonais.
Menu à la carte avec plusieurs combinés
(combos). Décoration sans prétention
avec une touche chinoise.*

....

NOUVEAU PARADIS (LE)

13035, rue Sherbrooke Est
Montréal-Est
(514) 642-0433

15 $ à 30 $

*Menu comprenant des plats cambod-
giens, chinois et thaïlandais. Ambiance
asiatique et élégante. Spéciaux le midi et
table d'hôte le soir incluant une soupe,
rouleau, plat principal, dessert et café.*

....

CHINOIS

CHINOIS

MAISON DE KAM BO (LA)

5158, boul. Henri-Bourassa Est
Montréal-Nord
(514) 324-1500

15 $ et moins

Buffet et menu sichuanais à la carte. Ambiance familiale. Livraison et service pour emporter.

MER JAUNE (LA)

5832, boul. Léger
Montréal-Nord
(514) 324-6511

15 $ à 30 $

Cuisines sichuanaise et chinoise. Spécialité : crevettes papillons. À essayer: le spécial du jour. Décor antique avec une touche chinoise. Livraison possible.

ARÔME DE SZECHUAN

3281, boul. Cavendish
Notre-Dame-de-Grâce
(514) 486-4036

15 $ et moins

Spécialités cantonaises et sichuanaises. Excellents plats de fruits de mer (crevettes au sel et poivre) et poulet du Général Tao. Ouvert toute la semaine. Décor moderne. Livraison possible.

FAY WONG

7020, ch. de la Côte Saint-Luc
Notre-Dame-de-Grâce
(514) 484-6663

15 $ et moins

Cuisines sichuanaise et cantonaise. Spécialités : nouilles cantonaises, poulet du Général Tao et poulet au poivre et aux épinards. Combinaison dîner pour deux. Capacité de 50 personnes. Livraison et service pour emporter.

VILLAGE SZECHUAN

4242, boul. Décarie
Notre-Dame-de-Grâce
(514) 488-0096

15 $ et moins

Restaurant sichuanais avec une touche de cuisine cantonaise. Menu courant incluant tous les mets populaires. Livraison après 17 h. Établi depuis 17 ans.

PETIT SZECHUAN (LE)

6521, av. Somerled
Notre-Dame-de-Grâce
(514) 488-2348

15 $ et moins

Cuisine sichuanaise. Menu composé de nombreux plats courants : poulet du Général Tao et crevettes yu hsiang. Livraison et service pour emporter.

CAVEAU SZECHWAN (LE)

6000, av. Monkland
Notre-Dame-de-Grâce
(514) 488-2818

15 $ à 30 $

Spécialités sichuanaises : poulet du Général Tao, bœuf au sésame ou à l'orange, crevettes sichuanaises. Bière chinoise (tsingtao) et saké. Décor moderne. Livraison dans la région de Notre-Dame-de-Grâce et les alentours seulement.

TCHANG KIANG

6066, rue Sherbrooke Ouest
Notre-Dame-de-Grâce
(514) 487-7744

15 $ à 30 $

Restaurant sichuanais et cantonais. À essayer: les boulettes de pâte, le bœuf à l'orange et le poulet au poivre. Décor moderne et ambiance familiale. Ouvert depuis 28 ans.

MR. NOUILLES

355, av. Bernard Ouest
Outremont
(514) 274-7452

15 $ et moins

Cuisine sichuanaise et cantonaise. Spécialités : nouilles thaïlandaises (pad thaï), nouilles cantonaises et poulet du Général Tao. Livraison possible.

....

HUONG QUE 🍸

7102, boul. Saint-Laurent
Petite Italie
(514) 272-2092

15 $ et moins

Rouleaux impériaux, soupes, bœuf sauté ou grillé. Capacité de 90 personnes. Décor authentiquement vietnamien.

....

CENTRE DU MET CHINOIS

961, av. du Mont-Royal Est
Plateau Mont-Royal
(514) 523-3121

15 $ et moins

Cuisine sichuanaise. Bon menu à la carte. Spécialités : poulet du Général Tao, crevettes sichuanaises et bœuf à l'orange. Atmosphère décontractée.

....

WING FA

3474, av. du Parc
Plateau Mont-Royal
(514) 282-3938

15 $ à 30 $

Restaurant de fine cuisine chinoise authentique. Menu diversifié et prix abordable. Vin, bière et spiritueux. Ambiance chaleureuse et décoration typiquement asiatique. Capacité de 60 personnes. Ouvert depuis plus de 15 ans.

....

LUCK HOP FOO

5214, boul. Saint-Laurent
Plateau Mont-Royal
(514) 948-5503

15 $ à 30 $

Fine cuisine sichuanaise et cantonaise. Spécialités : boulettes de pâte Hunan, poulet du Général Tao, bœuf à l'orange et soupes. Décor moderne avec touche asiatique. Livraison possible.

....

MEI, LE CAFÉ CHINOIS

5309, boul. Saint-Laurent
Plateau Mont-Royal
(514) 271-5945

15 $ à 30 $

Restaurant sichuanais et cantonais avec délicatesses de Beijing et Hunan. À essayer: le poulet au citron et les crevettes sautées aux asperges. Ambiance décontractée. Décorations artistiques. Vin, bière et spiritueux.

....

SZECHUAN PALACE

3964, rue Saint-Denis
Plateau Mont-Royal
(514) 499-1668

15 $ à 30 $

Élégant restaurant de fines cuisines chinoise et thaïlandaise. Menu à la carte et menu de dégustation à volonté disponible. À essayer: les boulettes de pâte Hunan et le rôti de poulet avec banane. Ambiance décontractée. Bonne carte des vins.

....

MING DO

1050, rue Clark
Quartier chinois
(514) 866-1668

15 $ et moins

Cuisine cantonaise. Excellents fruits de mer. Établissement de deux étages. Décoration chinoise. Atmosphère animée.

....

CHINOIS

Resto Cité

CHINOIS

MON NAN VILLAGE

1098, rue Clark
Quartier chinois
(514) 879-9680

15 $ et moins

Spécialités de Shang Shi et de Pékin : canard pékinois et dim sum de Shang Shi. Menu à la carte seulement. Décoration chinoise. Capacité de 110 personnes. Ouvert tous les jours depuis 11 ans.

IDÉES MAGIQUES

30, rue de la Gauchetière Ouest
Quartier chinois
(514) 868-0657

15 $ et moins

Fine cuisine chinoise à bas prix. Menu courant. Ambiance branchée et animée. Assortiment de combinés (combos).

JARDIN DE JADE POON KAI

67, rue de la Gauchetière Ouest
Quartier chinois
(514) 866-3127

15 $ et moins

Cuisine chinoise à prix très abordable. Grande variété de plats : fruits de mer, mets chinois populaires et authentiques. Pizzas et pâtes aussi disponibles. Service rapide.

KEUNG KEE

70, rue de la Gauchetière Ouest
Quartier chinois
(514) 393-1668

15 $ et moins

Cuisine cantonaise. Spécialités : moules, homard et crevettes. Excellent rapport qualité/prix. Ouvert tous les jours.

MON SHING

90, rue de la Gauchetière Ouest
Quartier chinois
(514) 875-6395

15 $ et moins

Cuisines cantonaise et sichuanaise. À essayer: le bar aux légumes. Menu varié. Allure moderne. Vin, bière et spiritueux. Capacité de 100 personnes.

FUNG SHING

1102, boul. Saint-Laurent
Quartier chinois
(514) 866-0469

15 $ et moins

Cuisines sichuanaise et cantonaise. Spécialités : poulet du Général Tao, poulet croustillant, chow mein cantonais et dim sum. Alcool asiatique. Service pour emporter. Ouvert sept jours par semaine.

HONG-KONG

1023, boul. Saint-Laurent
Quartier chinois
(514) 861-0251

15 $ et moins

Cuisine sichuanaise et cantonaise. Décoration chinoise. Ouvert depuis 20 ans. Menu varié. Spécialité: homard.

HUN DAO

1065, boul. Saint-Laurent
Quartier chinois
(514) 874-0093

15 $ et moins

Poulet au gingembre, bœuf à l'orange, fruits de mer épicés, nouilles Shanghai et poulet au citron. Aussi combinés (combos) pour deux à six personnes. Spéciaux le midi.

JARDIN DU CERF 🍷

1162, boul. Saint-Laurent
Quartier chinois
(514) 861-1056

15 $ et moins

Restaurant asiatique spécialisé en cuisines sichuanaise, thaïlandaise et cantonaise. Menu incluant poulet du Général Tao, poulet au gingembre, nouilles Singapour, poulet au citron et autres spécialités. Décor moderne. Livraison possible.

KAM FUNG

1111, rue Saint-Urbain
Quartier chinois
(514) 878-2888

15 $ et moins

Cuisines sichuanaise et cantonaise. Excellent rapport qualité/prix. Menu composé de plusieurs plats courants et fruits de mer. Ambiance asiatique et musique chinoise.

MAISON VIP (LA)

1077, rue Clark
Quartier chinois
(514) 861-1943

15 $ à 30 $

Petit restaurant de cuisines sichuanaise et cantonaise. Menu varié. Spécialités: fruits de mer et plats traditionnels. Excellente soupe au bœuf. Ambiance simple et familiale. Excellent pour une sortie entre amis.

NEW DYNASTY

1110, rue Clark
Quartier chinois
(514) 871-8778

15 $ à 30 $

Restaurant cantonais et sichuanais. Joli décor asiatique. Menu très varié. Spécialités : homard et huîtres. Service pour emporter.

VAN ROY

1095, rue Clark
Quartier chinois
(514) 871-1724

15 $ à 30 $

Fine cuisine. Spécialité : les fruits de mer. À essayer: le homard, les huîtres et les moules. Décor élégant et ambiance feutrée. Établi depuis plus de 30 ans.

VILLAGE MON NAN

1098, rue Clark
Quartier chinois
(514) 879-9680

15 $ à 30 $

Cuisine des régions de Shanghai et Pékin. Spécialités : canard de Pékin et dim sum à la Shanghai. Carte diversifiée. Décoration typiquement asiatique. Capacité de 100 personnes.

BEIJING

92, rue de la Gauchetière Est
Quartier chinois
(514) 861-2003

15 $ à 30 $

Cuisines cantonaise et sichuanaise. Spécialités : nouilles et fruits de mer. Plus de 10 différentes variétés de poissons et de nouilles maison.

CHINOIS

CHINOIS

JARDIN DU NORD

78, rue de la Gauchetière Ouest
Quartier chinois
(514) 395-8023

15 $ à 30 $

Fines cuisines pékinoise et sichuanaise. Menu offrant beaucoup de choix incluant canard pékinois, côtes levées pékinoises et pok choy (plat de légumes). Vin, bière et spiritueux et grande variété d'alcools : vins, tsingtao, saké, sapporo et bières locales.

MAISON GUANG ZHOU (LA)

84, rue de la Gauchetière Ouest
Quartier chinois
(514) 397-9410

15 $ à 30 $

Cuisines cantonaise et sichuanaise. Spécialités: homard, crabe, huîtres et moules. À essayer: leur fondue à l'agneau. Ambiance asiatique et décontractée.

PAVILLON NANPIC (LE)

75-A, rue de la Gauchetière
Ouest
Quartier chinois
(514) 395-8106

15 $ à 30 $

Menu abondant. Excellentes boulettes de pâte Hunan et délicieux bœuf à l'orange. Ambiance moderne à l'influence asiatique. Livraison la fin de semaine seulement.

LOTTÉ

215, boul. René-Lévesque Est
Quartier chinois
(514) 393-3838

15 $ à 30 $

Cuisines sichuanaise et cantonaise. Excellent crabe. Aussi, combinés chinois (assortiment de plats sichuanais, cantonais et thaïlandais). Vin, bière et spiritueux. Ambiance contemporaine.

BON BLÉ RIZ

1437, boul. Saint-Laurent
Quartier chinois
(514) 844-1447

15 $ à 30 $

Fine cuisine sichuanaise. Nouilles maison. Menu offrant une grande sélection de fruits de mer. À essayer: le poulet bonbon (croustillant avec sauce au miel épicée). Établi depuis 20 ans. Réservez pour les groupes.

CHEZ CHINE

99, av. Viger Ouest
Quartier chinois
(514) 878-9888

30 $ à 45 $

Le seul restaurant chinois situé dans un hôtel quatre étoiles : Holiday Inn. Décor incluant une pagode typiquement chinoise et un aquarium. Cuisines cantonaise et sichuanaise. À essayer: le dim sum le midi. Menu varié le soir.

DÉLICES DE SZECHUAN (AUX)

1735, rue Saint-Denis
Quartier latin
(514) 844-5542

15 $ à 30 $

Cuisines sichuanaise, vietnamienne et thaïlandaise. Menu incluant poulet du Général Tao, petits rouleaux et boulettes de pâtes. Bonne sélection d'alcools : saké, bières et vins. Établi depuis 20 ans.

SHANGHAI (LE)

2028, rue Saint-Denis
Quartier latin
(514) 982-6711

15 $ à 30 $

Fine cuisine sichuanaise. Excellent menu à la carte. Spécialités : canard à la Shanghai et crevettes au poivre noir avec gingembre et oignons verts. Ambiance typiquement chinoise. Capacité de 100 personnes.

....

MAISON EGG ROLL (LA)

3966, rue Notre-Dame Ouest
Saint-Henri
(514) 932-1186

15 $ et moins

Buffet et menu à la carte. Table d'hôte après les heures du buffet. Décor moderne. Livraison possible.

....

FANG CHI

3967, rue Saint-Antoine Ouest
Saint-Henri
(514) 933-7421

15 $ et moins

Spécialités sichuanaises et malaisiennes. Menu incluant poulet aux noix de cajou, poulet du Général Tao et autres plats populaires. Ambiance familiale. Décoration chinoise. Capacité de 45 personnes.

....

MAISON KAM WONG

1180, boul. Décarie
Saint-Laurent
(514) 337-2262

15 $ et moins

Cuisines cantonaise et sichuanaise d'un bon rapport qualité/prix. À essayer: leurs combinés (combos). Vin, bière et spiritueux. Décoration chinoise.

....

KAM FUNG MAISON (LA)

1936, boul. Thimens
Saint-Laurent
(514) 856-9288

15 $ à 30 $

Cuisines sichuanaise et cantonaise. Excellent rapport qualité/prix. Menu composé de plusieurs plats courants et de fruits de mer. Ambiance asiatique et musique chinoise. Réservations possibles pour les fêtes.

....

HAO HAO

721, rue de l'Église
Verdun/LaSalle
(514) 766-6335

15 $ et moins

Restaurant sichuanais et cantonais. Spécialités : chow mein et poulet du Général Tao. Ouvert sept jours par semaine. Belle ambiance. Menu à la carte incluant des combinés (combos).

....

EDEN CHINOIS

1665, boul. Shevchenko
Verdun/LaSalle
(514) 363-4982

15 $ et moins

Restaurant chinois. Menu à la carte et buffet ouvert de 11 h 30 à 14 h et de 17 h à 20 h. Bonne carte des vins. Décor asiatique.

....

PAPRIKA (LE) ♟

3741, rue Wellington
Verdun/LaSalle
(514) 767-8555

15 $ et moins

Cuisines sichuanaise et cantonaise d'excellent rapport qualité/prix. Spécialités : poulet du Général Tao et bœuf croustillant au sésame. Ambiance décontractée. On apporte son vin. Capacité de 70 personnes. Livraison possible.

....

CHINOIS

CHINOIS

ORICHINE

1793, boul. Saint-Joseph
Lachine
(514) 639-1800

15 $ à 30 $

Cuisine sichuanaise: poulet du Général Tao, crevettes, pad thaï et bœuf à l'orange. Variété de bières locales et chinoises, vin et saké. Décor moderne avec quelques touches asiatiques. Service pour emporter disponible.

BAGUETTES D'OR (AUX)

751, rue Bonsecours
Vieux-Montréal
(514) 844-2748

15 $ et moins

Restaurant de cuisine sichuanaise. Capacité de 70 personnes.

PAPILLON BLEU

200, rue Saint-Jacques
Vieux-Montréal
(514) 849-8499

15 $ à 30 $

Restaurant sichuanais et cantonais à l'ambiance relaxante. Situé à proximité de la basilique Notre-Dame. Possibilité de réservations pour les fêtes. Fermé le dimanche. Livraison possible.

RESTAURANT SZECHUAN

400, rue Notre-Dame Ouest
Vieux-Montréal
(514) 844-4456

15 $ à 30 $

Bistro chaleureux au décor modeste. Service amical. Spécialités incluant poulet au miel, porc double cuisson, agneau à la sauce Hunan et autres régals. Portions copieuses.

COPINES DE CHINE

870, boul. de Maisonneuve Est
Village
(514) 842-8325

15 $ à 30 $

Fine cuisine sichuanaise et japonaise. Spécialités : boulettes de pâte Hunan, sushi, sashimi et poulet du Général Tao. Bières chinoise (tsingtao) et japonaise (sapporo). Livraison et service pour emporter.

SEPT BONHEURS (AUX)

4201, boul. Rosemont
Villeray/Rosemont
(514) 727-2895

15 $ et moins

Cuisine chinoise authentique. Restaurant de 20 places. Menu à la carte. Décor sans prétentions. Livraison à partir de 5 $.

JARDIN DU RIZ

3257, rue Beaubien Est
Villeray/Rosemont
(514) 728-3613

15 $ et moins

Buffet le midi de 11 h 30 à 14 h et menu à la carte de 2 h 30 à 21 h. À essayer: leurs différentes combinaisons. Livraison possible.

KIM MOON

7537, av. Papineau
Villeray/Rosemont
(514) 729-6346

15 $ et moins

Petit restaurant de cuisine chinoise traditionnelle. Carte variée. Choix de plusieurs combinés (combos) tous les jours.

NOUVEAU KING WAH

8339, rue Saint-Denis
Villeray/Rosemont
(514) 384-3890

15 $ et moins

Cuisine cantonaise. Buffet et un menu à la carte. Très bons rouleaux impériaux et chow mein cantonais. Vin, bière et spiritueux. Capacité de 200 personnes. Ouvert depuis plus de 35 ans.

PLEINE LUNE

6425, rue Saint-Denis
Villeray/Rosemont
(514) 270-4151

15 $ et moins

Spécialités sichuanaises et cantonaises. Buffet et table d'hôte. Ouvert tous les jours depuis près de 10 ans. Livraison possible. Vin, bière et spiritueux.

THAI-SON

7093, rue Saint-Denis
Villeray/Rosemont
(514) 948-1930

15 $ et moins

Restaurant spécialisé en soupes. Grande sélection de soupes au beurre, aux fruits de mer et traditionnelles. Ambiance décontractée, typiquement chinoise.

SAM WAH

7215, rue Saint-Hubert
Villeray/Rosemont
(514) 270-2171

15 $ et moins

Buffet chinois libre service et menu à la carte. Grand choix de combinés (combos). Capacité de 70 personnes. Livraison possible.

CHINE TOQUE

4050, rue Sainte-Catherine
Ouest
Westmount
(514) 989-5999

15 $ à 30 $

Cuisines chinoise et sichuanaise. À essayer: leur poulet au poivre avec épinards et leurs crevettes sichuanaises. Table d'hôte le midi. Menu à la carte et combinés (combos) pour deux le soir. Décor contemporain.

HONG KONG HOUSE

4124, rue Sainte-Catherine
Ouest
Westmount
(514) 935-6331

15 $ à 30 $

Fine cuisine sichuanaise et cantonaise. Excellents poulet du Général Tao, chow mein cantonais et crevettes papillons. Alcool local, chinois (tsingtao) et saké. Décor moderne. Livraison possible.

TAO

374, rue Victoria
Westmount
(514) 369-1122

15 $ à 30 $

Menu composé de toutes les spécialités cantonaises, sichuanaises et thaïlandaises populaires contemporaines. Décor simple et sans prétention.

CHINOIS

Resto Cité

CHINOIS

Laval

PAGODE D'OR (LA)

3315, 2ᵉ rue
Laval
(450) 627-4787

15 $ et moins

Cuisine majoritairement cantonaise. Buffet et menu à la carte. Leurs crevettes papillons valent le détour. Décoration polynésienne. Service attentionné. Capacité de 100 personnes. Livraison possible.

MAISON MANSOU (LA)

988, boul. Curé-Labelle
Laval
(450) 688-5611

15 $ et moins

Restaurant spécialisé en chow mein cantonais. À essayer: les dîners complets. Service attentionné. Ambiance calme.

MAISON PÉKIN (LA)

2850, boul. Concorde Est
Laval
(450) 667-5750

15 $ et moins

Cuisines cantonaise et sichuanaise. Buffet et aussi un menu à la carte. Capacité de 100 personnes. Vin, bière et spiritueux. Décoration typiquement chinoise. Bel éclairage et fontaine.

SAM SING

7782, boul. Lévesque Est
Laval
(450) 664-2777

15 $ à 30 $

Restaurant chinois et canadien avec une bonne variété de plats : chop suey, poulet du Général Tao, bœuf à l'orange et sou-pes. Ambiance familiale avec un décor asiatique. Capacité de 50 personnes. Livraison possible.

DÉLICES DE CHINE (LES)

4225, rue Samson
Laval
(450) 688-2450

15 $ à 30 $

Cuisines sichuanaise et cantonaise. Excellents chow mein cantonnais, crevettes papillons et poulet du Général Tao. Ambiance spacieuse et chaleureuse. Décor moderne. Livraison et service pour emporter disponibles.

FINESSES D'ORIENT

2560-A, boul. Daniel-Johnson
Laval
(450) 686-0902

15 $ à 30 $

Cuisines sichuanaise et cantonaise. Menu de dégustation (buffet à votre table) et menu à la carte disponibles. À essayer: les raviolis au beurre d'arachide. Capacité de 150 à 200 personnes.

Ouest-de-l'Île

JADE PALACE

4311, boul. Saint-Jean
Dollard-des-Ormeaux
(514) 620-7300

15 $ et moins

Cuisines sichuanaise et chinoise. Buffet ouvert de 11 h 30 à 14 h 30 et 17 h 00 à 21 h 30.

PERLE (LA)

4230, boul. Saint-Jean
Dollard-des-Ormeaux
(514) 624-6010

15 $ à 30 $

Cuisines sichuanaise et thaïlandaise. Buffet servis à votre table et menu à la carte. Reconnu pour son poulet du Général Tao et ses boulettes de pâte au beurre d'arachide. Décor contemporain et atmosphère détendue.

CHOW'S

335, av. Dorval
Dorval
(514) 636-4770

15 $ à 30 $

Buffet sichuanais et chinois ouvert de 11 h à 14 h et 17 h à 21 h. Décor polynésien. Capacité de 90 personnes. Bières locales et chinoise (tsingtao), saké et cocktails.

PALAIS IMPÉRIAL (LE)

120, rue du Barry
Kirkland
(514) 426-3888

15 $ à 30 $

Buffet et service à la carte. Spécialités sichuanaises, cantonaises et thaïlandaises. Menu incluant une grande variété de plats. Capacité de 80 personnes. Décor moderne avec une touche chinoise. Livraison possible.

MANLI

4991-A, boul. des Sources
Pierrefonds
(514) 683-1110

15 $ et moins

Cuisine sichuanaise et cantonaise. Menu à la carte seulement. Bon rapport qualité/prix et service rapide. Ambiance sans prétention.

LI-CHEE GARDEN CHINESE FOOD

11709, boul. Gouin Ouest
Pierrefonds
(514) 683-3300

15 $ et moins

Cuisines cantonaise et canadienne. Livraison et stationnement. Ouvert tous les jours.

JARDIN DE PÉKIN

4800, boul. Saint-Jean
Pierrefonds
(514) 620-8944

15 $ et moins

Restaurant sichuanais et cantonais. Spécialités : poulet du Général Tao, bœuf sichuanais et nouilles cantonaises. Décor contemporain.

ON LUCK

1701, boul. des Sources
Pointe-Claire
(514) 636-0660

15 $ à 30 $

Cuisine chinoise rapide mais savoureuse. Menu comprenant tous les mets populaires. Bon rapport qualité/prix. Service pour emporter.

FINESSES D'ORIENT

1000, boul. Saint-Jean
Pointe-Claire
(514) 630-0101

15 $ à 30 $

Cuisines sichuanaise et thaïlandaise. Buffet à volonté ou menu à la carte. Décor moderne. À essayer: le poulet du Général Tao et les crevettes thaïlandaises.

CHINOIS

CHINOIS

Rive-Sud

FINESSES D'ORIENT
38, pl. du Commerce
Île des Sœurs
(514) 768-1888

15 $ à 30 $

*Cuisines sichuanaise et thaïlandaise.
Menu à volonté ou à la carte. Décor
moderne. À essayer: le poulet du Général
Tao et les crevettes thaïlandaises.*

JARDIN DU SUD (LE)
8080, boul. Taschereau
Brossard
(450) 923-9233

15 $ et moins

*Restaurant spécialisé en cuisine canto-
naise : soupe won ton, nouilles croustillantes, riz frit. Capacité de 80 personnes. Ouvert toute la semaine.*

JING HUA

8050, boul. Taschereau
Brossard
(450) 923-2200

15 $ et moins

*Cuisine cantonaise : poulet du Général
Tao, bœuf à l'orange et fruits de mer.
Menu à la carte seulement. Bière tsing-
tao et saké.*

ÉTOILE DE WONGS
226, rue Saint-Charles Ouest
Longueuil
(450) 679-0280

15 $ et moins

*Restaurant sichuanais et cantonais. Bon
choix de rouleaux et de soupes. Menu à
la carte et buffet. Établi depuis 1968.
Ambiance familiale.*

SUN WAH
1579, rue Montarville
Saint-Bruno-de-Montarville
(450) 653-3677

15 $ et moins

*Buffet et menu à la carte. Bon rapport
qualité/prix. Vin, bière et spiritueux.
Atmosphère familiale. Livraison possible.*

KENNY WONG
4065, boul. Taschereau
Saint-Hubert
(450) 676-0301

15 $ et moins

*Buffet libre-service menu à la carte. Spé-
cialités cantonaises.*

CORÉEN

MAN-NA

1421, rue Bishop
Centre-ville
(514) 288-1703

15 $ et moins

Cuisine coréenne authentique à prix rai-
sonnable. Variété de plats : végétariens,
de poulet, de veau... Spéciaux le midi.

....

KOREA HOUSE

4950, ch. Queen-Mary
Côte-des-Neiges
(514) 733-7823

15 $ et moins

Restaurant spécialisé en cuisines coréenne,
japonaise et chinoise. Excellent rapport
qualité/prix. Table d'hôte incluant soupe,
entrée, riz et plat principal. Aussi plats
pour emporter.

....

KAGOPA

6400, rue Saint-Jacques
Notre-Dame-de-Grâce
(514) 482-3490

15 $ et moins

Petit restaurant de cuisine coréenne
authentique. Bon rapport qualité/prix.

....

SUL AC JUNG

3300, boul. Cavendish
Notre-Dame-de-Grâce
(514) 489-6656

15 $ à 30 $

Restaurant coréen spécialisé en barbecue
sur table. Fine cuisine. Ambiance
authentique et décontractée. Salle privée
pour les groupes. Service pour emporter.

....

HWANG-KUM 🍷

5908, rue Sherbrooke Ouest
Notre-Dame-de-Grâce
(514) 487-1712

15 $ à 30 $

Cuisine avec une bonne variété de sou-
pes. Spécialité : bœuf sucré mariné bul-
gogi. Menu avec combinés (combos)
pour deux. Excellents porc et bœuf au
BBQ. Décor coréen. Service pour empor-
ter disponible.

....

QUATRE SAISONS

4200, rue Saint-Jacques
Saint-Henri
(514) 932-3309

15 $ à 30 $

Cuisine coréenne authentique et sélection
de plats japonais. Bon rapport qualité/prix.
Spéciaux tous les jours.

....

Resto Cité

CRÊPERIE

CRÊPE LUNE

1418, rue Fleury Est
Ahuntsic
(514) 381-5428

15 $ et moins

Crêperie avec un bon choix de grillades et de poissons. Ambiance intime. Table d'hôte le midi et le soir. Capacité de 40 personnes.

CRÊPERIE
LE TRISKELL

3470, rue Saint-Denis
Plateau Mont-Royal
(514) 281-1012

15 $ et moins

Carte composée de crêpes, de fondues suisses, de soupes à l'oignon et de gratins (coquilles de fruits de mer et coquilles Saint-Jacques). Table d'hôte. Ambiance décontractée et décoration bretonne.

TY-BREIZ CRÊPERIE
BRETONNE

933, rue Rachel Est
Plateau Mont-Royal
(514) 521-1444

15 $ et moins

Spécialités de la maison : salade Ti-Breiz et soupe à l'oignon. À essayer: crêpes desserts. Ambiance familiale et chaleureuse.

Établissement qui vend ses propres vinaigrettes.

JARDIN NELSON (LE)

407, pl. Jacques-Cartier
Vieux-Montréal
(514) 861-5731

15 $ à 30 $

Crêperie située au cœur de l'action du Vieux-Montréal. Menu composé de crêpes, de pizzas, de salades, etc. Ambiance décontractée et musiciens selon le temps (musique classique ou jazz). Grande terrasse. Établi depuis plus de 25 ans.

CRÊPERIE
DU VIEUX-MONTRÉAL

3, rue Saint-Paul Est
Vieux-Montréal
(514) 874-1984

15 $ à 30 $

Restaurant sur trois étages spécialisé en crêpes, gratins, fondues chinoises, fondues au fromage et autres plats. Crêpes-repas et crêpes-desserts au choix. Carte des vins et bar complet. Ambiance chaleureuse dans un décor champêtre. Capacité de 150 personnes.

Resto Cité

Laval

ARMOIRE À FONDUE (L')

3015, boul. de la Concorde Est
Laval
(450) 664-1030

15 $ à 30 $

Restaurant spécialisé en fondues et en crêpes préparées devant les clients. Ambiance chaleureuse. Décor rustique et boiseries. Table d'hôte le midi et le soir. Capacité de 122 places.

....

CRÊPERIE

Rive-Sud

CRÊPERIE ST-BRUNO

109, rue Lansdowne
Saint-Bruno-de-Montarville
(450) 441-7023

15 $ et moins

Crêperie offrant aussi un bon choix de fondues et de gratins aux fruits de mer. Ouvert tous les jours sauf le lundi. Ambiance familiale. Décor vitré et serein. Foyer. Vin, bière et spiritueux.

....

CRÊPERIE BRETONNE (LA)

579, rue Notre-Dame
Saint-Lambert
(450) 465-8535

15 $ et moins

Crêperie bretonne dont le menu accommode tous les goûts : crêpes, fondues, gratins de légumes, cassolettes de fruits de mer. Bonne ambiance. Livraison possible.

....

CUISINE DU MONDE

MUSÉE DE LA BIÈRE DE MONTRÉAL

2063, rue Stanley
Centre-ville
(514) 840-2020

15 $ et moins

Restaurant formel et élégant avec un pub au premier étage. Deux salles : fumeurs et non-fumeurs. Ambiance de pub. Table d'hôte changeant le soir tous les jours. 5 à 7.

MARCHÉ MOVENPICK

1, pl. Ville Marie
Centre-ville
(514) 861-4217

15 $ à 30 $

Restaurant apprêtant 12 sortes de cuisines. Ambiance chaleureuse et active. Plats préparés devant les clients.

NAVA

711, Côte de la Place d'Armes
Centre-ville
(514) 843-3837

15 $ à 30 $

Fine cuisine française du marché. Édifice qui date de 1890. Décoration ancienne et moderne. Table d'hôte le midi et le soir incluant soupe ou salade, plat principal et café. Orchestre le vendredi et le samedi.

CENTAURE (LE)

7440, boul. Décarie
Côte-des-Neiges
(514) 739-2741

15 $ à 30 $

Restaurant spacieux situé au troisième étage du Club House de l'Hippodrome de Montréal. Capacité de 550 personnes. Vue imprenable de la piste et du mont Royal. Buffet et brunch gratuits pour les enfants de 0 à 5 ans et à moitié prix pour les enfants de 6 à 12 ans. Table d'hôte le mercredi seulement.

EL PASSO

3871, rue Sainte-Catherine Est
Hochelaga-Maisonneuve
(514) 526-0449

15 $ et moins

Salle à manger et bar. Ambiance mexicaine. Énorme choix de plats internationaux : chinois, italien, grec, fruits de mer. Salle de réception avec une capacité de 250 personnes. Spéciaux tous les jours et spectacle avec chanteur du vendredi au dimanche.

JARDIN TIKI

5300, rue Sherbrooke Est
Hochelaga-Maisonneuve
(514) 254-4173

15 $ et moins

Buffet surtout de mets chinois et aussi menu à la carte. Décor tropical. Danse polynésienne les samedis soirs. Capacité de 500 places.

PUBLIX

3554, boul. Saint-Laurent
Plateau Mont-Royal
(514) 284-9233

15 $ et moins

Spécialités: tartares. Ambiance décontractée et 5 à 7. Gens d'affaires le midi. Table d'hôte midi et soir incluant entrée, plat principal et café. Portes coulissantes ouvertes l'été.

AQUA TERRA

285, av. du Mont-Royal Est
Plateau Mont-Royal
(514) 288-3005

15 $ à 30 $

Cuisine du marché. Vaste choix de plats. Comptoir de sushis. Table d'hôte le soir seulement. Ambiance détendue. Capacité de 60 personnes.

UN MONDE SAUTÉ

1481, av. Laurier Est
Plateau Mont-Royal
(514) 590-0897

15 $ à 30 $

Ambiance décontractée et chaleureuse. Table d'hôte tous les jours. Spécialités de la maison : foie de veau à la louisianaise, raviolis aux champignons sauvages et poissons frais. Secret bien gardé à découvrir.

SOFIA

3600, boul. Saint-Laurent
Plateau Mont-Royal
(514) 284-0092

15 $ à 30 $

Resto-bar servant pâtes, pizzas, steaks, poissons, et fruits de mer. Ambiance lounge très animée. Établissement branché. Table d'hôte le jour et spécial du jour le soir.

GLOBE

3455, boul. Saint-Laurent
Plateau Mont-Royal
(514) 284-3823
45 $ et plus

Viande et poisson frais. Menu à la carte et spéciaux du jour. Ambiance feutrée et décontractée. Restaurant renommé, fréquenté par des célébrités.

BLUES CAFÉ (LE)

764, rue Berri
Quartier latin
(514) 844-4230

15 $ et moins

Petit restaurant situé dans l'hôtel Le Vieux-Port. Ambiance intime. Menu du jour tous les jours. Spécialité: moules et frites.

CHEZ L'ÉPICIER

311, rue Saint-Paul Est
Vieux-Montréal
(514) 878-2232

30 $ à 45 $

Menu composé principalement de plats français du marché. Spécialités : viande de qualité, gibier et poisson. Ambiance élégante et style bistro de luxe. Menu à la carte avec table d'hôte le midi en semaine. Vue sur le marché Bonsecours. Salle de réception pour 40 personnes avec bar privé.

Resto Cité

Ouest-de-l'Île

BABALOO

1864-C, boul. des Sources
Pointe-Claire
(514) 695-6252

15 $ à 30 $

Ambiance branchée et divertissante. Orchestre le mercredi. Restaurant situé près de Bourbon Street West ; parfait pour les sorties en soirée. Table d'hôte le midi et le soir. Grande sélection de vins.

CUISINE DU MONDE

Resto Cité

CUISINE FAMILIALE ET RESTAURATION RAPIDE

FRANCE ET PIETRO

234, rue Fleury Ouest
Ahuntsic
(514) 387-1653

15 $ et moins

Cuisine maison. Décor de bistro. Menu composé de table d'hôte incluant soupe, plat principal, dessert, café et tisane pour 7,48 $. Atmosphère intime. Capacité de 40 personnes.

....

DELI DELORIMIER 🍸

2105, boul. Henri-Bourassa Est
Ahuntsic
(514) 384-3416

15 $ et moins

Restaurant canadien dont le menu comprend brochettes et pizzas. Ambiance familiale. Livraison possible.

....

GASPÉSIENNE (LA)

125, boul. Henri-Bourassa Est
Ahuntsic
(514) 388-2812

15 $ et moins

Petit restaurant spécialisé en poissons frais. Ambiance familiale et typiquement québécoise. Excellent rapport qualité/prix.

....

APELIA

4460, rue Jean-Talon Est
Anjou/Saint-Léonard
(514) 727-0838

3145, rue Jarry Est
Villeray/Rosemont
(514) 725-3654

15 $ et moins

Spécialités : fruits de mer et brochettes. Souper dansant avec divertissements et orchestre le vendredi, samedi et dimanche.

....

CHEZ RITZ

7264, rue Saint-Zotique Est
Anjou/Saint-Léonard
(514) 351-6024

15 $ et moins

Resto-bar avec 4 à 7 tous les jours. Menu varié incluant petit déjeuner. Téléviseur pour les amateurs d'événements sportifs. Karaoké le vendredi.

....

CUISINE FAMILIALE ET RESTAURATION RAPIDE

CHEZ CLO

3199, rue Ontario Est
Hochelaga-Maisonneuve
(514) 522-5348

15 $ et moins

Petits déjeuners et dîners. Portions copieuses. Ambiance décontractée. Très bon rapport qualité/prix. Ouvert depuis plus de 20 ans.

....

CHEZ LES AMIS

3599, rue Ontario Est
Hochelaga-Maisonneuve
(514) 523-3434

15 $ et moins

Restaurant de cuisines canadienne, italienne et grecque. Petit déjeuner servi toute la journée. Plusieurs spéciaux.

....

RIVOLI ✐

7275, rue Sherbrooke Est
Hochelaga-Maisonneuve
(514) 353-0440

15 $ à 30 $

Spécialités : pâtes, filet mignon et surf n turf. Décor sombre avec miroirs. Ambiance romantique et intime.

....

FINO (LE)

3235, boul. Gouin Est
Montréal-Nord
(514) 955-3525

15 $ et moins

Cuisine traditionnelle familiale canadienne servie dans une ambiance décontractée. Spécialités : rôti de bœuf, pâté chinois et dinde. Table d'hôte tous les jours. Petit déjeuner servi de 8 h à 22 h 30.

....

CASA TONY ROMA BARI

6363, boul. Henri-Bourassa Est
Montréal-Nord
(514) 327-7012

15 $ et moins

Cuisine canadienne et italienne. Menu varié. Téléviseur pour amateurs d'événements sportifs spéciaux. Vin, bière et spiritueux.

....

BUONA CASA

6425, boul. Léger
Montréal-Nord
(514) 323-9192

15 $ et moins

Restaurant canadien et italien. Spécialité : pizza au four à bois. Menu diversifié. Verrière. Vin, bière et spiritueux.

....

COSMO ✐

5843, rue Sherbrooke Ouest
Notre-Dame-de-Grâce
(514) 486-3814

15 $ et moins

Petit restaurant sans prétention reconnu pour ses petits déjeuners servis toute la journée.

....

OXFORD (THE) ✐

5630, rue Sherbrooke Ouest
Notre-Dame-de-Grâce
(514) 485-5720

15 $ et moins

Restaurant à l'atmosphère détendue reconnue pour ses crêpes. Menu incluant pâtes, et steaks. 10 choix de club sandwichs.

....

BINERIE MONT-ROYAL (LA)

367, av. du Mont-Royal Est
Plateau Mont-Royal
(514) 285-9078

15 $ et moins

Restaurant spécialisé en cuisine maison québécoise. Ambiance rustique. Excellent rapport qualité/prix. Table d'hôte offrant un grand choix à partir de 6 $.

PISTOU Petit déjeuner (LE)

4489, rue de La Roche
Plateau Mont-Royal
(514) 527-2900

15 $ et moins

Bistro classique spécialisé en pitas aux légumes. Assiettes bien généreuses et préparées avec soin. Ambiance décontractée.

SAUM-MOM

1318, av. du Mont-Royal Est
Plateau Mont-Royal
(514) 526-1116

15 $ et moins

Resto au décor éclectique servant l'un des meilleurs saumons fumés en ville. Menu composé d'une variété de hors-d'œuvre. Service amical et attentionné.

CHEZ CLAUDETTE

351, av. Laurier Est
Plateau Mont-Royal
(514) 279-5173

15 $ et moins

Restaurant québécois typique. Ambiance animée. Bonne sélection de plats traditionnels (pâté chinois, poutine, pépites de poulet) à bon prix.

MA AM M BOLDUC

4351, av. de Lorimier
Plateau Mont-Royal
(514) 527-3884

15 $ à 30 $

Petit restaurant québécois typique. Ambiance feutrée et familiale. Petit déjeuner. Menu du jour inclut soupe, plat principal, dessert et café.

ANECDOTE (L')

801, rue Rachel Est
Plateau Mont-Royal
(514) 526-7967

15 $ à 30 $

Snack-bar servant des hamburgers faits à l'ancienne. Clientèle branchée. Décor quelque peu rétro.

L'APARTÉ

5029, rue Saint-Denis
Plateau Mont-Royal
(514) 282-0911

15 $ à 30 $

Multitude de cafés. Cuisine rapide à prix abordable : couscous, sandwichs et viandes grillées. Petite terrasse.

PARYSE (LA)

302, rue Ontario Est
Quartier latin
(514) 842-2040

15 $ à 30 $

Petit bistro servant principalement des hamburgers. Restauration rapide haut de gamme. Ouvert depuis 20 ans.

CUISINE FAMILIALE ET RESTAURATION RAPIDE

CHEZ FRANCO & DOMINIQUE

1414, rue Notre-Dame Ouest
Saint-Henri
(514) 932-4645

15 $ et moins

Restaurant canadien et italien. Grand choix de pâtes, de fruits de mer et de poissons : crevettes, filet de sol, filet de truite. Atmosphère familiale. Vin, bière et spiritueux.

FRISCO BAR & GRILL

405, rue Saint-Antoine Ouest
Vieux-Montréal
(514) 866-0935

15 $ à 30 $

Restaurant situé entre le Vieux-Port et le centre-ville. Spécialités : pâtes, rôti de bœuf et couscous. Décor moderne.

CARTET (LE)

106, rue McGill
Vieux-Montréal
(514) 871-8887

15 $ à 30 $

Bistro à l'ambiance simple (style épicerie) mais chic. Menu inscrit sur un tableau noir. Plats préparés avec grand soin.

BELLE MAISON (LA)

1480, rue Ontario Est
Village
(514) 522-3788

15 $ et moins

Restaurant spécialisé en brochettes souvlakis, hot dogs, frites. Service de livraison.

SIZZLES

6717, boul. Monk
Ville-Émard
(514) 761-4267

15 $ et moins

Cuisines canadienne, grecque et italienne. Décoration moderne. Table d'hôte le midi et le soir qui changent chaque jour. Capacité de 50 personnes.

GOELETTE (LA)

8551, boul. Saint-Laurent
Villeray/Rosemont
(514) 388-8393

15 $ à 30 $

Cuisine canadienne spécialisée en fruits de mer et steaks. Permis d'alcool et bonne carte des vins. Salle de réception et stationnement.

JAVA U

4914, rue Sherbrooke Ouest
Westmount
(514) 482-7077

15 $ à 30 $

Menu composé de viennoiseries, brioches et autres pâtisseries. Ambiance décontractée, un peu bistro, dans un décor plutôt sophistiqué.

Laval

NOUVEAU QUÉBEC TROIS

169-A, boul. Sainte-Rose
Laval
(450) 628-8417

15 $ et moins

Restaurant spécialisé en cuisines canadienne, italienne et grecque. Petit déjeuner et dîner. Ouvert de 7 h 30 à 14 h. Décor et ambiance champêtres.

RAYMOND LE ROI

145, boul. Sainte-Rose
Laval
(450) 622-1100

15 $ et moins

Restauration rapide. Spécialités incluant pizzas, sous-marins et brochettes. Petit déjeuner servi de 6 h à 11 h la semaine et jusqu'à midi la fin de semaine.

Ouest-de-l'Île

DÉLICES (AUX)

324, ch. du Bord-du-Lac
Dollard-des-Ormeaux
(514) 695-0728

15 $ et moins

Restaurant situé dans un édifice centenaire. Ambiance victorienne. Spécialités : ragoût, tourtière, poulet, quiche et pain de viande. À essayer : le thé d'après-midi, qui inclut des scones avec confiture et crème fouettée.

CLYDE'S

286, ch. Lakeshore
Pointe-Claire
(514) 630-8118

15 $ et moins

Édifice centenaire. Décore rustique et boiseries. Ambiance resto-bar. Spécialités : fajitas, steaks et fish and chips. Quatre tables de billard, hockey sur air et table de soccer. Table d'hôte qui change chaque jour.

Rive-Sud

RESTO SOLEIL

65-A, rue de Montbrun
Boucherville
(450) 655-9896

15 $ et moins

Restaurant spécialisé en petits déjeuners, servis de 7 h à 15 h. Ambiance familiale. Décor conventionnel. Baie vitrée.

LAURENCE

578, rue Saint-Charles
Boucherville
(450) 641-1564

15 $ à 30 $

Petit restaurant québécois et français. Menu spécialisé en fine cuisine du terroir. Ambiance rustique et foyer. Table d'hôte le midi à partir de 10 $ et le soir à partir de 20 $.

BRACONNIER (LE)

317, ch. de Chambly
Marieville
(450) 460-4564

15 $ et moins

Cuisine canadienne. Menu varié : pizzas, sous-marins, smoked meat, etc. Petit déjeuner servi jusqu'à 11 h 30.

CUISINE FAMILIALE ET RESTAURATION RAPIDE

Montréal

MOE'S DELI & BAR

6795, rue Jarry Est
Anjou/Saint-Léonard
(514) 322-6637

3950, rue Sherbrooke Est
Hochelaga-Maisonneuve
(514) 253-6637

1050, rue de la Montagne
Centre-ville
(514) 931-6637

15 $ à 30 $

Grand restaurant. Spécialités: côtes levées, smoked meat et steaks. Bar complet. 4 à 8 du lundi au vendredi. Situé au cœur de Montréal. Bonne carte des vins. Excellente ambiance pour les affaires.

BEN'S

1001, boul. de Maisonneuve
Ouest
Centre-ville
(514) 844-1000

15 $ et moins

Bâtiment historique. Établi depuis 1908. Spécialité de la maison : smoked meat. Capacité de 175 personnes. Ambiance décontractée qui favorise la détente. Les décorations datent de 1949.

DUNN'S FAMOUS STEAKHOUSE & GRILL

1219, pl. Phillips
Centre-ville
(514) 393-3866

15 $ et moins

Restaurant de près de 100 places. Spécialisé en steaks, smoked meat et grillades. Ambiance d'affaires le midi et familiale le soir. Bar et salle de réception au deuxième étage.

REUBEN'S

1116, rue Sainte-Catherine
Ouest
Centre-ville
(514) 866-1029

888, rue Sainte-Catherine Ouest
Centre-ville
(514) 861-1255

15 $ et moins

Restaurant avec une atmosphère chaleureuse. Spécialités : smoked meat, bifteck de côte et côtes levées. Capacité de 140 personnes. Carte des vins.

Resto Cité

DELI

SNOWDON DELI

5265, boul. Décarie
Côte-des-Neiges
(514) 488-9129

15 $ à 30 $

Épicerie fine et traiteur. Spécialités : smoked meat et soupes maison. Petits déjeuners complets servis tous les jours. Capacité de 100 personnes. Service rapide et courtois. Livraison possible.

....

ASTRA DELI

5468, rue Sherbrooke Ouest
Notre-Dame-de-Grâce
(514) 486-5958

15 $ et moins

Restaurant spécialisé en smoked meat, sous-marins, pizzas et autres mets populaires. On peut y regarder les sports à la télévision. Plusieurs spéciaux le midi et au souper. Bonne variété de desserts.

....

DELLY BOYS

5509, av. Westminster Nord
Notre-Dame-de-Grâce
(514) 484-8569

15 $ et moins

Cuisine juive spécialisée en smoked meat. Petit déjeuner jusqu'à 15 h. Décorations modernes. Capacité de 100 personnes. Livraison possible. Ouvert depuis 40 ans.

....

HENRY'S

3575, av. du Parc
Plateau Mont-Royal
(514) 844-1879

15 $ et moins

Menu composé de club sandwichs, brochettes et smoked meat. Ouvert depuis 22 ans. Décoré comme un petit restaurant européen. Ambiance chaleureuse et familiale. Petit déjeuner servi tous les jours.

....

SCHWARTZ SMOKED MEAT

3895, boul. Saint-Laurent
Plateau Mont-Royal
(514) 842-4813

15 $ et moins

Petit restaurant de 70 places. Spécialités : smoked meat, bifteck de côte et salades. Capacité de 70 personnes. Ambiance effervescente.

....

MAIN (LA)

3864, boul. Saint-Laurent
Plateau Mont-Royal
(514) 843-8126

15 $ et moins

Restaurant spécialisé en steaks et smoked meat. Ambiance idéale pour les sorties entre amis. Brunchs.

....

DENO'S

1117, rue Saint-Denis
Quartier latin
(514) 845-7926

15 $ et moins

Restaurant incontournable de Montréal. Spécialités: smoked meat et brochettes. Ambiance de quartier très décontractée. Livraison possible. Ouvert depuis 1958.

....

BEAUBIEN DELI

4023, rue Beaubien Est
Villeray/Rosemont
(514) 725-9195

15 $ et moins

Restaurant établi depuis 20 ans. Spécialités : smoked meat, brochettes et mets italiens. Vin, bière et spiritueux. Ambiance familiale. Capacité de plus de 100 personnes. Décorations grecques. Livraison possible.

....

Laval

CASTELLI

5800, boul. des Laurentides
Laval
(450) 622-1684

15 $ et moins

Restaurant spécialisé en cuisine italienne, grecque et en fruits de mer. Essayez le smoked meat. Ambiance de quartier. Capacité de 220 places. Table d'hôte le midi et le soir et petit déjeuner tous les jours.

MIRAGE (LE)

1825, boul. Saint-Martin Ouest
Laval
(450) 688-3621

15 $ et moins

Menu varié : smoked meat, pâtes, rôti de bœuf, fruits de mer, souvlaki, etc. Déjeuner, menu du jour et table d'hôte. Ambiance familiale. Ouvert 24 heures tous les jours. Livraison possible.

MOE'S DELI & BAR

380, boul. Saint-Martin Ouest
Laval
(450) 975-4960

15 $ à 30 $

Cuisine diversifiée: grecque, cajun, mexicaine, italienne et canadienne. Bonne sélection de pizzas. Bar avec 4 à 8 du lundi au vendredi. Soirée des dames le mardi de 20 h à 23 h avec spectacle. Petit déjeuner tous les jours.

Ouest-de-l'Île

ABIE'S SMOKED MEAT AND STEAK

3980, boul. Saint-Jean
Dollard-des-Ormeaux
(514) 626-2243

15 $ et moins

Restaurant qui sert du smoked meat préparé à l'ancienne. Bon choix de steaks. Excellent rapport qualité/prix.

MOE'S DELI & BAR

940, boul. Saint-Jean
Pointe-Claire
(514) 426-8247

15 $ à 30 $

Cuisine diversifiée: grecque, cajun, mexicaine, italienne et canadienne. Bonne sélection de pizzas. Bar avec 4 à 8 du lundi au vendredi. Soirée des dames le mardi de 20 h à 23 h avec spectacle. Petits déjeuners tous les jours.

BARBIE'S

15, boul. Bouchard
Dorval
(514) 631-2233

15 $ et moins

Restaurant spécialisé en smoked meat et hamburgers. Belle ambiance : à la fois romantique et idéale pour les sorties entre amis. Capacité de 150 personnes.

DELI

ESPAGNOL

EL PATIO

425, rue Hickson
Centre-ville
(514) 766-5888

15 $ à 30 $

Bistro espagnol et portugais servant tortillas, salades, calmars et grillades de poissons. Décor sans prétention dans une ambiance de calme.

....

CLUB ESPAGNOL (LE)

4388, boul. Saint-Laurent
Plateau Mont-Royal
(514) 849-1737

15 $ et moins

Restaurant de la communauté espagnole. Ambiance et décorations traditionnelles. Spécialisé en tapas et paellas. Table d'hôte incluant entrée, plat principal et dessert.

....

BODEGA (LA)

3456, av. du Parc
Plateau Mont-Royal
(514) 849-2030

15 $ à 30 $

Grand restaurant de 300 places avec salle de réception. Décoration typiquement espagnole avec assiettes sur les murs. Table d'hôte à partir de 18 $.

....

EL GITANO

3507, av. du Parc
Plateau Mont-Royal
(514) 843-8212

15 $ à 30 $

Ambiance décontractée et chaleureuse. Cuisine typiquement espagnole spécialisée en paellas et fruits de mer. Table d'hôte le midi pour aussi peu que 10 $. Spectacle flamenco le samedi. Ouvert depuis 30 ans.

....

SALA ROSSA

4848, boul. Saint-Laurent
Plateau Mont-Royal
(514) 844-4227

15 $ à 30 $

Situé dans l'édifice Centre social espagnol. Cuisine typiquement espagnole spécialisée en tapas. Danse flamenco le jeudi à partir de 20 h 30 et pianiste de jazz après le spectacle. Salle de concert au deuxième étage.

....

CASA TAPAS

266, rue Rachel Est
Plateau Mont-Royal
(514) 848-1063

15 $ à 30 $

Ambiance et décorations typiquement espagnoles. Très chaleureux et moderne. Spécialisé en tapas. Portes coulissantes ouvertes l'été. Ouvert depuis neuf ans. Réservations préférables.

....

Resto Cité

CHABLIS (LE)

1639, rue Saint-Hubert
Plateau Mont-Royal
(514) 523-0053

15 $ à 30 $

Restaurant espagnol avec ambiance cha-
leureuse. Décor vieillot avec des murs de
briques et une verrière. Capacité de
60 personnes.

....

DON MIGUEL

20, rue Prince-Arthur Ouest
Plateau Mont-Royal
(514) 845-7915

15 $ à 30 $

Ambiance familiale et décoration espa-
gnole. Spécialisé en paellas. Table d'hôte
à partir de 16 $.

....

CASA GALICIA (LA)

2087, rue Saint-Denis
Quartier latin
(514) 843-6698

15 $ à 30 $

Ambiance typiquement espagnole. Spé-
cialités : paellas et diverses assiettes de
fruits de mer. Spectacle flamenco avec
musiciens les vendredi et samedi. Table
d'hôte le midi et le soir. Terrasse l'été.

....

ESPAGNOL

EST-EUROPÉEN: ROUMAIN, HONGROIS, POLONAIS, RUSSE

Montréal

ROUMAIN
BIENVENUE (LA)

6781, av. Darlington
Côte-des-Neiges
(514) 737-0776

15 $ à 30 $

Spécialités roumaines : saucisses, moussaka, chou farci, piment farci et feuilles de vigne farcies. Capacité de 24 personnes. Ambiance intime et chaleureuse. Fermé le lundi.

....

HONGROIS
CAFÉ ROCOCO

1650, av. Lincoln
Centre-ville
(514) 938-2121

15 $ et moins

Restaurant hongrois authentique avec une ambiance très chaleureuse et intime. Excellente cuisine maison à prix raisonnable. Desserts sublimes !

....

POLONAIS
MAZURKA

64, rue Prince-Arthur Est
Plateau Mont-Royal
(514) 844-3539

15 $ et moins

Restaurant polonais traditionnel offrant un excellent rapport qualité/prix. Ambiance et décor coutumiers. Grand choix à la carte. Table d'hôte à 7 $ incluant saucisses polonaises, bigos, soupe et café. Salle de réception, capacité de 60 personnes.

....

STASH CAFÉ ☆

200, rue Saint-Paul Ouest
Vieux-Montréal
(514) 845-6611

15 $ à 30 $

Restaurant polonais traditionnel. Grande sélection à la carte et table d'hôte le soir incluant soupe, salade, plat principal, dessert et café.

....

EST-EUROPÉEN: ROUMAIN, HONGROIS, POLONAIS, RUSSE

RUSSE
KALINKA

1409, rue Saint-Marc
Centre-ville
(514) 932-3403

15 $ à 30 $

Cuisine russe authentique, musique les fins de semaine. À essayer : le bœuf Stroganov, le steak, le saumon et le filet mignon. Menu léger le midi. Décor simple et attirant. Ambiance intime et conviviale. Personnel expérimenté. Fermé le dimanche.

....

TROIKA

2171, rue Crescent
Centre-ville
(514) 849-9333

30 $ à 45 $

Restaurant renommé de fines cuisines russe et française. Menu à la carte, possibilité de menus spéciaux pour groupes. Musique russe du mardi au samedi. Caviar et vodka importés.

....

ERMITAGE

5001, ch. Queen Mary
Côte-des-Neiges
(514) 735-3886

15 $ à 30 $

Restaurant de fine cuisine européenne. Spécialité : gastronomie russe. Excellent rapport qualité/prix. Table d'hôte à partir de 9 $ le midi.

....

FONDUE

FONDERIE LAJEUNESSE (LA)

10145, rue Lajeunesse
Ahuntsic
(514) 382-8234

15 $ à 30 $

Restaurant spécialisé en fondues : chocolat, fromage, bourguignonne et chinoise. Deux étages pouvant accueillir 350 personnes. Fermé le lundi. Différentes tables d'hôte le soir.

FONDUES DU ROI (LES)

6754, rue Jarry Est
Anjou/Saint-Léonard
(514) 955-9928

15 $ à 30 $

Établissement avec soirées karaoké et soupers dansants. Menu composé de fondues au chocolat, bourguignonne et au fromage. Capacité de 180 personnes. Décor style disco-bar.

FONDUE MENTALE

4325, rue Saint-Denis
Plateau Mont-Royal
(514) 499-1446

15 $ à 30 $

Spécialité de la maison : fondue de gibier (cerf, caribou et sanglier). Aussi, plusieurs autres types de fondues. Décor victorien authentique. Deux salles à manger style chalet. Jardin ouvert l'été.

FONDERIE (LA)

964, rue Rachel Est
Plateau Mont-Royal
(514) 524-2100

15 $ à 30 $

Spécialités : fondues chinoise et bourguignonne. 110 places réparties en deux salles. Ouvert tous les jours à 17 h. Décor d'époque dans une maison centenaire. Restaurant établi depuis 22 ans.

FONDUE DU PRINCE (LA)

94, rue Sainte-Anne
Sainte-Anne-de-Bellevue
(514) 457-6278

15 $ à 30 $

Menu composé en majorité de fondues, mais offre aussi des steaks, grillades et poissons. Belle vue sur le bord de l'eau. Ambiance romantique avec un foyer. Ouvert le soir seulement. Excellente carte des vins (importations privées).

....

FONDUE

FRANÇAIS

PEN CASTEL

1224, rue Ranger
Ahuntsic
(514) 331-4945

15 $ à 30 $

Cuisine française spécialisée en gibier. Ambiance chaleureuse et intime. Petit restaurant de 35 places. Table d'hôte le midi et le soir. Terrasse fleurie. Grand stationnement.

....

FUCHSIA (LE)

2000, rue Sainte-Catherine
Ouest
Centre-ville
(514) 939-4408

15 $ et moins

Restaurant des étudiants en gestion hôtelière du Collège Lasalle. Table d'hôte du lundi au vendredi de midi à 14 h. Capacité de 120 personnes.

....

SOUBISE (LE)

1184, rue Crescent
Centre-ville
(514) 861-8791

15 $ à 30 $

Ambiance classique avec salon, une salle méridionale en céramique et un bar très intime. Cuisines française et italienne.

....

DEUX CHARENTES (LES)

815, boul. de Maisonneuve Est
Centre-ville
(514) 523-1132

15 $ à 30 $

Cuisine française d'influence charentaise. Table d'hôte différente le midi et le soir. Capacité de 60 personnes. Murs de briques avec une cheminée et un vrai foyer. Ambiance conviviale, parfaite pour les couples. Carte avec 268 choix de vins.

....

DRUMMOND (LE)

2005, rue Drummond
Centre-ville
(514) 982-9097

15 $ à 30 $

Fine cuisine française (rognons, foie gras, etc.) avec un piano-bar. Pianiste et chanteuse du mercredi au vendredi. Ambiance intime avec souper à la chandelle.

....

FRANÇAIS

ROBERT ET COMPAGNIE

2095, av. McGill Collège
Centre-ville
(514) 849-2742

15 $ à 30 $

Bistro chic offrant une ambiance chaleureuse, décoré comme une cathédrale. Menu varié, composé de plats traditionnels : tilapia, confit de canard et salades.

....

RAPIÈRE (LA)

1155, rue Metcalfe
Centre-ville
(514) 871-8920

15 $ à 30 $

Établissement situé dans l'édifice de la Sunlife. Chaleureux, accueillant, spécialisé en cuisine des Pyrénées. Lunch d'affaires le midi, fermé le dimanche. En opération depuis 30 ans.

....

RESTO GUY ET DODO MORALI

1444, rue Metcalfe
Centre-ville
(514) 842-3636

15 $ à 30 $

Fine cuisine spécialisée en confit de canard. Ambiance chaleureuse avec un salon privé pour 18 personnes. Table d'hôte le midi et le soir ; 114 vins. Terrasse intérieure et extérieure et stationnement intérieur. Ouvert depuis 25 ans.

....

ENTRECÔTE ST-JEAN (L')

2022, rue Peel
Centre-ville
(514) 281-6492

15 $ à 30 $

Brasserie parisienne typique. Un seul met disponible : entrecôte avec potage, salade et dessert. Table d'hôte le midi et le soir. Établi depuis 12 ans. Ouvert tous les jours.

....

ENTRE-MICHE (L')

2275, rue Sainte-Catherine Est
Centre-ville
(514) 521-0036

15 $ à 30 $

Bistro classique sympathique. Cuisine soignée et raffinée avec un service empressé.

....

PARIS (LE)

1812, rue Sainte-Catherine Ouest
Centre-ville
(514) 937-4898

15 $ à 30 $

Établissement ouvert depuis 1956. Cuisine spécialisée en abats de porc. Ambiance décontractée style bistro. Capacité de 115 personnes. Groupes de 10 personnes et moins acceptés.

....

ROTONDE (LA)

185, rue Sainte-Catherine Ouest
Centre-ville
(514) 847-6900

15 $ à 30 $

Cuisine provençale. Spécialités : encornet à la sétoise, magret de canard au miel de lavande et carré d'agneau frais à la façon du berger. Bonne sélection de desserts. Belle et grande terrasse.

....

BOUQUET (LE)

450, rue Sherbrooke Ouest
Centre-ville
(514) 286-1986

15 $ à 30 $

Spécialités : volaille, carré d'agneau, fruits de mer. Table d'hôte le soir. Capacité de 100 places. Ambiance tranquille avec musique jazz. Petit déjeuner servi tous les jours.

GRAND CAFÉ (LE)

1181, av. Union
Centre-ville
(514) 866-1303

15 $ à 30 $

Fine cuisine française avec du gibier en saison et une bonne sélection d'abats. Table d'hôte le midi et le soir. Ambiance chaleureuse et décor élégant. Possibilité de réception pour groupes. Bonne sélection de vins.

CHENÊTS (LES) ☆

2075, rue Bishop
Centre-ville
(514) 844-1842

45 $ et plus

Gastronomie française supérieure. Établi depuis près de 35 ans. Repas à la chandelle. Atmosphère romantique et chaleureuse. Table d'hôte différente chaque soir et une fois par semaine le midi. La meilleure carte des vins en ville, plus de 3250 bouteilles. Établissement offrant la plus grande collection de cognacs (850 sortes) au monde (tel que mentionné dans le livre des records Guinness).

MAS DES OLIVIERS (LE)

1216, rue Bishop
Centre-ville
(514) 861-6733

30 $ à 45 $

Ouvert depuis plus de 35 ans. Cuisine spécialisée en plats de différentes régions de la France. Menu différent le jour et le soir. La carte des vins compte plus de 250 vins.

AUTRE SAISON (L')

2137, rue Crescent
Centre-ville
(514) 845-0058

30 $ à 45 $

Fine cuisine spécialisée en gibier. Essayez les carrés d'agneau. Ambiance romantique avec musiciens à l'occasion. Service expérimenté et attentionné.

CHEZ GEORGES ⚜

1415, rue de la Montagne
Centre-ville
(514) 288-6181

30 $ à 45 $

Restaurant situé dans l'hôtel Vogue. Spécialités : crêpe de homard, magret de canard et tartare de bœuf et d'autruche. Petits déjeuners offerts. Bonne sélection de vins. Capacité de 120 personnes.

LUTÉTIA (LE)

1430, rue de la Montagne
Centre-ville
(514) 281-5340

30 $ à 45 $

Restaurant français avec un service expérimenté et une cuisine raffinée. Essayez le canard à la presse: unique au Canada. Ambiance chic. Situé dans l'hôtel de la Montagne.

FRANÇAIS

FRANÇAIS

CHEZ LA MÈRE MICHEL ☆

1209, rue Guy
Centre-ville
(514) 934-0473

45 $ et plus

Restaurant de fine cuisine française authentique. Menu raffiné avec une excellente carte des vins. Service expérimenté et attentionné. Établi depuis près de 40 ans. Deux salles à manger dont une avec un foyer. Salle de banquet. Ambiance sophistiquée.

ALEXANDRE ⚹

1454, rue Peel
Centre-ville
(514) 288-5105

30 $ à 45 $

Cuisine raffinée. Spécialités: choucroutes, foie de veau et confit de canard. Ambiance effervescente. Brunchs.

JARDINS DU RITZ (LES) ⚹

1228, rue Sherbrooke Ouest
Centre-ville
(514) 842-4212

30 $ à 45 $

Restaurant élégant situé dans le Ritz Carlton. Gastronomie française. Plusieurs spécialités. Établissement avec un lounge bar ouvert durant le Tea Time anglais. Jardin avec un étang et une terrasse l'été. Ambiance chic : pianiste et artiste à l'occasion. Plusieurs salles de réception.

RESTAURANT JULIEN

1191, av. Union
Centre-ville
(514) 871-1581

30 $ à 45 $

Ambiance style bistro parisien, décontracté. Diverses spécialités, incluant confit de canard, foie gras et steak tartare.

PARCHEMIN (LE) ⚹

1333, rue Université
Centre-ville
(514) 844-1619

30 $ à 45 $

Cuisine française offrant un bon choix d'abats, de gibiers et de plats traditionnels comme le carré d'agneau et le confit de canard. Menu express tous les midis.

CAVEAU (LE)

2063, rue Victoria
Centre-ville
(514) 844-1624

30 $ à 45 $

Restaurant avec une capacité de 200 personnes (sept salles privées) établi depuis 55 ans. Situé dans une maison centenaire. Spécialités : canard, fruits de mer et abats. Bonne sélection de vins. Ouvert tous les jours.

CASTILLON (LE)

Hôtel Hilton, Place
Bonaventure
Centre-ville
(514) 878-2332

30 $ à 45 $

Spécialités: castillon, carré d'agneau, châteaubriand et fruits de mer. Table d'hôte le midi avec trois services et le soir avec cinq services. Décor très classique avec boiseries. Établi depuis 40 ans.

HALLES (LES)

1450, rue Crescent
Centre-ville
(514) 844-2328

45 $ et plus

Gastronomie française. Spécialités: gibier, abats et autres délices. Menu à la carte, table d'hôte et menu gourmand disponibles. Ouvert depuis 1971. Ambiance agréable et sympathique qui met les clients à l'aise.
....

CAPRICES DE NICOLAS (LES)

2072, rue Drummond
Centre-ville
(514) 282-9790

45 $ et plus

Fine cuisine française spécialisée en divers plats créatifs : truffes blanches, dorade royale de France, omble de l'Arctique, sauce vinaigrette aux huîtres et autres délices. Trois salles avec une capacité totale de 60 personnes.
....

BEAVER CLUB

900, boul. René-Lévesque Ouest
Centre-ville
(514) 861-3511

45 $ et plus

Situé dans l'hôtel Reine-Élisabeth, institution montréalaise avec son décor sobre et élégant. Ambiance classique. Cuisine française authentique avec des touches modernes. Assiettes copieuses.
....

CAFÉ DE PARIS (LE)

1228, rue Sherbrooke Ouest
Centre-ville
(514) 842-4212

45 $ et plus

Institution classique fréquentée par les célébrités. Cuisine légère mais raffinée. Décor vieillot. Bonne carte des vins. Situé dans le Ritz-Carlton.
....

OPUS II

1050, rue Sherbrooke Ouest
Centre-ville
(514) 985-6252

45 $ et plus

Restaurant de fine cuisine. Brunchs copieux les dimanches. Capacité de 130 personnes. Ambiance idéale pour les soirées romantiques ou entre amis. Belle verrière.
....

DEUX GAULOISES (AUX)

5195, ch. de la Côte-des-Neiges
Côte-des-Neiges
(514) 733-6867

15 $ à 30 $

Restaurant de fruits de mer et crêpes bretonnes. Spécial du jour le midi et table d'hôte le soir. Capacité de 50 personnes. Ambiance chaleureuse et familiale. Grande terrasse. Établi depuis 20 ans.
....

BÉARN (LE)

5613, ch. de la Côte-des-Neiges
Côte-des-Neiges
(514) 733-4102

30 $ à 45 $

Spécialités : plats de foie de veau et carrés d'agneau. Fermé le dimanche. Ambiance intime et chaleureuse. Décor provençal. Établi depuis 25 ans. Capacité de 45 personnes.
....

FRANÇAIS

FRANÇAIS

BÉCANE ROUGE (LA)

4316, rue Sainte-Catherine Est
Hochelaga-Maisonneuve
(514) 252-5420

15 $ à 30 $

Fine cuisine avec un menu varié : confit de canard, boudin noir, gibier. Ambiance intime et chaleureuse. Ambiance décontractée. Bonne carte des vins (importations privées).

CHEZ BEAUCHESNE

3971, rue Hochelaga
Hochelaga-Maisonneuve
(514) 257-9274

15 $ à 30 $

Restaurant avec une ambiance de bistro. Capacité de 65 personnes. Table d'hôte le midi et le soir. Éclairage tamisé. Service de traiteur.

JOLI MOULIN (LE)

5780, rue Sherbrooke Est
Hochelaga-Maisonneuve
(514) 254-2125

15 $ à 30 $

Restaurant spécialisé en fruits de mer et grillades. Choix du chef : le rôti de bœuf. Menu du jour tous les jours. Ambiance chic. Capacité de 175 personnes.

ANISE

104, rue Laurier Ouest
Mile-End
(514) 276-6999

15 $ à 30 $

Cuisine française. Essayez l'entrée de pieuvre grillée ou le Surf n turf anise. Mets principaux incluant magret de canard, caille, ratatouille et selle d'agneau. Intéressante sélection de fromages. Carte des vins digne de mention. Capacité de 60 personnes.

BASTIDE (LA)

151, av. Bernard Ouest
Mile-End
(514) 271-4934

30 $ à 45 $

Spécialités du sud-ouest de la France (le pays basque). Essayez les joues de veau aux champignons et le thon enrubanné de jambon de Bayonne pipérade. Ris de veau fumé maison. Ambiance chaleureuse et décontractée. Décor sobre. Belle terrasse de 30 places l'été.

CLUB DES PINS (LE)

156, av. Laurier Ouest
Mile-End
(514) 272-9484

30 $ à 45 $

Spécialités du sud de la France. Essayez le jarret d'agneau, la soupe de poisson et le foie gras. Capacité de 52 personnes. Beaucoup de lumière le jour grâce aux nombreuses fenêtres. Éclairage tamisé le soir. Table d'hôte le midi et le soir. Rampe d'accès pour les fauteuils roulants. Service de valet du mercredi au samedi. Bonne carte des vins.

RESTAURANT AUBERGE DU CHEVAL BLANC

15760, rue Notre-Dame Est
Montréal-Est
(514) 642-4091

15 $ à 30 $

Cuisine française spécialisée en gibier et grillades. Capacité de 60 personnes. Ambiance style auberge. Atmosphère intime et chaleureuse. Guitariste les jeudis, vendredis et samedis à partir 18 h 30 : musique classique.

MAISTRE (LE) ⚓

5700, av. Monkland
Notre-Dame-de-Grâce
(514) 481-2109

15 $ à 30 $

Cuisine variée avec des spécialités du sud-ouest de la France. Menu diversifié. Spéciaux les mardis et mercredis incluant une table d'hôte à 27 $. Salle de réception de 50 places. Ambiance conviviale avec un foyer. Idéal pour les couples.

PASSE-PARTOUT (LE) ☆

3857, boul. Décarie
Notre-Dame-de-Grâce
(514) 487-7750

45 $ et plus

Fine cuisine du marché préparée avec des ingrédients soigneusement choisis par le chef. Table d'hôte le midi et menu à la carte le soir. Ambiance chaleureuse et conviviale. De belles toiles sur les murs.

CHEZ LÉVÊQUE

1030, av. Laurier Ouest
Outremont
(514) 279-7355

15 $ à 30 $

Restaurant-brasserie français classique. Menu diversifié : ris de veaux, bouillabaisse, rouelle de boudin. Ne manquez pas le crabe des neiges. Deux étages avec une capacité de 120 personnes. Grande sélection de vins français (200 à 300). Établi depuis plus de 30 ans. Service de réception.

BISTINGO (LE) ⚓

1199, av. Van Horne
Outremont
(514) 270-6162

15 $ à 30 $

Menu français varié. Essayez la cervelle de veau, les bavettes et tournedos de saumon. Décor français avec une ambiance intime. Bonne carte des vins.

TONNERRE DE BREST

1134, av. Van Horne
Outremont
(514) 278-6061

15 $ à 30 $

Petit restaurant de 24 places, très familial. Fine cuisine française de Bretagne. Ingrédients frais du marché.

BIÈRES ET COMPAGNIE

3547, boul. Saint-Laurent
Plateau Mont-Royal
(514) 288-0210

4350, rue Saint-Denis
Plateau Mont-Royal
(514) 844-0394

15 $ et moins

Resto-pub offrant plus de 100 sortes de bières. Ambiance idéale pour les sorties entre amis. Menu varié et raffiné. Lundi, mardi et mercredi: moules à volonté.

CHEZ GAUTIER ⚓

3487, av. du Parc
Plateau Mont-Royal
(514) 845-2992

15 $ à 30 $

Restaurant bistro avec une ambiance parisienne. Menu varié : foie de veau, gigot d'agneau, mahi mahi cru, tartare, etc. Table d'hôte le midi et soir.

Resto Cité

BISTRO L'ENTREPONT

4622, Hôtel-de-Ville
Plateau Mont-Royal
(514) 845-1369

15 $ à 30 $

Fine cuisine française. Deux services, à 18 h ou 21 h, les vendredis et samedis. Ouvert les dimanches seulement durant la saison hivernale.

....

BOHÈME (LA)

3625, rue Saint-Denis
Plateau Mont-Royal
(514) 286-6659

15 $ à 30 $

Plats principaux diversifiés : bavette, couscous, jarret, saumon. Les décorations de bois donnent une ambiance chaleureuse. Capacité de 50 personnes. Établi depuis 16 ans.

....

FOUDRE (LE)

4135, rue Saint-Denis
Plateau Mont-Royal
(514) 285-4646

15 $ à 30 $

Cuisine française et méditerranéenne. Carte des vins à prix avantageux. Ambiance romantique et chaleureuse. Musiciens à l'occasion.

....

PERSIL FOU (LE)

4669, rue Saint-Denis
Plateau Mont-Royal
(514) 284-3130

15 $ à 30 $

Fine cuisine spécialisée en gibier. Ambiance branchée avec musique jazz, excellent pour les sorties romantiques. Vous pouvez y croiser les artistes qui se rendent au Théâtre du Rideau vert situé en face. Brunchs jusqu'à 11 h et musique live à partir de 15 h tous les dimanches.

....

QUARTIER ST LOUIS

4723, rue Saint-Denis
Plateau Mont-Royal
(514) 284-7723

15 $ à 30 $

Cuisine française avec un goût du sud de la France. Ambiance chaleureuse et familiale. Choix entre 14 tables d'hôte. Restaurant toujours bien coté par les critiques.

....

MARGAUX (LE)

371, rue Villeneuve Est
Plateau Mont-Royal
(514) 289-9921

15 $ à 30 $

Petit restaurant spécialisé en magrets de canard et perdrix. Décoration simple avec une ambiance intime et chaleureuse. Vin, bière, et spiritueux. Fermé le dimanche et lundi.

....

PUY DU FOU (LE)

4354, av. Christophe-Colomb
Plateau Mont-Royal
(514) 596-2205

15 $ à 30 $

Petit restaurant français de quartier. Établissement non-fumeurs. Ambiance chaleureuse et détendue.

....

DÉCOUVERTE (LA)

4350, rue de La Roche
Plateau Mont-Royal
(514) 529-8377

15 $ à 30 $

Fine cuisine spécialisée en filet d'agneau, cervelle de veau et canard. Décor accueillant et sympathique. Capacité de 50 personnes. Table d'hôte le soir seulement.

....

HÉRITIERS (LES) ♟

5091, rue de Lanaudière
Plateau Mont-Royal
(514) 528-4953

15 $ à 30 $

Restaurant spécialisé en abats. Menu à la carte seulement et menu de groupes disponible. Ambiance décontractée.

BISTRO DU ROY (LE) ♟

3784, rue de Mentana
Plateau Mont-Royal
(514) 525-1624

15 $ à 30 $

Fine cuisine française spécialisée en abats, gibier, filet mignon et autres plats traditionnels. Belle ambiance, idéale pour les sorties entre amis. Brunchs.

PETIT RESTO (AU) ♟

4650, rue de Mentana
Plateau Mont-Royal
(514) 598-7963

15 $ à 30 $

Spécialités : mousse de foie de canard, confit de cuisse de canard, noisette d'agneau et filet mignon avec sauce au bleu Ermite. Capacité de 45 personnes. Réservations préférables. Table d'hôte différente change chaque semaine. Établi depuis 17 ans.

5ᵉ PÉCHÉ (LE)

330, av. du Mont-Royal Est
Plateau Mont-Royal
(514) 286-0123

15 $ à 30 $

Bistro de quartier d'inspiration française. Cuisine n'offrant que des produits frais. Ambiance décontractée. Excellente carte des vins.

COLOMBE (LA) ♟

554, av. Duluth Est
Plateau Mont-Royal
(514) 849-8844

15 $ à 30 $

Cuisine française. Entièrement non-fumeurs. Ambiance intime. Spécialités françaises avec un menu varié. Capacité de 36 personnes. Fermé le lundi.

DALI MATISSE ♟ ⚘

900, av. Duluth Est
Plateau Mont-Royal
(514) 845-6557

15 $ à 30 $

Restaurant ou l'on apporte son vin. Cuisine française et internationale. Essayez la triade de gibier (cerf, faisan, autruche), la raie et la paella valencienne. Capacité de 50 personnes. Terrasse de 20 places l'été. Décor chaleureux ; ambiance de bistro.

DEUX OLIVIERS (LES) ♟

500, av. Duluth Est
Plateau Mont-Royal
(514) 848-1716

15 $ à 30 $

Restaurant de 50 places. Spécialités françaises et italiennes : osso bucco et escalope de veau. Ambiance sympathique avec une prédominance du bois.

FRANÇAIS

FRANÇAIS

FLOCON (LE) ♟

540, av. Duluth Est
Plateau Mont-Royal
(514) 844-0714

15 $ à 30 $

Restaurant de 75 places. Décor sophistiqué mais ambiance chaleureuse. Table d'hôte le soir, avec deux ou quatre services. Carte différente chaque mois. Ouvert depuis 20 ans.

PIED DE COCHON (AU)

536, av. Duluth Est
Plateau Mont-Royal
(514) 281-1114

15 $ à 30 $

Décor de bistro classique des années 1930. Menu intéressant avec présentation très originale. Mets français traditionnels. Essayez le tartare de cerf, le confit de canard et le pot-au-feu au poisson. Service attentionné. Cuisine ouverte.

PITON DE LA FOURNAISE (LE) ♟

835, av. Duluth Est
Plateau Mont-Royal
(514) 526-3936

15 $ à 30 $

Cuisine exotique spécialisée en gastronomie de l'île de la Réunion. Menu avec une influence indienne et africaine. Pittoresque et chaleureux. Ouvert le soir seulement.

PRUNELLE (LA) ♟

327, av. Duluth Est
Plateau Mont-Royal
(514) 849-8403

15 $ à 30 $

Fine cuisine française du terroir. Ambiance chaleureuse et distinguée. Des grandes portes coulissantes ouvertes sur la rue Duluth en été.

PÉGASE (LE) ♟

1831, rue Gilford
Plateau Mont-Royal
(514) 522-0487

15 $ à 30 $

Petit restaurant de 34 places. Menu gourmand qui comprend un potage, une salade, une entrée, le plat principal, le dessert et le café. Ambiance calme en semaine et plutôt animée la fin de semaine.

P'TIT LYONNAIS (LE)

1279, rue Marie-Anne Est
Plateau Mont-Royal
(514) 523-2424

15 $ à 30 $

Petit restaurant de fine cuisine lyonnaise. Service impeccable et personnalisé. Ambiance intime. Excellente table d'hôte.

APRÈS LE JOUR ♟

901, rue Rachel Est
Plateau Mont-Royal
(514) 527-4141

15 $ à 30 $

Cuisine française. Ambiance feutrée, style bistro lounge avec musique jazz. Essayez le ris et les rognons de veau. Desserts maison. Salle de réception. Capacité de 120 personnes.

FLAMBARD (LE) 🍷

851, rue Rachel Est
Plateau Mont-Royal
(514) 596-1280

15 $ à 30 $

Petit restaurant français de quartier spécialisé en cassoulet, confit de canard et carré d'agneau. Capacité de 40 personnes. Ambiance chaleureuse. Ouvert tous les jours.

....

INFIDÈLES (LES) 🍷

771, rue Rachel Est
Plateau Mont-Royal
(514) 528-8555

15 $ à 30 $

Cuisine française avec un menu composé de plusieurs spécialités, notamment le ris de veau et les pétoncles. Assiettes généreuses. Service courtois et sympathique.

....

VENTS DU SUD

323, rue Roy Est
Plateau Mont-Royal
(514) 281-9913

15 $ à 30 $

Cuisine du marché offrant un menu français traditionnel. Portions généreuses. Idéal pour les clients qui aiment les vrais plats maison. Divisé en deux salles.

....

BISTRO GOURMET 2 (AU) 🍸

4007, rue Saint-Denis
Plateau Mont-Royal
(514) 844-0555

15 $ à 30 $

Spécialités françaises avec un menu diversifié. Présentation soignée des plats. Essayez la bavette grillée et l'agneau. Décor classique avec une ambiance de bistro. Terrasse de 25 places l'été. Service agréable.

....

CONTINENTAL

4169, rue Saint-Denis
Plateau Mont-Royal
(514) 845-6842

15 $ à 30 $

Menu incluant pâtes, terrines, steaks et blanquette de veau. Cuisine continentale influencée par les cuisines italienne, française et grecque. Décor bistro avec une touche artistique.

....

BERGAMOTE (LA)

2101, rue Sherbrooke Est
Plateau Mont-Royal
(514) 525-5738

15 $ à 30 $

Fine cuisine du marché. Bonne sélection de gibier et de poissons frais. Décor charmant et romantique avec murs en pierre. Capacité de 40 personnes. Vin, bière et spiritueux.

....

FRANÇAIS

LALOUX

250, av. des Pins Est
Plateau Mont-Royal
(514) 287-9127

30 $ à 45 $

Restaurant de fine cuisine. Spécialités: foie gras, pétoncles, ris de veau et gibier. Table d'hôte le midi et le soir. Service de qualité. Ambiance décontractée et élégante. Capacité de 65 personnes.

....

CASSIS

1279, av. du Mont-Royal Est
Plateau Mont-Royal
(514) 522-2379

30 $ à 45 $

Cuisine française provençale. Mets bien présentés. Ambiance chaleureuse. Bon choix de tables d'hôtes. Essayez le confit de canard aux bleuets.

....

Resto Cité

FRANÇAIS

GAUDRIOLE (LA)

825, av. Laurier Est
Plateau Mont-Royal
(514) 276-1580

30 $ à 45 $

Cuisine contemporaine et créative. Ambiance intime et informelle. Table d'hôte. Restaurant intégré aux différents festivals.

BLEU RAISIN (LE) 🍷 ☆

5237, rue Saint-Denis
Plateau Mont-Royal
(514) 271-2333

30 $ à 45 $

Restaurant spécialisé en gibier (cerf rouge) et croustillants (pâtes de blé). Capacité de 40 personnes. Ambiance intime et chaleureuse. Décor très élégant. Belle vitrine.

LEBLANC ⚲

3435, boul. Saint-Laurent
Plateau Mont-Royal
(514) 288-9909

30 $ à 45 $

Cuisine internationale style fusion. Plusieurs plats influencés par la gastronomie italienne, californienne et française. Menu du jour. Ambiance thématique, style lounge avec musiciens rythm and blues tous les jours. Petite terrasse l'été.

TOQUÉ!

3842, rue Saint-Denis
Plateau Mont-Royal
(514) 499-2084

45 $ et plus

Restaurant intime et calme, très achalandé depuis 10 ans. Cuisine du marché. Assiettes populaires incluant le foie gras de canard. Menu de dégustation. Excellente carte des vins. Il est préférable de réserver.

TARTARIN (LE)

4675, rue Saint-Denis
Plateau Mont-Royal
(514) 281-8579

45 $ et plus

Spécialisé en viande chevaline, gibier, foie gras et tartare. Ambiance décontractée style bistro. Restaurant boucherie. Viande toujours fraîche et préparée sur place. Menu à la carte et vins importés.

BISTRO SAN LUCAS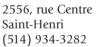

2556, rue Centre
Saint-Henri
(514) 934-3282

15 $ et moins

Bistro spécialisé en hamburgers, calmars frits, fondues et crèmes brûlées.

MICHAEL W. 🍷 ⚲

2601, rue Centre
Saint-Henri
(514) 931-0821

15 $ à 30 $

Restaurant franco-italien spécialisé en gibier. Essayez les poires au bleu, le ceviche et la crème brûlée. Belle terrasse. Quatre salles à manger avec une capacité totale de 75 personnes. Ambiance chaleureuse et intime.

CHANDELIER (LE)

825, boul. Côte-Vertu
Saint-Laurent
(514) 748-5800

15 $ à 30 $

Restaurant français avec un bon rapport qualité/prix. Ambiance romantique avec foyer.

GASTRONOME INTERNATIONAL (LE)

3872, rue Wellington
Verdun/LaSalle
(514) 762-4402

45 $ et plus

Grand restaurant avec un menu saisonnier diversifié : pâtes, volaille et abats. Le menu change chaque saison. Décor recherché et personnalisé.

....

BOURLINGUEUR (LE)

363, rue Saint-François-Xavier
Vieux-Montréal
(514) 845-3646

15 $ et moins

Spécialités : fruits de mer et choucroute. Deux salles (fumeurs et non-fumeurs) avec une capacité totale de 90 personnes. Murs de pierre. Ambiance chaleureuse. Ouvert tous les jours.

....

GARGOTE (LA)

351, pl. d'Youville
Vieux-Montréal
(514) 844-1428

15 $ à 30 $

Restaurant de fine cuisine française authentique. Bon rapport qualité/prix. Ambiance chaleureuse avec foyer.

....

DES GOUVERNEURS

458, pl. Jacques-Cartier
Vieux-Montréal
(514) 861-0188

15 $ à 30 $

Cuisine avec une variété de plats : carrés d'agneau, homard, cuisses de grenouilles et veau. Capacité de 65 personnes. Ambiance intime avec murs de pierre, un peu de bois. Table d'hôte le midi et le soir. Bonne sélection de vins.

....

LOU/PARADOU

358, rue Notre-Dame Est
Vieux-Montréal
(514) 861-8756

15 $ à 30 $

Petit bistro. Cuisine provençale et familiale. Menu du jour tous les jours et table d'hôte le midi et le soir. Capacité de 45 personnes.

....

ARRIVAGE (L')

350, pl. Royale
Vieux-Montréal
(514) 872-9128

15 $ à 30 $

Restaurant de fine cuisine française. Essayez le canard aux canneberges. Service courtois et attentionné. Belle ambiance et les fenêtres offrent une belle vue sur le port.

....

FRANÇAIS

Resto Cité

VAUQUELIN (LE)

52, rue Saint-Jacques
Vieux-Montréal
(514) 845-1575

15 $ à 30 $

Fine cuisine française. Bâtisse centenaire avec une ambiance chaleureuse. Table d'hôte le midi incluant une entrée, un plat principal, le dessert et le café.

....

SAUVAGINE (LA)

115, rue Saint-Paul Est
Vieux-Montréal
(514) 861-3210

15 $ à 30 $

Cuisine française avec une bonne sélection de vins. Menu composé de plusieurs spécialités, incluant le gibier. Service courtois.

....

FRINGALE DU VIEUX (LA)

312, rue Saint-Paul Ouest
Vieux-Montréal
(514) 842-4491

15 $ à 30 $

Gastronomie française spécialisée en cassoulet, bouillabaisse et confit de canard. Table d'hôte midi et soir et menu à la carte. Ambiance rustique et accueillante.

....

PREMIÈRE RUE (LA)

355, rue Saint-Paul Ouest
Vieux-Montréal
(514) 285-0022

15 $ à 30 $

Petit restaurant sympathique et décontracté de 35 places. Cuisine française avec table d'hôte uniquement.

....

MAISON PIERRE DU CALVET

405, rue Bonsecours
Vieux-Montréal
(514) 282-1725

30 $ à 45 $

Fine cuisine avec un menu varié qui inclut du gibier. Ambiance romantique avec terrasse intérieure, une salle victorienne avec des perroquets, une salle à manger avec foyer, un balcon au deuxième étage et une salle VIP avec bibliothèque.

....

REMPARTS (LES)

93, rue de la Commune Est
Vieux-Montréal
(514) 392-1649

30 $ à 45 $

Fine cuisine préparée avec des produits du terroir. Ambiance plutôt romantique et calme avec un décor historique. Table d'hôte le midi seulement. Terrasse au sixième étage avec vue sur le fleuve Saint-Laurent.

....

ST-AMABLE (LE)

410, pl. Jacques-Cartier
Vieux-Montréal
(514) 866-3471

30 $ à 45 $

Ambiance française traditionnelle: décor antique, lampadaires au plafond. Fine cuisine française. Service avec quatre tables d'hôte.

....

CHEZ BERNARD

275, rue Notre-Dame Ouest
Vieux-Montréal
(514) 288-4288

30 $ à 45 $

Restaurant français avec un éclairage doux et tamisé. Spécialités de la maison: magret de canard aux framboises, filet mignon forestier et assiette du pêcheur. Menu du jour et table d'hôte. Salon privé pour 25 personnes. Capacité de 90 personnes. Excellent pour les fêtes.

....

BONAPARTE (LE) ☆

443, rue Saint-François-Xavier
Vieux-Montréal
(514) 844-4368

30 $ à 45 $

Gastronomie offrant notamment délices Saint-Jacques, fricassé des bois et huile de truffes. Essayez le navarin de homard à la vanille et les raviolis de champignons à la sauce. Décor français thématique. Ambiance tranquille. Trois salles avec une capacité totale de 100 personnes. Établi depuis près de vingt ans. Carte des vins comportant près de 360 choix de vins.

....

AUBERGE LE SAINT-GABRIEL

426, rue Saint-Gabriel
Vieux-Montréal
(514) 878-3561

30 $ à 45 $

Cuisine française et québécoise. Menu composé de différents plats : château-briand, saumon frais, pintade cuite à l'érable, etc. Restaurant de 400 places sur trois étages.

....

CHEZ QUEUX ⚲

158, rue Saint-Paul Est
Vieux-Montréal
(514) 866-5194

30 $ à 45 $

Restaurant situé dans un édifice datant de 1826. Ambiance sympathique avec feu de foyer et pianiste. Table d'hôte incluant chevreuil grillé, magret de canard rôti ou ris de veau. Desserts fabuleux.

....

MARÉE (LA) ⚲

404, pl. Jacques-Cartier
Vieux-Montréal
(514) 861-9794

45 $ et plus

Fine cuisine française. Table d'hôte et menu du jour tous les jours. Repas d'affaires du lundi au vendredi de midi à 15 h. Décor très élégant, style Louis XIII. Cave à vins.

....

CHEZ PIERRE

1263, rue Labelle
Village
(514) 843-5227

15 $ à 30 $

Restaurant champêtre et traditionnel. Menu composé d'abats : foie de veau, rognons, etc. Ambiance intime, idéal pour les couples et les gens d'affaires. Salon privé.

....

CHEZ LA MÈRE BERTEAU ⚲

1237, rue de Champlain
Village
(514) 524-9344

15 $ à 30 $

Menu français varié spécialisé en abats, gibier et agneau. Table d'hôte le midi et le soir. Ambiance rustique et intime avec décor de séraphins. Capacité de 30 personnes.

....

FRANÇAIS

PIEDS DANS LE PLAT (LES)

1256, rue Ontario Ouest
Village
(514) 527-7639

15 $ à 30 $

Petit resto servant une cuisine maison provençale. Menu complet ; le lire stimule déjà les papilles gustatives. Service attentionné.

....

INDÉPENDANT (L')

1330, rue Sainte-Catherine Est
Village
(514) 527-3045

15 $ à 30 $

Petit restaurant français de 50 places spécialisé en moules et en fondues. Table d'hôte le soir seulement. Fermé le midi. Ambiance familiale, clients réguliers.

....

ARMORICAIN (L')

1550, rue Fullum
Village
(514) 523-2551

30 $ à 45 $

Cuisine française spécialisée en abats, poissons frais et viandes rouges. Capacité de 140 personnes. Deux pièces (fumeurs et non-fumeurs). Salle de réception (salon privé). Établi depuis 25 ans. Décor français, moderne.

....

GAVROCHE (LE)

2098, rue Jean-Talon Est
Villeray/Rosemont
(514) 725-9077

15 $ à 30 $

Fine cuisine française avec un menu varié : gibier, abats et différents plats préparés. Table d'hôte le midi et le soir. Ambiance familiale.

....

CHEZ BONNIN

7828, rue Saint-Hubert
Villeray/Rosemont
(514) 272-9031

15 $ à 30 $

Restaurant français avec une ambiance rustique et intime. Service courtois et empressé. Spécialités de la maison : carré d'agneau, assiette du pêcheur. Bon rapport qualité/prix. Portions généreuses.

....

Laval

BINIOU (AU)

100, boul. de la Concorde Est
Laval
(450) 667-3170

15 $ à 30 $

Fine cuisine. Menu composé de gibier, d'abats, d'agneau, de veau et d'autres spécialités. Table d'hôte avec cinq services. Ambiance rustique. Salle de réception.

....

ANCESTRAL (L')

625, rue Saint-Martin Ouest
Laval
(450) 662-1117

15 $ à 30 $

Vieille maison de 1828 convertie en restaurant. Cuisine française et méditerranéenne. Ambiance chaleureuse. Capacité de 225 personnes avec une salle de réception. Service de traiteur.

....

SIRÈNE (LA)

480, rue Saint-Martin Ouest
Laval
(450) 662-1999

15 $ à 30 $

Salles de réceptions pour toutes les occasions : sept salles pour 30 à 200 personnes. Spécialités : mets italiens, grillades, cuisine française.

....

FRANÇAIS

Resto Cité

MENUS-PLAISIRS (LES) ⚑

244, boul. Sainte-Rose
Laval
(450) 625-0976

15 $ à 30 $

Cuisine spécialisée en gibier et en autruche. Menu à la carte et table d'hôte le midi et le soir. Ouvert le midi, 5 jours par semaine et tous les jours le soir. Ambiance chaleureuse.

PLOGONNEC (LE)

1, boul. Sainte-Rose
Laval
(450) 625-1510

15 $ à 30 $

Fine cuisine française. Salle à manger intime et romantique réchauffée par le foyer l'hiver. Capacité de 40 personnes. Fermé le midi.

VIEILLE HISTOIRE (LA) ⌼

284, boul. Sainte-Rose
Laval
(450) 625-0379

15 $ à 30 $

Cuisine française avec un menu qui change chaque saison. On peut apporter son vin. Bonne sélection de gibier et abats. Ambiance tranquille. Deux salles : une de 20 places et une autre de 40 places. Cour intérieure. Ouvert tous les jours à partir de 18 h.

ESCARGOT FOU (L') ⌼

5303, boul. Lévesque
Laval
(450) 664-3105

15 $ à 30 $

Restaurant spécialisé en moules. Ambiance chaleureuse sur deux étages. Salle de réception de 50 places.

CAFÉ D'ORSAY

3735, rue Saint-Martin Ouest
Laval
(450) 688-0818

30 $ à 45 $

Restaurant offrant une grande sélection de fruits de mer. Ambiance chaleureuse avec un salon privé pour 35 personnes. Bonne animation avec musiciens du mercredi au samedi. Capacité de 250 personnes.

MITOYEN (LE)

652, rue de la Place-publique
Laval
(450) 689-2977

30 $ à 45 $

Restaurant spécialisé en cuisine du marché. Menu varié avec une table d'hôte à 38 $. Ambiance romantique et décontractée avec deux foyers. Bonne cave. Capacité de 80 personnes avec une petite salle de réception. Stationnement gratuit.

SAINT-CHRISTOPHE (LE) ⚑

94, boul. Sainte-Rose
Laval
(450) 622-7963

30 $ à 45 $

Maison construite en 1912 convertie en restaurant de gastronomie française. Ambiance intime avec de petits salons. Table d'hôte le midi et le soir incluant une entrée, un plat principal et un dessert.

FRANÇAIS

Resto Cité

Ouest-de-l'Île

TROIS SOEURS (LES)

479, boul. Beaconsfield
Beaconsfield
(514) 694-6731

15 $ à 30 $

Fine cuisine française contemporaine. Ambiance intime : ancienne maison convertie en restaurant. Table d'hôte différente, qui change chaque soir. Salle de réception pour 35 personnes au deuxième étage.

COIN DU FEU (AU)

12505, ch. de la Côte-de-Liesse
Dorval
(514) 631-2411

30 $ à 45 $

Restaurant français renommé pour ses steaks que l'on prépare devant vous. Spécialités : bœuf d'Angus, escargots et desserts. Capacité de 80 personnes. Vue sur le jardin. Situé dans l'hôtel Hilton. Bonne carte des vins.

FLEURON D'OR (LE)

2880, boul. Saint-Charles
Kirkland
(514) 426-4775

15 $ à 30 $

Fine cuisine française innovatrice. Salle de réception pour 70 personnes. Une salle pour non-fumeurs et une autre pour fumeurs. Terrasse double : intérieure et extérieure.

HABITANT (L')

5010, boul. Lalande
Pierrefonds
(514) 684-4398

30 $ à 45 $

Fine cuisine spécialisée en gibier, ris de veau, carré d'agneau et cassoulet. Situé dans une maison de 230 ans. Ambiance intime et calme avec trois cheminées l'hiver. Salle de réception de 50 places. Excellente sélection de vins.

CHAMBERTIN (LE)

9, av. Frontenac
Pointe-Claire
(514) 695-0620

15 $ à 30 $

Menu composé de divers plats : steaks, fruits de mer, etc. Belle ambiance avec un duo de musiciens du vendredi au dimanche. Idéal pour les dîners d'affaires le midi. Capacité de 170 personnes.

FRANÇAIS

GOURMAND (LE)

42, av. Sainte-Anne
Pointe-Claire
(514) 695-9077

45 $ et plus

Maison centenaire convertie en restaurant. Ambiance rustique avec foyer. Table d'hôte midi et soir et menu à la carte. Cuisine légèrement fusion, influencée par la gastronomie italienne et cajun.

SURCOUF

51, boul. de Sainte-Anne-de-Bellevue
Sainte-Anne-de-Bellevue
(514) 457-6699

15 $ à 30 $

Vieille maison canadienne divisée en trois salles différentes. Tout à fait charmant et ancien. Solarium l'été et foyer l'hiver.

MAISON VERTE (LA)

16981, boul. Gouin Ouest
Sainte-Geneviève
(514) 696-6308

15 $ à 30 $

Fine cuisine du marché spécialisée en gibier. Ambiance romantique, salon privé avec foyer.

Rive-Sud

NUANCES

1, av. du Casino
Parc-des-Îles
(514) 392-2746

45 $ et plus

Restaurant de cuisine gastronomique française. Ambiance élégante et chic. Capacité de 80 personnes avec un salon privé de 18 places. Reconnu par les chefs du monde entier, qui viennent y présenter leur cuisine avec un menu de dégustation.

OSTERIA DU VIEUX BELOEIL

914, rue Laurier
Beloeil
(450) 464-7491

15 $ à 30 $

Cuisine française et italienne. Spécialités dans le gibier, poisson frais, pâtes et escalopes. Une des plus belles caves à vins de la région.

JOZÉPHIL (LE)

969, rue Richelieu
Beloeil
(450) 446-9751

15 $ à 30 $

Fine cuisine française. Table d'hôte le midi et le soir. Ambiance et décor rustiques intimes. Belle terrasse avec une vue sur le Richelieu et le mont Saint-Hilaire. Capacité de 45 personnes.

FRANÇAIS

CÔTE À CÔTE (LE)

12, rue Saint-Mathieu
Beloeil
(450) 464-1633

15 $ à 30 $

Cuisine spécialisée en grillades et fruits de mer. Ambiance chaleureuse et intime. Spéciaux à l'occasion. Capacité de 60 personnes avec une grande terrasse d'une centaine de places.

....

SAULAIE (LA)

1161, rte. Marie-Victorin
Boucherville
(450) 449-5005

15 $ à 30 $

Restaurant de fine cuisine française et continentale sur la rive du fleuve Saint-Laurent. Ambiance champêtre et chaleureuse. Menu à la carte varié pouvant accommoder tous les goûts. Salle de réception avec un foyer pouvant accueillir 55 personnes. Bon rapport qualité/prix.

....

MAISON BLEUE (LA)

2592, rue Bourgogne
Montérégie
(450) 447-1112

15 $ à 30 $

Maison datant de 1815. Spécialités : gibier, fruits de mer et une grande sélection d'abats. Grande terrasse fermée et ouverte avec chapiteau. Salle de réception. Ambiance tranquille. Brunch les dimanches – enfants de 6 ans et moins mangent gratuitement.

....

TOURNANT DE LA RIVIÈRE (AU)

5070, boul. de Salaberry
Carignan
(450) 658-7372

45 $ et plus

Fine cuisine française. Ambiance chaleureuse et décontractée. Fermé le midi sauf pour le brunch. Table d'hôte le soir seulement.

....

CHAZ RESTO-BAR

100, ch. de la Pointe Nord
Île-des-Sœurs
(514) 769-9989

15 $ à 30 $

Fine cuisine spécialisée en confit de canard. Belle ambiance romantique avec une vue sur le centre-ville. Capacité de 200 personnes. Possibilité de réceptions.

....

HÉLÈNE DE CHAMPLAIN

200, Tour de l'Île
Île-Sainte-Hélène.
(514) 395-2424

30 $ à 45 $

Restaurant avec un décor exceptionnel et un beau jardin. Menu composé de plusieurs plats français classiques. Excellente carte des vins.

....

CHEZ JULIEN

130, ch. de Saint-Jean
La Prairie
(450) 659-1678

15 $ à 30 $

Restaurant style bistro de 64 places. Menu du jour tous les jours. Table d'hôte qui change le midi et le soir, de 12 à 14 choix chaque jour. Ambiance décontractée avec musique jazz.

....

VIEUX FORT (AU)

120, ch. de Saint-Jean
La Prairie
(450) 444-4346

15 $ à 30 $

Maison ancestrale convertie en restaurant où on peut déguster de la bonne cuisine française à prix raisonnable.

....

TROU NORMAND (AU)

110, rte. 117
Lacolle
(450) 246-3917

15 $ à 30 $

Ambiance familiale et chaleureuse. Restaurant de 50 places. Beau décor. Situé sur la route 117. Cuisine française spécialisée en viandes grillées.

....

RELAIS TERRAPIN (LE)

295, rue Saint-Charles Ouest
Longueuil
(450) 677-6378

15 $ à 30 $

Cuisine française et continentale. Essayez le steak Diane flambé au cognac et Trois médaillons du chef aux trois sauces. Décor agrémenté de boiseries rustiques. Ambiance chaleureuse et amicale. Petit déjeuner servi de 7 h 30 à 11 h. Ouvert depuis 21 ans. Édifice centenaire (1853).

....

LOU NISSART ✤

184, rue Saint-Charles Ouest
Longueuil
(450) 442-2499

15 $ à 30 $

Cuisine du sud de la France à prix abordable. Ambiance agréable et animée. Table d'hôte le midi et le soir.

....

MÉTÈQUE (LE) ✤

97, rue Saint-Jean
Longueuil
(450) 651-4310

15 $ à 30 $

Crêperie bretonne avec un menu diversifié : des plats abordables jusqu'à des repas pour deux à 70$ (vin inclus). Belle ambiance familiale. Capacité de 65 personnes. Accordéoniste tous les jours.

....

OLIVIER ✤

679, rue Adoncour
Longueuil
(450) 646-3660

30 $ à 45 $

Fine cuisine spécialisée en abats, agneau, confit de canard mulard et poisson. Menu adapté aux saisons. Ambiance champêtre de style bistro. Plafond de 27 pieds de haut. Restaurant et deux salons privés avec une capacité totale de 100 places. Fermé le dimanche.

....

TABLE DU MANOIR (LA)

125, ch. des Patriotes Sud
Mont Saint-Hilaire
(450) 446-6060

30 $ à 45 $

Cuisine française du terroir. Une verrière offre une vue magnifique sur la rivière et un jardin. Bonne sélection de gibier.

....

FRANÇAIS

FRANÇAIS

RABASTALIÈRE (LA)

125, ch. de la Rabastalière
Saint-Bruno-de-Montarville
(450) 461-0173

30 $ à 45 $

Maison champêtre historique. Service personnalisé. Établi depuis 24 ans. Réceptions avec chapiteau l'été. Produits d'ici avec un soupçon de fusion.

....

ANCÊTRE (L')

5370, ch. de Chambly
Saint-Hubert
(450) 678-5630

30 $ à 45 $

Fine cuisine avec un accent continental. Décor rustique et ambiance romantique. Six salles de réception.

....

FRÈRES MOREAU (LES)

160, rue du Séminaire
Saint-Jean-sur-Richelieu
(450) 347-5559

15 $ et moins

Restaurant spécialisé en grillades et fruits de mer. Table d'hôte incluant une entrée, un plat principal, le café et le dessert. Nouveau décor; ambiance décontractée et romantique. Salle de réception.

....

SAMUEL II

291, rue Richelieu
Saint-Jean-sur-Richelieu
(450) 347-4353

15 $ à 30 $

Fine cuisine française. Salle à manger haut de gamme. Les grandes vitres offrent une vue magnifique sur la rivière. Spécialité : saumon fumé maison. Ambiance romantique. Table d'hôte à moitié prix le midi.

....

IMPRÉVU (L')

163, rue Saint-Jacques
Saint-Jean-sur-Richelieu
(450) 346-2417

15 $ à 30 $

Fine cuisine française avec un menu varié : fruits de mer, abats et plats préparés. Ambiance décontractée. Capacité de 100 personnes avec une terrasse de 60 places.

....

BISTRO 21

21, rue Prince-Arthur
Saint-Lambert
(450) 923-8449

15 $ à 30 $

Fine cuisine française. Spécialités de la maison : foie de veau, rognons et cassoulet. Ambiance de bistro. Décorations de bois.

....

AUBERGE LES CIGALES

585, av. Victoria
Saint-Lambert
(450) 466-2197

15 $ à 30 $

Restaurant situé dans une maison centenaire. Cuisine française avec une bonne sélection de viandes rouges, blanches et abats (ris et rognons de veau). Capacité de 60 personnes. Ambiance chaleureuse et intime. Décoration moderne.

....

 Resto Cité

SARCELLES (LES)

1031, av. Victoria
Saint-Lambert
(450) 671-0946

15 $ à 30 $

Cuisine française au goût de terroir spécialisée en canard. Établissement avec plusieurs salons : antique, avec foyer, privé avec divan et fauteuil. Salle de réception pouvant accueillir 40 personnes.

....

VRAI CHABLIS (LE)

52, rue Aberdeen
St-Lambert
(450) 465-2795

15 $ à 30 $

Cuisine française style maison. Ambiance familiale. Table d'hôte le midi et le soir de 15 $ à 30 $, incluant l'entrée, potage, plat principal, dessert et café.

....

HOSTELLERIE DES TROIS TILLEULS

290, rue Richelieu
Saint-Marc-sur-Richelieu
(514) 856-7787

30 $ à 45 $

Restaurant situé dans l'hôtel qui fait partie des Relais & Château. Fine cuisine française. Table d'hôte le midi seulement. Menu de dégustation disponible. Ambiance d'affaires durant le brunch.

....

FRANÇAIS

FRUITS DE MER ET POISSONS

DESJARDINS KAIKO

1175, rue Mackay
Centre-ville
(514) 866-9741

30 $ à 45 $

Restaurant chic, classique et agréable spécialisé en fruits de mer, en particulier le homard. Ouvert le soir seulement.

....

CRUSTACÉS (LES)

5706, rue Sherbrooke Est
Hochelaga-Maisonneuve
(514) 256-2185

15 $ à 30 $

Restaurant chaleureux spécialisé en fruits de mer toujours frais. Bar à salade et menu varié. Musicien tous les soirs.

....

MILOS ☆

5357, av. du Parc
Mile-End
(514) 272-3522

45 $ et plus

Restaurant reconnu mondialement pour la fraîcheur du poisson importé. Ambiance à la fois décontractée et sophistiquée. Grande variété de fruits de mer. Réservations préférables.

....

MOULERIE (LA) ⚓

1249, av. Bernard Ouest
Outremont
(514) 273-8132

15 $ à 30 $

Restaurant spécialisé en moules. Style bistro. Ambiance amicale. Grande terrasse de 105 places. Établissement bien situé.

....

DELFINO ⚓

1231, rue Lajoie
Outremont
(514) 277-5888

30 $ à 45 $

Restaurant spécialisé en poisson frais et fruits de mer. Ambiance branchée. Table d'hôte incluant trois services. Grande terrasse l'été.

....

POISSON ROUGE (LE) 🍷

1201, rue Rachel Est
Plateau Mont-Royal
(514) 522-4876

15 $ à 30 $

Grand restaurant situé en face du parc LaFontaine. Idéal pour les occasions spéciales. Table d'hôte à 32 $. Excellent rapport qualité/prix.

....

FRUITS DE MER ET POISSONS

MOULES ET CIE

77, av. des Pins Est
Plateau Mont-Royal
(514) 496-0540

15 $ à 30 $

Ambiance intime et décontractée. Spécialités : moules, poissons et fruits de mer. Spéciaux variant avec les saisons.

....

MAESTRO S.V.P.

3615, boul. Saint-Laurent
Plateau Mont-Royal
(514) 842-6447

15 $ à 30 $

Bistro de fruits de mer avec un bar d'huîtres à l'année longue. Table d'hôte le midi. Ambiance décontractée et chaleureuse. Capacité de 50 personnes. Portes coulissantes ouvertes l'été.

....

DÉLICE DE L'HUMORISTE (LE)

272, rue Hickson
Verdun/LaSalle
(514) 768-6023

15 $ et moins

Cuisine mauricienne. Grand choix de plats : fruits de mer, agneau, poulet, bœuf, etc. Ambiance classique. Petit restaurant. Tout à la carte pour 8,50 $.

....

RESTAURANT DE LA PLACE ST-PAUL ✤

262, rue Saint-Paul Est
Vieux-Montréal
(514) 874-7661

15 $ à 30 $

Ambiance romantique. Spécialisé en fruits de mer et grillades. Deux salles à manger. Murs de fortifications uniques en ville. Musiciens l'été.

....

FRIPON (LE) ✤

436, pl. Jacques-Cartier
Vieux-Montréal
(514) 861-1386

15 $ à 30 $

Restaurant style brasserie parisienne. Fine cuisine française spécialisée en fruits de mer. Capacité de 400 personnes avec deux salles de réception.

....

HOMARD FOU (LE) ✤

403, pl. Jacques-Cartier
Vieux-Montréal
(514) 398-9090

15 $ à 30 $

Restaurant tranquille avec décor classique. Table d'hôte le midi et le soir.

....

PANORAMIQUE (LE)

250, rue Saint-Paul Est
Vieux-Montréal
(514) 861-1957

15 $ à 30 $

Charmante ambiance romantique. Cuisines française et italienne spécialisée en fruits de mer. Table d'hôte le jour et le soir.

....

RESTAURANT DU VIEUX PORT ✤

39, rue Saint-Paul Est
Vieux-Montréal
(514) 866-3175

15 $ à 30 $

Grand restaurant avec huit salles de réception. Spécialisé en fruits de mer et steaks. Table d'hôte tous les jours. Ambiance européenne, salon avec foyer. Musicien les vendredis et samedis.

....

FRUITS DE MER ET POISSONS

CHEZ DELMO

211, rue Notre-Dame Ouest
Vieux-Montréal
(514) 849-4061

30 $ à 45 $

Restaurant situé dans un édifice historique. Fine cuisine spécialisée en poissons frais et fruits de mer. Menu à la carte préparé avec soin.

....

MER (LA)

1065, av. Papineau
Village
(514) 522-2889

15 $ à 30 $

Grand restaurant et bistro. Spécialisé en fruits de mer et grillades. Deux étages avec une capacité de 500 personnes ; trois salles de réception. Table d'hôte incluant entrée, plat principal, dessert et café. Menu différent tous les jours.

....

Laval

HOMARD PLUS

3600, rue Saint-Martin Ouest
Laval
(450) 688-7107

15 $ à 30 $

Restaurant de fine cuisine spécialisé en fruits de mer. Grande variété de plats et spéciaux à volonté durant la semaine. Excellent pour les soirées romantiques.

....

PHARE DU NORD (LE)

1769, rue Saint-Martin Ouest
Laval
(450) 688-9999

15 $ à 30 $

Ambiance chaleureuse avec décor classique. Vivier de homards et comptoir de poissons frais. Spéciaux tous les jours, table d'hôte et service de traiteur.

....

Ouest-de-l'Île

PÊCHE PÊCHE FISH & SEAFOOD

11598, rue de Salaberry
Dollard-des-Ormeaux
(514) 683-8601

15 $ à 30 $

Ambiance romantique et chaleureuse. Poissons frais tous les trois jours. Spéciaux pour aussi peu que 10 $. Salle de réception.

....

TERRAMARE

3633, boul. des Sources
Dollard-des-Ormeaux
(514) 683-4353

15 $ à 30 $

Restaurant spécialisé en grillades, fruits de mer et veau. Grande sélection de plats préparés avec soin.

....

FRUITS DE MER ET POISSONS

PETER'S CAPE COD

160, rue Sainte-Anne
Sainte-Anne-de-Bellevue
(514) 457-0081

15 $ et moins

Terrasse avec plus de 200 places l'été. Ambiance et décor maritimes, avec filets et aquariums. Grande sélection de fruits de mer. Tous les plats à la carte le midi pour 8 $ et le soir pour 12 $.

....

Rive-Sud

RUSTIK

47, boul. Saint-Jean-Baptiste
Châteauguay
(450) 691-2444

15 $ à 30 $

Ambiance très particulière. Spécialisé en fruits de mer et steaks. Buffets. Spectacles de tous les genres.

....

HOMARD PLUS

3319, boul. Taschereau
Greenfield Park
(450) 678-7583

15 $ et moins

Restaurant de fine cuisine spécialisé en fruits de mer. Grande variété de plats et spéciaux à volonté durant la semaine. Excellent pour les soirées romantiques.

....

RESTAURANT LE YACHT

2264, rte. Marie-Victorin
Longueuil
(450) 674-1444

15 $ à 30 $

Fine cuisine spécialisée en fruits de mer. Ambiance chaleureuse. Décoré comme une cabine de bateau. Table d'hôte à moitié prix le midi.

....

FUSION

TIME

997, rue Saint-Jacques
Centre-ville
(514) 392-9292

30 $ à 45 $

Cuisine fusion servie sous forme de tapas. Essayez les entrecôtes à la sauce au poivre et aux asperges ou le thon cru avec légumes marinés. Desserts exquis. Endroit branché ; populaire les fins de semaine. Devient une discothèque après le dîner.

CHRONIQUE (LA)

99, av. Laurier Ouest
Mile-End
(514) 271-3095

45 $ et plus

Restaurant chic mais accueillant. Mets fusion axés sur une cuisine du marché toujours en évolution. Produits frais. À visiter durant les grands festivals.

FOLIES (LES) ✑

701, av. du Mont-Royal Est
Plateau Mont-Royal
(514) 528-4343

15 $ et moins

Resto-lounge plutôt moderne et décontracté. Musique techno avec DJ tous les soirs. Brunch la fin de semaine. La seule terrasse sur l'avenue du Mont-Royal.

SAVANNAH

4448, boul. Saint-Laurent
Plateau Mont-Royal
(514) 904-0277

15 $ à 30 $

Cuisine de la Louisiane avec des influences africaines et européennes. Tartare de saumon à ne pas manquer. Cuisine unique à Montréal. Menu varié.

ANUBIS

35, av. du Mont-Royal Est
Plateau Mont-Royal
(514) 843-3391

15 $ à 30 $

Restaurant invitant avec une belle atmosphère et un décor harmonieux. Possibilité de réservation pour les fêtes et pour les grands groupes.

LYCHÉE ✑

4833, boul. Saint-Laurent
Plateau Mont-Royal
(514) 847-3636

30 $ à 45 $

Fine cuisine fusion. Récemment rénové. Menu à ne pas manquer. Présentations soignées. Atmosphère de haute classe.

CHEZ ANAS

4074, rue Wellington
Verdun/LaSalle
(514) 769-0658

15 $ et moins

Restaurant exotique avec un décor original et une ambiance chaleureuse. Soirées tarot et danseuses de baladi les jeudis. Deux tables d'hôte. Spécialisé dans le gibier : autruche, caribou, bison.

....

CUBE

355, rue McGill
Vieux-Montréal
(514) 876-2823

45 $ et plus

FUSION

Cuisine du marché. Ingrédients toujours choisis méticuleusement. Bonne carte des vins. Situé dans l'hôtel St-Paul. Service haut de gamme. Ambiance parfaite pour les gens d'affaires et les amateurs d'art culinaire. Chef renommé. Desserts majestueux.

....

AREA

1429, rue Amherst
Village
(514) 890-6691

15 $ à 30 $

Restaurant raffiné et détendu. Menu différent tous les trois mois. Prix abordable. Menu spécial de dégustation à 50 $ pour les audacieux.

....

BAZOU

1310, boul. de Maisonneuve Est
Village
(514) 982-0853

15 $ à 30 $

Restaurant sophistiqué avec banquettes, grande terrasse pour 100 personnes. Établissement bien aménagé. Venez durant les grands événements, comme le Grand Prix de Montréal !

....

GREC

CASA VERTOUDOS

5, boul. Henri-Bourassa Ouest
Ahuntsic
(514) 331-2233

15 $ et moins

Cuisines grecque et italienne contempo-
raines. Très grand menu : fruits de mer,
pâtes, grillades, moussaka, souvlaki etc.
Table d'hôte tous les jours ; bar à salade
à volonté.

....

MÉLINA

6381, boul. Roi-René
Anjou/Saint-Léonard
(514) 352-3110

15 $ et moins

Restaurant grec et italien à bas prix, spé-
cialisé en pizzas et brochettes. Musique
d'orgue live les fins de semaine.

....

ARAHOVA SOUVLAKI

1425, rue Crescent
Centre-ville
(514) 499-0262

256, rue Saint-Viateur Ouest
Mile-End
(514) 274-7828

480, rue Saint-Laurent
Vieux-Montréal
(514) 282-9717

15 $ et moins

Établissement familial, typiquement grec.
Trios spéciaux du lundi au vendredi :
boisson, frites et pita pour moins de 10 $.
Souvlakis à vous faire perdre le souffle.

....

MOLIVOS

2310, rue Guy
Centre-ville
(514) 846-8818

30 $ à 45 $

Restaurant parfait pour des événements
spéciaux. Menu composé principalement
de fruits de mer de poissons frais. Plats
copieux. Pieuvres grillées incomparables.

....

KALIMERA ♀

5188, av. Gatineau
Côte-des-Neiges
(514) 735-7083

15 $ et moins

Restaurant spécialisé en courgettes frites,
saumon, souvlakis, crevettes et agneau.
Service rapide avec un bon rapport qua-
lité/prix. Ambiance grecque.

....

RODOS

5019, ch. Queen-Mary
Côte-des-Neiges
(514) 738-0864

15 $ et moins

Restaurant avec service rapide à bas prix. Spécialité : souvlaki, frites et salade grecque.

....

CASA GRECQUE 🍷

5787, rue Sherbrooke Est
Hochelaga-Maisonneuve
(514) 899-5373

200, rue Prince-Arthur Est
Plateau Mont-Royal
(514) 842-6098

7218, boul. Newman
Verdun/LaSalle
(514) 364-0494

15 $ à 30 $

Excellent endroit pour bien manger à prix modique. Tables d'hôtes à partir de 15 $. Menus du midi pour aussi peu que 5 $. Les enfants mangent gratuitement du dimanche au jeudi. Plats méditerranéens à s'en lécher les doigts !

....

COIN GREC

4903, av. du Parc
Mile-End
(514) 276-1749

15 $ et moins

Cuisine grecque avec un menu bien garni et abordable. Ambiance familiale et décontractée. Établi depuis 1975. Portes coulissantes ouvertes l'été. Vin, bière et spiritueux.

....

PSAROPOULA

5258, av. du Parc
Mile-End
(514) 271-2130

15 $ et moins

Petit restaurant grec traditionnel à bas prix spécialisé en fruits de mer, poissons frais et grillades.

....

SOUVLAKI ZORBA

200, rue Saint-Viateur Ouest
Mile-End
(514) 271-5520

15 $ et moins

Petit restaurant familial. Excellent rapport qualité/prix.

....

PSAROTAVERNA DU SYMPOSIUM

5334, av. du Parc
Mile-End
(514) 274-7022

3829, rue Saint-Denis
Plateau Mont-Royal
(514) 842-0867

15 $ à 30 $

Spécialisé en cuisine des îles grecques. Grande variété de poissons frais et de fruits de mer. Terrasse pour 20 personnes l'été.

....

MYTHOS

5318, av. du Parc
Mile-End
(514) 270-0235

30 $ à 45 $

Cuisine grecque traditionnelle : agneau cuit sur le charbon, calmar au fromage, etc. Grande sélection d'entrées. Restaurant animé avec musique live du jeudi au dimanche. Expérience typiquement grecque.

....

GREC

FAROS

362, av. Fairmount Ouest
Mile-End
(514) 270-8437

45 $ et plus

Restaurant spécialisé en fruits de mer. Venez découvrir des crevettes succulentes, du poisson frais et l'un des meilleurs espadons en ville. Grande sélection de plats extravagants.

CUPIDON D'OR (LE)

9192, rue Sherbrooke Est
Montréal-Est
(514) 352-2011

15 $ et moins

Grand restaurant grec romantique de 200 places. Spécialités : brochettes et fruits de mer. Table d'hôte tous les jours.

AMAZONA

5225, ch. de la Côte Saint-Luc
Notre-Dame-de-Grâce
(514) 484-2612

15 $ et moins

Restaurant familial pour ceux qui veulent tout simplement bien manger. Spécialités : brochettes, steaks, fruits de mer. Table d'hôte le soir et menu spécial le midi.

CARVELIE

6860, ch. de la Côte Saint-Luc
Notre-Dame-de-Grâce
(514) 489-7575

15 $ et moins

Menu qui offre un mélange de cuisines ethniques à prix modiques, incluant des mets italiens. Réservez pour les fêtes.

JOIE (LA)

1239, av. Lajoie
Outremont
(514) 277-4329

15 $ et moins

Restaurant avec beaucoup de variété (mets italiens, québécois) mais spécialisé en cuisine grecque. Un endroit chaleureux, intime et décontracté.

LIÈGE

881, rue de Liège Ouest
Parc Extension
(514) 271-0601

15 $ et moins

Restaurant grec et québécois, ambiance méditerranéenne. Menu varié : assortiment de plats méditerranéens, québécois et de fruits de mer. Bar avec vin, bière et spiritueux.

FLATOS

550, rue Jarry Ouest
Parc Extension
(514) 273-5358

15 $ et moins

Charmant petit établissement où on peut manger des gyros et des souvlakis à bas prix.

RÔTISSERIE PANAMA

789, rue Jean-Talon Ouest
Parc Extension
(514) 276-5223

15 $ et moins

Rôtisserie grecque. Spécialités : poulet grillé, côtelettes d'agneau et fruits de mer. Vendredi et samedi : agneau rôti. Toujours frais.

GREC

GREC

VILLAGE GREC
654, rue Jean-Talon Ouest
Parc Extension
(514) 274-4371

15 $ et moins

Petit restaurant avec une ambiance méditerranéenne et une cuisine grecque authentique. Variété d'entrées. Ouvert de 11 h à 17 h les samedis. Venez essayer le calmar frit.

MARVEN
880, av. Ball
Parc Extension
(514) 277-3625

15 $ à 30 $

Restaurant grec de bonne qualité à prix respectable. Menu varié : calmars, steaks, souvlakis. Capacité de 110 personnes.

HERMES
1014, rue Jean-Talon Ouest
Parc Extension
(514) 272-3880

15 $ à 30 $

Restaurant grec authentique avec décor de type historique. Capacité de 150 personnes. Un véritable voyage dans l'Antiquité grecque !

NEW TRIPOLIS ✄ ☆
679, rue Saint-Roch
Parc Extension
(514) 277-4689

15 $ à 30 $

Petit restaurant charmant de 60 places, idéal pour les sorties entre amis ou en famille. Cuisine grecque authentique spécialisée en fruits de mer et grillades. Ingrédients haut de gamme. Pieuvres extraordinaires. Ouvert 24 heures.

SALONICA
5261, rue Saint-Denis
Plateau Mont-Royal
(514) 274-9319

15 $ et moins

Petit restaurant grec dont les spécialités sont la pizza et le souvlaki, avec un très bon rapport qualité/prix.

BROCHETTERIE ALEXANDRE ♀

518, av. Duluth Est
Plateau Mont-Royal
(514) 849-4251

15 $ et moins

Grand restaurant grec de deux étages avec une belle vue. Spécialités grecques et italiennes. Venez déguster les fruits de mers.

OUZÉRI
4690, rue Saint-Denis
Plateau Mont-Royal
(514) 845-1336

15 $ à 30 $

Cuisine traditionnelle. Spécialisé en agneau avec tzatziki et pieuvres. Service rapide et grande sélection de vins. Simple et sympa !

JARDIN DE PANOS ♀
521, av. Duluth Est
Plateau Mont-Royal
(514) 521-4206

15 $ à 30 $

Charmant restaurant spécialisé en brochettes et fruits de mer à prix modiques. Décoration typiquement grecque.

MAISON GRECQUE

450, av. Duluth Est
Plateau Mont-Royal
(514) 842-0969

15 $ à 30 $

Personnel chevronné. Ouvert depuis 22 ans. Plusieurs entrées grecques avec une diversité de fruits de mer, steaks et brochettes.

CAVERNE GRECQUE

105, rue Prince-Arthur Est
Plateau Mont-Royal
(514) 844-5114

15 $ à 30 $

Grand établissement de deux étages. Cuisine grecque d'aujourd'hui, de qualité supérieure. Spécialités : brochettes, steaks et fruits de mers.

GOURMET GREC ♟

180, rue Prince-Arthur Est
Plateau Mont-Royal
(514) 849-1335

15 $ à 30 $

Spécialisé en cuisine grecque authentique et fruits de mer. Plats à partir d'aussi peu que 7 $ allant jusqu'à 25 $.

JARDIN DE PUITS ♟ ⚲

180, rue Villeneuve Est
Plateau Mont-Royal
(514) 849-0555

15 $ à 30 $

Menu de qualité très raisonnable. Terrasse l'été avec une capacité de 120 personnes. Ambiance chaleureuse.

CABANE GRECQUE ♟

102, rue Prince-Arthur Est
Plateau Mont-Royal
(514) 849-0122

15 $ à 30 $

Grand restaurant grec de deux étages, de gamme supérieure, mais à prix raisonnable. Excellents fruits de mer.

PRINCE ARTHUR (LE) ♟

54, rue Prince-Arthur Est
Plateau Mont-Royal
(514) 849-2454

15 $ à 30 $

Cuisine grecque spécialisée en brochettes et fruits de mer. Mets allant de 8 $ à 30 $. Venez essayer les langoustines, un délice hors de l'ordinaire.

LEZVOS

1227, av. du Mont-Royal Est
Plateau Mont-Royal
(514) 523-4222

30 $ à 45 $

Restaurant sans prétention, pas trop chic, spécialisé en fruits de mer. Menu varié : poissons grillés, calmar, pieuvre grillée, fromage flambé, salades et hors-d'œuvre grecs.

À LA FINE POINTE

1791, rue Centre
Saint-Henri
(514) 932-9847

15 $ et moins

Menu composé de pizzas, brochettes et fruits de mer. Livraison possible. Capacité de 240 personnes. Deux étages. Établi depuis 10 ans. Ambiance californienne.

GREC

VILLAGE GREC

825, boul. Décarie
Saint-Laurent
(514) 744-0220

15 $ et moins

Restaurant grec authentique. Grande sélection de grillades et de plats assortis: souvlakis, côtelettes d'agneau, steaks, calmars, poulets grillés.

MYTHOS SOUVLAKI

1911, boul. Keller
Saint-Laurent
(514) 745-1515

15 $ et moins

Cuisine grecque spécialisée en souvlakis. Ambiance grecque authentique. Capacité de 50 personnes.

SERANO

455, av. Lafleur
Verdun/LaSalle
(514) 366-3234

15 $ et moins

Petit restaurant grec et italien de quartier. Bonne cuisine à prix modique.

PREMIÈRE (LA)

4622, av. Verdun
Verdun/LaSalle
(514) 767-6760

15 $ à 30 $

Restaurant grec dont le menu offre un grand choix de plats : souvlakis, fruits de mer, brochettes. Ambiance moderne et détendue.

NOUVEAU PANORAMA (LE)

1273, rue Ontario Est
Village
(514) 521-6461

15 $ et moins

Restaurant grec parfait pour les sorties en famille. Abordable et fréquenté par une clientèle fidèle.

ALMA (D')

2128, rue Jean-Talon Est
Villeray/Rosemont
(514) 728-0666

15 $ et moins

Cuisines grecque, canadienne et italienne. Menu à la carte avec des spéciaux tous les jours. Capacité de 55 places. Bonne ambiance.

Laval

ARAHOVA SOUVLAKI

3925, boul. Saint-Martin Ouest
Laval
(450) 688-3535

15 $ et moins

Établissement familial, typiquement grec. Trio en spécial du lundi au vendredi : boisson, frites et pita pour moins de 10 $. Souvlakis à vous faire perdre le souffle.

VILLAGE GREC

4491, rue Samson
Laval
(450) 688-5555

15 $ et moins

Restaurant grec authentique. Des spéciaux sur à peu près tout. Fruits de mer, grillades, tzatziki. Livraison possible.

GREC

CHEZ PIERRE

1773, aut. des Laurentides
Laval
(450) 663-7130

15 $ et moins

Petit établissement spécialisé en divers mets de restauration rapide comme la pizza. Service de livraison.

....

CASA GRECQUE

574, boul. Arthur-Sauvé
Laval
(450) 974-2929

1459, boul. Saint-Martin Ouest
Laval
(450) 663-1031

852, boul. des Seigneurs
Laval
(450) 492-2888

259, boul. Labelle
Laval
(450) 979-4619

15 $ à 30 $

Excellent endroit pour bien manger à prix modique. Table d'hôte à partir de 15 $. Menu du midi pour aussi peu que 5 $. Les enfants mangent gratuitement du dimanche au jeudi. Plats méditerranéens à s'en lécher les doigts !

....

Ouest-de-l'Île

PORTE GRECQUE 🍷🍴

4600, boul. des Sources
Dollard-des-Ormeaux
(514) 683-4482

15 $ et moins

Cuisine grecque à bas prix. Menu varié : fruits de mers, souvlakis, steaks, brochettes, etc.

....

CASA GRECQUE

3855-A, boul. Saint-Jean
Dollard-des-Ormeaux
(514) 626-6626

15 $ à 30 $

Excellent endroit pour bien manger à prix modique. Table d'hôte à partir de 15 $. Menu du midi pour aussi peu que 5 $. Les enfants mangent gratuitement du dimanche au jeudi. Plats méditerranéens à s'en lécher les doigts !

....

ARAHOVA SOUVLAKI

301, boul. Brunswick
Pointe-Claire
(514) 695-1100

15 $ et moins

Établissement familial, typiquement grec. Trios spéciaux du lundi au vendredi : boisson, frites et pita pour moins de 10 $. Souvlakis à vous faire perdre le souffle.

....

GREC

Rive-Sud

CASA GRECQUE

690, rue de Montbrun
Boucherville
(450) 449-2249

8245-A, boul. Taschereau
Brossard
(450) 443-0323

3094, ch. de Chambly
Longueuil
(450) 646-2228

15 $ à 30 $

Excellent endroit pour bien manger à prix modique. Table d'hôte à partir de 15 $. Menu du midi pour aussi peu que 5 $. Les enfants mangent gratuitement du dimanche au jeudi. Plats méditerranéens à s'en lécher les doigts !

....

GRILLADES

BAR TERRASSE
LA CABANE 🍸

3872, boul. Saint-Laurent
Plateau Mont-Royal
(514) 843-7283

15 $ et moins

Restaurant décoré comme une cabane. Spécialités incluant steaks, brochettes, poissons et gibier.

....

Rive-Sud

RESTAURANT
DELI-BEL 🍸

2689, ch. Chambly
Longueuil
(450) 647-6060

15 $ et moins

Spécialités : brochettes, steaks, filet mignon et fruits de mer. Musiciens les fins de semaine (musique des années 1970-1980). Petits déjeuners californiens tous les jours. Ambiance tamisée avec décoration classique. Capacité de 130 personnes.

....

Laval

MEZZANINA (LA)

2515, boul. Le Carrefour
Laval
(450) 688-5515

15 $ à 30 $

Spécialités : fruits de mer italiens et grillades. Décor moderne avec orchestre les vendredis et samedis.

....

INDIEN

CURRY HOUSE

1433, rue Bishop
Centre-ville
(514) 845-0326

15 $ et moins

Ambiance détendue et intime avec décoration indienne. Capacité de 65 places. Menu composé de plats de tous les coins de l'Inde. Réservations possibles pour les fêtes.

BUFFET MAHARAJA

1481, boul. René-Lévesque
Ouest
Centre-ville
(514) 934-0655

15 $ et moins

Buffet avec un décor impeccable. Très grande sélection de mets, toujours frais. Service rapide et excellent rapport qualité/prix.

BOMBAY PALACE ☆

2201, rue Sainte-Catherine
Ouest
Centre-ville
(514) 932-7141

15 $ à 30 $

Buffet et restaurant indien classique. Sélection de mets de tous les coins de l'Inde, y compris le Cachemire. Poulet au beurre à ne pas manquer. Décor moderne. Service professionnel.

ÉTOILE DES INDES

1806, rue Sainte-Catherine
Ouest
Centre-ville
(514) 932-8330

15 $ à 30 $

Restaurant indien authentique. Menu varié représentant tous les coins de l'Inde. Deux étages.

ALLÔ INDE

1422, rue Stanley
Centre-ville
(514) 288-7878

15 $ à 30 $

Fine cuisine avec une présentation sublime. Ambiance indienne et un service impeccable. Vaste choix à la carte. Livraison possible.

TAJ (LE)

2077, rue Stanley
Centre-ville
(514) 845-9015

15 $ à 30 $

Restaurant authentique avec bar et buffet le midi. Espace aéré et ambiance décontractée ; décor à la fois moderne et traditionnel. Belle vue du four à pain nan.

INDIEN

IMPALA

6254, ch. de la Côte-des-Neiges
Côte-des-Neiges
(514) 731-7670

15 $ et moins

Petit restaurant indien avec buffet. Ingrédients toujours frais. Bas prix.

....

PUSHAP

5195, rue Paré
Côte-des-Neiges
(514) 737-4527

15 $ et moins

Restaurant indien authentique. Cuisine spécialisée en pâtisserie. Très bon rapport qualité/prix.

....

RAGA

3533, ch. Queen-Mary
Côte-des-Neiges
(514) 344-2217

15 $ et moins

Buffet indien authentique. Très grande sélection de mets: une véritable symphonie culinaire. Grand choix d'entrées, samosas, légumes frais et poulet au beurre. Spéciaux pour les étudiants.

....

GENUINE

5487, av. Victoria
Côte-des-Neiges
(514) 738-3881

15 $ et moins

Petit restaurant indien à bas prix. Essayez le masala dosa.

....

SITAR

4961-D, ch. Queen-Mary
Côte-des-Neiges
(514) 735-9801

15 $ à 30 $

Restaurant élégant et chaleureux qui dégage de la sérénité. Fine cuisine indienne. Essayez le bhajia à l'oignon. Spéciaux le midi. Ouvert depuis 16 ans. Événements spéciaux sur demande.

....

SUNAM TANDOORI

1334, av. Van Horne
Outremont
(514) 272-2045

15 $ à 30 $

Restaurant indien authentique. Menu le midi de 11 h 30 à 14 h 30. Spéciaux pour aussi peu que 8 $. Livraison à partir de 15 $.

....

SWEET INDIA

745, rue de Liège Ouest
Parc Extension
(514) 272-4773

15 $ et moins

Cuisine à bas prix spécialisée en mets sucrés. Spécialités : gulab jamun, basan et kalakand. Idéal pour les fêtes.

....

MALHI SWEET

880, rue Jarry Ouest
Parc Extension
(514) 273-0407

15 $ et moins

Cuisine indienne authentique remarquable et à très bas prix. Un vrai délice. Essayez le channa samosa, vous n'en reviendrez pas !

....

ASIAN
975, rue Jean-Talon Ouest
Parc Extension
(514) 279-7171

15 $ et moins

Restaurant indien de quartier. Menu composé de différents mets authentiques, incluant le poulet tandoori et le poulet au beurre. Pain toujours frais. Essayez le ragoût d'agneau à la cardamome et les plats végétariens. Capacité de 20 personnes. Ambiance intime.

BOMBAY MAHAL
1001, rue Jean-Talon Ouest
Parc Extension
(514) 273-3331

15 $ et moins

Petit restaurant indien authentique. Atmosphère typiquement indienne. Excellent rapport qualité/prix. Essayez le masala dosa.

PUNJAB PALACE
920, rue Jean-Talon Ouest
Parc Extension
(514) 495-4075

15 $ et moins

Cuisine authentique à très bas prix. Assiettes copieuses. Capacité de 70 personnes. Venez si vous voulez bien manger.

INDIA BEAU VILLAGE
752, rue Jarry Ouest
Parc Extension
(514) 272-5847

15 $ à 30 $

Cuisine indienne très abordable spécialisée en pakoras, samosas, tikka et tandoori. Carte simple et sans prétention.

TANDOORI VILLAGE
27, rue Prince-Arthur Ouest
Plateau Mont-Royal
(514) 842-8044

15 $ et moins

Cuisine traditionnelle à prix abordable. Menu incluant les meilleurs plats indiens : poulet rôti, tandoori, poulet au beurre, pain nan, etc. Capacité de 50 places.

MYSORE

4216, boul. Saint-Laurent
Plateau Mont-Royal
(514) 844-4733

15 $ et moins

Cuisine indienne à bas prix. Spécial de tandoori avec riz et salade pour aussi peu que 12 $. Deux étages avec une capacité de 80 personnes.

PORTE DE L'INDE
5195, boul. Saint-Laurent
Plateau Mont-Royal
(514) 277-1515

15 $ et moins

Restaurant indien chaleureux. Bon rapport qualité/prix. Endroit parfait pour relaxer tout en dégustant des plats indiens authentiques.

ASHA
3490, av. du Parc
Plateau Mont-Royal
(514) 844-3178

15 $ à 30 $

Cuisine indienne authentique : chèvre, agneau, poulet, etc. Grande sélection de plats piquants à bon prix.

INDIEN

Resto Cité

INDIEN

AMBALA

3887, rue Saint-Denis
Plateau Mont-Royal
(514) 499-0446

15 $ à 30 $

*Fine cuisine indienne. Plats à partir de
6 $ le midi. Spécialités : poulet au beurre
et tandoori.*

....

INDIRA

4295, rue Saint-Denis
Plateau Mont-Royal
(514) 848-0838

15 $ à 30 $

*Cuisine indienne du nord-ouest. Spécial
du midi : dîner végétarien et non végétarien pour deux. Portes coulissantes
ouvertes l'été. Livraison à partir de 7 $.*

....

NOUVEAU DELHI

3464, rue Saint-Denis
Plateau Mont-Royal
(514) 845-7977

15 $ à 30 $

*Restaurant indien à prix modique. Tables
d'hôtes avec cinq services à partir de
11 $. Plats traditionnels. Mets épicés avec
modération, mais vous pouvez demander
plus d'assaisonnement. Portes coulissantes ouvertes l'été. Venez essayer la bière
indienne.*

....

MAISON DE CARI GOLDEN

5210, boul. Saint-Laurent
Plateau Mont-Royal
(514) 270-2561

15 $ à 30 $

*Petit restaurant indien authentique.
Nourriture préparée avec soin. Excellent
bœuf dhansak et agneau aux épinards.*

....

PALAIS DE L'INDE

5125, boul. Saint-Laurent
Plateau Mont-Royal
(514) 270-7402

15 $ à 30 $

*Fine cuisine indienne à prix raisonnable.
Excellent poulet tandoori et pain nan.
Grande variété de plats et une ambiance
élégante.*

....

ROYAL CARI

5215, boul. Saint-Laurent
Plateau Mont-Royal
(514) 278-8211

15 $ à 30 $

*Cuisine authentique avec un menu qui
comporte tous les grands favoris indiens.
Restaurant avec bar ; décorations traditionnelles. Capacité de 60 personnes.
Établi depuis 12 ans. Il est préférable de
réserver le vendredi et le samedi.
Livraison à partir de 15 $.*

....

LUNE INDIENNE (LA)

2018, rue Saint-Denis
Quartier latin
(514) 281-1402

15 $ à 30 $

*Chaleureux petit restaurant indien spé-
cialisé en tandoori. Table d'hôte tous les
soirs.*

....

SHEZAN

2051, rue Saint-Denis
Quartier latin
(514) 845-8867

15 $ à 30 $

*Petit restaurant indien de 60 places.
Ambiance intime et familiale. Menu du
jour et table d'hôte. Livraison gratuite.
Tout est moins cher quand on mange sur
place.*

....

SHAN É LASALLE ♟

1661, av. Dollard
Verdun/LaSalle
(514) 363-7426

15 $ et moins

Ambiance indienne avec photos d'acteurs de l'Inde. Combinés (combos) pour emporter seulement. Buffet le midi et menu à la carte le soir.

....

GANDHI

230, rue Saint-Paul Ouest
Vieux-Montréal
(514) 845-5866

15 $ à 30 $

Restaurant indien avec un décor élégant et une cuisine raffinée. Présentation attentionnée. Un peu chic. Le menu comprend tous les mets classiques.

....

SHAHEEN

758, rue Beaubien Est
Villeray/Rosemont
(514) 904-0156

15 $ et moins

Bistro pakistanais sans prétention offrant une cuisine maison. Menu composé de poulet, agneau et légumes épicés de curry. Pain nan à déguster.

....

TAJ MAHAL DE L'OUEST ⚐

5026, rue Sherbrooke Ouest
Westmount
(514) 482-0076

15 $ à 30 $

Restaurant indien classique. Spécialités : tandoori et plats végétariens. Bière anglaise en fût.

....

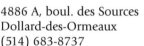
Ouest-de-l'Île

NEW JAIPUR

57, boul. Brunswick
Dollard-des-Ormeaux
(514) 683-5757

15 $ et moins

Fine cuisine avec menu à la carte. Buffet du midi de 11 h 30 à 14 h 30 du lundi au samedi et le soir de 17 h à 21 h le vendredi et le samedi. Salle de réception pour les fêtes. Ambiance calme.

....

BOMBAY PALACE

3343, boul. des Sources
Dollard-des-Ormeaux
(514) 685-7777

15 $ à 30 $

Buffet et restaurant indien classique. Sélection de mets de tous les coins de l'Inde, y compris le Cachemire. Poulet au beurre à ne pas manquer.

....

SHED TANDOORI ⚐

4886 A, boul. des Sources
Dollard-des-Ormeaux
(514) 683-8737

15 $ à 30 $

Cuisine authentique à prix abordable. Menu à la carte avec table d'hôte le midi et le soir. Restaurant renommé pour sa fine cuisine et son décor. Capacité de 50 personnes avec une terrasse.

....

INDIEN

BOMBAY CHUPATTI

5011, boul. des Sources
Pierrefonds
(514) 421-3130

15 $ et moins

Petit restaurant qui offre la cuisine indienne du sud et du nord. Plats maison faits avec grand soin comme vous le voulez. Spécialités : crêpes masala dosa. Grande sélection d'entrées. Ouvert depuis 10 ans.

....

PUSHAP

4777, boul. des Sources
Pierrefonds
(514) 683-0105

15 $ et moins

Cuisine indienne style maison. Menu entièrement végétarien. Établissement qui produit aussi des friandises indiennes, des samosas et des collations. Spéciaux tous les jours. Ambiance typiquement indienne. Capacité de 50 personnes. Ouvert depuis 18 ans.

....

PUSHAP (2)

4781, boul. des Sources
Pierrefonds
(514) 683-0105

15 $ et moins

Restaurant indien authentique. Spécialisé en pâtisserie. Très bon rapport qualité/prix.

....

INDIEN

Montréal

BLUEBERRY GRILL

3943, rue Fleury Est
Ahuntsic
(514) 852-5348

15 $ et moins

Restaurant italien et canadien. Cuisine spécialisée en pâtes, grillades, et sandwichs. Capacité de 80 personnes. Bon rapport qualité/prix.

....

CASEY'S RESTO-BAR

1031, rue du Marché-central
Ahuntsic
(514) 382-1234

15 $ à 30 $

Resto-bar et gril. Spécialités : fajitas et filet mignon. Excellente ambiance pour les sorties en famille.

....

BORDELAIS (LE)

1000, boul. Gouin Ouest
Ahuntsic
(514) 337-3540

30 $ à 45 $

Cuisine française spécialisée en fruits de mer. Ambiance chaleureuse avec un décor exquis. Très bonne carte des vins. Salle de réception ; deux étages. Établi depuis 25 ans.

....

BERKE STEAK BAR & LUNCHEONETTE

4258, rue Jean-Talon Est
Anjou/Saint-Léonard
(514) 722-1714

15 $ et moins

Cuisine abordable spécialisée en plats italiens, grecs et canadiens. Ambiance familiale. Capacité de 50 personnes.

....

VICHY BUFFET

4275, rue Jean-Talon Est
Anjou/Saint-Léonard
(514) 729-1711

15 $ et moins

Buffet international avec un grand choix de plats pour moins de 10 $. Ouvert tous les jours. Brunchs les fins de semaine. Ambiance familiale ; décor moderne.

....

RESTAURANT BARDECO

1676, av. Lincoln
Centre-ville
(514) 937-1001

15 $ et moins

Restaurant avec une ambiance de bistro. Tranquille, idéal pour les sorties entre amis. Menu composé de pizzas, poulet barbecue, côtes levées, sous-marins et salades.

....

CAFÉ NICOLE

1180, rue de la Montagne
Centre-ville
(514) 861-6000

15 $ à 30 $

Restaurant situé dans l'hôtel Novotel. Spécialités: poissons, viandes et sandwichs. Table d'hôte le midi et le soir. Capacité de 60 personnes. Petit déjeuner, buffet et menu à la carte. Décor moderne.

UPSTAIRS JAZZ CLUB & RESTO

1254, rue Mackay
Centre-ville
(514) 931-6808

15 $ à 30 $

Menu avec plusieurs spécialités : bifteck de côte grillé, agneau, saumon grillé, mahi mahi et calmar. Ambiance élégante avec un petit piano à queue et un aquarium; bref, idéal pour les couples. Musicien tous les jours l'hiver et du lundi au jeudi l'été. Excellente carte des vins.

BOULEVARD (LE)

1201, boul. René-Lévesque
Ouest
Centre-ville
(514) 878-2000

15 $ à 30 $

Restaurant avec table d'hôte et buffet à 15 $ le midi. Menu à la carte le soir. Salle de réception: appelez pour réserver. Style élégant. Ouvert depuis 20 ans.

TOUR DE VILLE

777, rue Université
Centre-ville
(514) 879-4777

30 $ à 45 $

Restaurant situé au 31e étage du Delta Centre-ville. Restaurant qui change de cuisine tous les deux à trois mois. Idéal pour les affaires durant la semaine et pour les familles la fin de semaine.

ALTITUDE 737

1, pl. Ville Marie
Centre-ville
(514) 397-0737

30 $ à 45 $

Restaurant spécialisé en carrés d'agneau situé au 47e étage de la Place Ville-Marie. Établi depuis plus de 40 ans. Liste de vins internationaux exhaustive. Ambiance chic. Belle vue durant les feux d'artifices. Capacité de 300 personnes. Service de banquet.

TULIPE NOIRE (LA)

7655, boul. Décarie
Côte-des-Neiges
(514) 735-2233

15 $ à 30 $

Établissement ouvert depuis 15 ans spécialisé en salades et sandwichs. Reconnu pour les pâtes et desserts maison. Menu varié avec petits déjeuners. Ambiance aérée, parfaite pour la famille. Livraison possible.

RESTAURANT BARDECO

605, rue Notre-Dame
Lachine
(514) 639-7474

15 $ et moins

Restaurant avec une ambiance de bistro. Tranquille, idéal pour les sorties entre amis. Menu composé de pizzas, poulet barbecue, côtes levées, sous-marins et salades.

TOPAZE II

2166, rue Saint-Joseph
Lachine
(514) 634-7044

15 $ et moins

Restaurant divisé en deux : une section vitrée et décorée de bois, et une autre plus moderne. Salle de réception disponible au deuxième étage (120 personnes). Spécialités : fruits de mer et steaks. Ambiance relaxante et calme au bord du canal Lachine. Ouvert tous les jours.

....

MONTAZA

12675, rue Sherbrooke Est
Montréal-Est
(514) 642-1780

15 $ et moins

Restaurant spécialisé en fruits de mer, steaks et mets italiens. Ambiance style brasserie. Trois sections séparées : bar, restaurant et brasserie. Capacité de 300 personnes. Décor classique et agrémenté de bois. Table d'hôte le midi, différente chaque jour.

....

FLAMBERGE (LA)

5600, boul. Henri-Bourassa Est
Montréal-Nord
(514) 852-0642

15 $ à 30 $

Cuisine variée avec différentes spécialités. Table d'hôte le midi et le soir qui change chaque jour. Vin, bière et spiritueux. Ambiance cordiale avec de belles décorations. Capacité de 190 personnes. Salle de réception et livraison.

....

SERRE PICASSO

6810, rue Saint-Jacques
Notre-Dame-de-Grâce
(514) 484-2832

15 $ et moins

Établissement familial avec menu varié, renommé parmi les consommateurs comme l'un des meilleurs restaurants familiaux. Excellentes brochettes et smoked meat. Ouvert depuis 24 ans. Petits déjeuners servis toute la journée. Livraison possible.

....

NOUVEAU PALAIS

281, av. Bernard Ouest
Outremont
(514) 273-1180

15 $ et moins

Restaurant de quartier spécialisé en pizzas, poutines, club sandwich et petits déjeuners. Ouvert 24 heures, tous les jours. Ambiance familiale. Capacité de 54 personnes. Livraison possible.

....

TERRASSE LAFAYETTE

250, rue Villeneuve Ouest
Plateau Mont-Royal
(514) 288-3915

15 $ à 30 $

Ambiance chaleureuse avec une terrasse l'été. Grande variété : cuisines française, canadienne, italienne et grecque. À l'achat de trois petites pizzas, la quatrième est gratuite.

....

CAFÉ TENTATION

333, rue Prince-Arthur Ouest
Plateau Mont-Royal
(514) 285-7667

15 $ à 30 $

Superbes 5 à 7 avec pianiste. Musique classique avec une belle atmosphère animée. Service courtois. Menu varié : pâtes et poissons différents tous les jours. Grande variété de desserts.

....

INTERNATIONAL

Resto Cité

INTERNATIONAL

AMBIANCE

1874, rue Notre-Dame Ouest
Saint-Henri
(514) 939-2609

15 $ à 30 $

*Cuisine internationale de style bistro.
Spécialisé en sandwichs, salades, steaks
et fruits de mer. Ouvert le jour seulement; le soir est réservé pour les groupes.
Décoré d'antiquités.*

....

VICHY BUFFET

3500, boul. de la Côte-Vertu
Saint-Laurent
(514) 336-2322

7205, boul. Newman
Verdun/LaSalle
(514) 367-1731

15 $ et moins

*Buffet international avec un grand choix
de plats pour moins de 10 $. Ouvert tous
les jours. Brunchs les fins de semaine.
Ambiance familiale ; décor moderne.*

....

JARDINS LE PAVILLON

7700, aut. de la Côte-de-Liesse
Saint-Laurent
(514) 731-7821

15 $ à 30 $

*Restaurant de fine cuisine internationale.
Menu gourmand avec table d'hôte midi
et soir. Buffet au petit déjeuner. Capacité
de 75 personnes.*

....

PAPILLON

85, rue Saint-Paul Est
Vieux-Montréal
(514) 866-0440

15 $ et moins

*Restaurant spécialisé en pâtes et moules.
Table d'hôte le midi et le soir, différente
chaque jour. Décor rustique avec une
ambiance chaleureuse. Aéré. Capacité de
100 personnes. Établi depuis 16 ans.*

....

PUB ST PAUL

124, rue Saint-Paul Est
Vieux-Montréal
(514) 874-0485

15 $ et moins

*Restaurant avec karaoké le jeudi et
musiciens les vendredis et samedis (spectacles rock et pop). Deux étages. Décor
rustique style pub avec une ambiance
chaleureuse. Établi depuis 11 ans. Table
d'hôte entre 7 $ et 12 $. Salle de réception de 100 places pour fêtes.*

....

TITANIC (LE)

445, rue Saint-Pierre
Vieux-Montréal
(514) 849-0894

15 $ et moins

*Spécialités : soupes et sandwichs. Menu
du jour qui change chaque jour. Ouvert
le midi seulement, de 8 h à 15 h du
lundi au vendredi. Ambiance animée et
énergisante. Capacité de 60 personnes.
Livraison de quartier seulement.*

....

CÉPAGE (AU) ⚓

212, rue Notre-Dame Ouest
Vieux-Montréal
(514) 845-5436

15 $ à 30 $

Bistro contemporain avec un menu diversifié : cuisines française, italienne, indienne, espagnole, etc. Menu personnalisé. Belle ambiance avec un bar et une terrasse. Plusieurs salles. Idéal pour les fêtes.

....

CAFÉ ST-PAUL

143, rue Saint-Paul Ouest
Vieux-Montréal
(514) 844-7225

15 $ à 30 $

Cuisine spécialisée en mets québécois : pâté chinois, tourtière, etc. Petit déjeuner à la carte ; table d'hôte le midi et le soir. Décoration rustique avec des vignes. Ouvert tous les jours. Livraison possible.

....

CONTINENTS (LES)

360, rue Saint-Antoine Ouest
Vieux-Montréal
(514) 987-9900

30 $ à 45 $

Restaurant gastronomique français avec des touches d'ici. Chef renommé pour sa connaissance de la cuisine autochtone. Capacité de 135 places avec deux salons privés. Ambiance contemporaine.

....

PALAIS MONTCALM

1314, rue Ontario Est
Village
(514) 527-8581

15 $ et moins

Restaurant avec un menu varié. Essayez le petit déjeuner de fantaisie. Table d'hôte tous les jours. Ambiance décontractée et calme. Livraison. Ouvert depuis 35 ans. Stationnement.

....

RESTAURANT BAZOU ⚲

1310, boul. de Maisonneuve Est
Village
(514) 526-4940

15 $ à 30 $

Restaurant influencé par la cuisine californienne. Menu très varié et coloré. Ambiance décontractée avec un décor éclectique. Possibilité de réservation pour les fêtes.

....

MIRASOL

4507, rue Beaubien Est
Villeray/Rosemont
(514) 722-3333

15 $ et moins

Restaurant établi depuis 45 ans. Table d'hôte le midi et le soir différente chaque jour. Ambiance chaleureuse et familiale. Vin, bière et spiritueux. Livraison possible.

....

CASA CORFU

3177, rue Masson
Villeray/Rosemont
(514) 727-5250

15 $ et moins

Buffet international à volonté. Cuisines chinoise, italienne, grecque et canadienne.

....

CHEZ LA MÈRE

4028, rue Masson
Villeray/Rosemont
(514) 725-9391

15 $ et moins

Bon endroit pour bien manger à bas prix. Menu qui offre un peu de tout : sous-marins, pizzas, etc.

....

INTERNATIONAL

INTERNATIONAL

DEUX CHEFS (LES)

2876, rue Masson
Villeray/Rosemont
(514) 725-2015

15 $ à 30 $

Gastronomie française influencée par la cuisine méditerranéenne et des Caraïbes, style nouveau monde. Ambiance éclectique, intime et romantique.

....

CLAREMONT

5032, rue Sherbrooke Ouest
Westmount
(514) 483-1557

15 $ à 30 $

Restaurant de style décontracté et détendu, pas trop chic. Une grande variété de mets internationaux. Essayez le calmar et les boulettes de pâtes.

....

CLUB DU VILLAGE (LE)

4, av. Somerville
Westmount
(514) 485-2502

15 $ à 30 $

Restaurant spécialisé en canard et carré d'agneau. Ambiance chaleureuse, idéale pour les couples. Capacité de 40 personnes. Il est préférable de réserver.

....

Laval

JARDINOS

3455, rue Saint-Martin Ouest
Laval
(450) 682-2747

15 $ et moins

Restaurant avec menu diversifié : cuisines grecque, française, italienne et canadienne. Bonne sélection de fruits de mer, pizzas et smoked meat. Ambiance familiale avec un petit bar.

....

VICHY BUFFET

3800, rue Saint-Martin Ouest
Laval
(450) 688-6850

15 $ et moins

Buffet international avec un grand choix de plats pour moins de 10 $. Ouvert tous les jours. Brunchs les fins de semaine. Ambiance familiale ; décor moderne.

....

GARDENIA (LA)

275, rue Samson
Laval
(450) 689-5050

15 $ et moins

Petit restaurant à bas prix spécialisé en pizzas et sous-marins. Ambiance familiale. Livraison gratuite.

....

VIMONT

1746, boul. des Laurentides
Laval
(450) 667-9683

15 $ et moins

Restaurant avec un menu varié : pâtes, pizzas, fruits de mer, cuisines grecque, canadienne, etc. Ambiance chaleureuse. Capacité de 130 personnes.

....

Ouest-de-l'Île

VICHY BUFFET

985, boul. Saint-Jean
Pointe-Claire
(514) 630-6436

15 $ et moins

Buffet international avec un grand choix de plats pour moins de 10 $. Ouvert tous les jours. Brunchs les fins de semaine. Ambiance familiale. Décor moderne.

....

ÎLE GRECQUE (DE L')

68, boul. Grand
Île-Perrot
(514) 453-6395

15 $ et moins

*Petit restaurant qui offre un peu de tout :
brochettes, pizzas, mets italiens. Allez-y
pour manger de bons plats à bas prix.*

....

TOPAZE

317, boul. Saint-Jean
Pointe-Claire
(514) 697-0516

15 $ et moins

*Restaurant avec un bon rapport qualité/
prix. Ambiance de brasserie avec un bar.
Musique avec un groupe tous les soirs.*

....

Rive-Sud

BONNE CARTE (LA)

A, av. du Casino
Parc-des-Îles
(514) 392-2709

15 $ à 30 $

*Restaurant avec buffet situé dans le
Casino de Montréal. Menu à la carte
disponible. Spécialités : steaks, fruits de
mer et buffet. Buffet le jour à 13,50 $ et
le soir à 18,95 $. Rabais sur le buffet
pour les clients possédant une carte pri-
vilège. Décor chic et chaleureux.*

....

SAINT-MATHIEU (LE)

80, rue Saint-Mathieu
Beloeil
(450) 536-0604

15 $ à 30 $

*Cuisine actualisée, spécialisée dans les
saveurs du monde. Décor de la Nouvelle-
Angleterre.*

....

MAISON JADE

1200, pl. Nobel
Boucherville
(450) 655-7622

15 $ et moins

*Buffet international incluant mets asia-
tiques, canadiens et italiens avec une
table à sushis.*

....

CASEY'S RESTO-BAR

1165, rue Volta
Boucherville
(450) 641-4800

7400, boul. Taschereau
Brossard
(450) 466-6809

15 $ à 30 $

*Resto-bar et grill. Spécialités : fajitas et
filet mignon. Excellente ambiance pour
les sorties en famille.*

....

VICHY BUFFET

2901, boul. Taschereau
Saint-Hubert
(450) 465-0519

15 $ et moins

*Buffet international avec un grand choix
de plats pour moins de 10 $. Ouvert tous
les jours. Brunchs les fins de semaine.
Ambiance familiale ; décor moderne.*

....

INTERNATIONAL

Irlandais

MCKIBBIN'S

1426, rue Bishop
Centre-ville
(514) 288-1580

15 $ à 30 $

Grand établissement de trois étages avec pub, restaurant et discothèque. Menu à la carte avec happy hour de 17 h à 20 h du lundi au vendredi. Musiciens tous les jours et des quizz les lundis avec des prix à gagner. Ambiance irlandaise.

....

HURLEY'S

1225, rue Crescent
Centre-ville
(514) 861-4111

15 $ à 30 $

Resto-bar avec terrasse, spécialisé en bières importées. Endroit animé et chaleureux ; ambiance typiquement irlandaise.

....

YE OLDE ORCHARD

5563, av. Monkland
Notre-Dame-de-Grâce
(514) 484-1569

15 $ et moins

Grande variété de mets irlandais et écossais ; 15 sortes de bières importées en fût. Bon nombre de grillades, fish and chips et pâtes. Musiciens quatre soirs par semaine.

....

Resto Cité

Montréal

MARIO ANGELO

3736, rue Sabrevois
Ahuntsic
(514) 321-2070

15 $ et moins

*Restaurant italien et canadien classique.
Ouvert pour le petit déjeuner et le dîner
(spécial à 6 $ le midi), souper la fin de
semaine sur réservation seulement.*

....

PICCOLA (LA)

2050, rue Fleury Est
Ahuntsic
(514) 858-7175

15 $ et moins

*Charmant petit restaurant de quartier,
tranquille. Menu du midi et table d'hôte
le soir. Bonne sélection de pâtes, pizzas et
plats de veau. Très belle terrasse l'été.
Réservations préférables.*

....

VIOLA (LA)

10289, av. Papineau
Ahuntsic
(514) 385-1037

15 $ et moins

*Petit restaurant italien à bas prix. 10 à
15 spéciaux tous les jours. Bonne cuisine
maison : pizzas, escalopes, pâtes maison.*

....

ESMERALDA

6419, boul. Gouin Ouest
Ahuntsic
(514) 745-3611

15 $ à 30 $

*Beau restaurant typiquement italien.
Grande sélection de plats maison : veau,
agneau, pâtes, steaks, fruits de mer. Table
d'hôte le midi et le soir ; menu différent
chaque jour.*

....

GIORGIO

5955, boul. Gouin Ouest
Ahuntsic
(514) 745-1313

6675, rue Jean-Talon Est
Anjou/Saint-Léonard
(514) 252-1916

6130, boul. Louis-
Hippolyte-Lafontaine
Anjou/Saint-Léonard
(514) 352-1144

12585, rue Sherbrooke Est
Montréal-Est
(514) 645-2002

10350, boul. Pie-IX
Montréal-Nord
(514) 323-9704

200, boul. Saint-Laurent
Vieux-Montréal
(514) 845-4221

15 $ à 30 $

Restaurant italien. Excellente cuisine, bas prix, super pour les sorties en famille. Service courtois et rapide. Table d'hôte incluant soupe, plat principal, café et dessert. Spécialités : pâtes, pizzas, veau et poulet en sauce.

....

IL POSTO

9030, rue de l'Acadie
Ahuntsic
(514) 850-0000

15 $ à 30 $

Fine cuisine italienne. Ambiance décontractée. Table d'hôte le midi et le soir ; différentes promotions tous les jours. Salle de réception disponible.

....

CAFÉ TERRASSE GILDONE

9700, boul. Saint-Michel
Ahuntsic
(514) 389-6732

15 $ à 30 $

Petit café rustique de 30 places. Choix entre trois types de pâtes ; cuisine spécialisée en champignons.

....

DA BIAGGIO (LE)

4420, rue de Castille
Ahuntsic
(514) 324-8700

15 $ à 30 $

Petit restaurant familial spécialisé en pizzas, pâtes et sous-marins. Plat spécial le midi à 7 $.

....

IL CICERONE

679, boul. Henri-Bourassa Est
Ahuntsic
(514) 388-3161

15 $ à 30 $

Restaurant classique de fine cuisine, ouvert depuis 1984. Spécialité : pâtes fraîches maison. Menu incluant un peu de tout. Prix spécial pour les groupes. Salle de réception d'une capacité de 70 personnes.

....

IL MONDO

667, boul. Henri-Bourassa Ouest
Ahuntsic
(514) 389-8446

15 $ à 30 $

Restaurant italien et continental moderne avec un menu très varié. Table d'hôte le soir et le midi. Salle de réception pour les événements spéciaux.

....

IL PUNTINO

7751, boul. Roi-René
Ahuntsic
(514) 355-6213

15 $ à 30 $

Petit restaurant de fine cuisine. Ambiance chaleureuse. Table d'hôte le midi et le soir. Pâtes toujours fraîches. Excellente carte des vins.

....

MOLISANA (LA)

1014, rue Fleury Est
Ahuntsic
(514) 382-7100

15 $ à 30 $

Restaurant romantique spécialisé en pâtes et escalopes de veau. Pizza cuite au four à bois. Excellente carte des vins. Salle de réception pour 100 personnes. Musicien du jeudi au dimanche.

....

PARTICULIER (LE)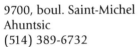

2237, rue Fleury Est
Ahuntsic
(514) 381-0658

15 $ à 30 $

Restaurant italien et français. Ambiance romantique. Capacité de 60 personnes. Table d'hôte le midi et le soir. Souper avec spectacles blues de temps en temps.

....

RESTO SANS NOM

9700, boul. Saint-Michel
Ahuntsic
(514) 389-6732

15 $ à 30 $

Restaurant italien spécialisé en pâtes. Menu limité mais très raffiné. Ambiance sans prétention et détendue.

....

TIRAMISU ITALIEN

1612, rue Fleury Est
Ahuntsic
(514) 388-9911

15 $ à 30 $

Fine cuisine italienne spécialisée en poissons frais. Table d'hôte le midi incluant café, dessert, soupe ou salade, et le soir choix de six entrées, dessert et café. Sélection de vins haut de gamme. Salle de réception.

....

TOUR DE PISE CHEZ MAGNANI (LA)

9245, rue Lajeunesse
Ahuntsic
(514) 387-5959

15 $ à 30 $

Fine cuisine traditionnelle. Menu incluant grillades, fruits de mer, pâtes. Ambiance typiquement italienne.

....

TRATTORIA I DUE AMICI

2291, rue Fleury Est
Ahuntsic
(514) 389-0449

15 $ à 30 $

Fine cuisine spécialisée en pâtes fraîches et veau. Ambiance moderne. Excellent pour les rencontres entre amis. Table d'hôte le midi et le soir.

....

BAR PRIMA VERA

4266, rue Jean-Talon Est
Anjou/Saint-Léonard
(514) 721-3555

15 $ et moins

Restaurant italien situé dans le centre commercial Boulevard. Menu diversifié : collations, brunch le samedi et le dimanche, festival de pâtes et menu principal.

....

BARON ROYAL (LE)

6020, rue Jean-Talon Est
Anjou/Saint-Léonard
(514) 254-3509

15 $ et moins

Restaurant italien familial typique avec un menu varié. Spéciaux tous les midis. Salle de réception avec capacité de 300 à 700 personnes.

....

BELLE ITALIENNE (LA)

5884, rue Jean-Talon Est
Anjou/Saint-Léonard
(514) 254-4811

15 $ et moins

Petit restaurant familial spécialisé en cuisine maison. Table d'hôte le midi et le soir. Idéal pour se décontracter.

....

ITALIEN

ITALIEN

BOCCACINOS RESTAURANT

6850, boul. Jean-Talon Est
Anjou/Saint-Léonard
(514) 254-7070

3575, av. du Parc
Centre-ville
(514) 288-4337

1253, av. McGill College
Centre-ville
(514) 861-5742

1790, boul. de la Côte-Vertu
Saint-Laurent
(514) 336-9063

7333, boul. Newman
Verdun/Lasalle
(514) 366-0999

15 $ et moins

Fine cuisine italienne avec un menu varié. Grande sélection d'entrées, de soupes, de salades, de sandwichs, de pâtes, de pizzas et de plats internationaux. Petits déjeuners copieux. Belle ambiance adaptée à toutes les occasions. Table d'hôte le soir.

COSTA DEL SOLE

4855, rue Jarry Est
Anjou/Saint-Léonard
(514) 325-7770

15 $ et moins

Restaurant italien avec musicien et danse durant le souper les fins de semaine. Spécialités : grillades et fruits de mer. Menu du midi à partir de 6 $; table d'hôte le soir à partir de 11 $.

NOUVEAU PARAGON (LE)

4640, rue Jarry Est
Anjou/Saint-Léonard
(514) 593-5077

6491, rue Beaubien Est
Anjou/Saint-Léonard
(514) 254-4444

15 $ et moins

Restaurant familial spécialisé en pizzas. À l'achat d'une pizza ou d'un plat de pâtes vous obtenez un autre plat gratuit, et à l'achat d'un sous-marin de 14 pouces, vous obtenez un sous-marin de 7 pouces gratuitement.

BELLA ITALIANA (LA)

5884, rue Jean-Talon Est
Anjou/Saint-Léonard
(514) 524-4811

15 $ à 30 $

Bistro italien classique avec un bar élégant. Carte variée offrant plusieurs mets style maison (paninis, pâtes, saucisses) et un excellent choix de cafés.

DI MENNA

6313, rue Jarry Est
Anjou/Saint-Léonard
(514) 326-4200

15 $ à 30 $

Restaurant italien de fine cuisine. Décoration européenne. Ambiance romantique avec foyer. Table d'hôte le midi et le soir incluant entrée, plat principal, café et dessert.

EAST SIDE MARIO'S

4485, rue Jean-Talon Est
Anjou/Saint-Léonard
(514) 727-8848

15 $ à 30 $

Cuisine américaine-italienne s'inspirant de la Petite Italie de New York. Ambiance familiale ; décoration new-yorkaise. Menu incluant pizzas, pâtes, poulet grillé, salades, moules et hamburgers.

FOUR DE ST-LÉONARD (LE)

7605, boul. Lacordaire
Anjou/Saint-Léonard
(514) 374-3687

15 $ à 30 $

Restaurant de rapport qualité/prix incroyable. Décor rustique. Table d'hôte tous les jours et huîtres à volonté les mercredis. Pizza cuite au four à bois, pâtes al dente, grande sélection de vins renommés. Ingrédients toujours frais.

IL PAZZESCO

7031, rue Jarry Est
Anjou/Saint-Léonard
(514) 353-3801

15 $ à 30 $

Restaurant italien récemment rénové. Deux salles séparées, pour fumeurs et non-fumeurs. Guitariste les fins de semaines: musique douce. Capacité de 110 places.

RIBERA

6001, rue de Jumonville
Anjou/Saint-Léonard
(514) 253-4543

15 $ à 30 $

Petit restaurant typiquement italien. Romantique le soir et gens d'affaires le midi. Table d'hôte le midi et le soir. Spécialités : veau et pâtes maison.

RISTORANTE FRESCO

6040, boul. des
Grandes-Prairies
Anjou/Saint-Léonard
(514) 329-1904

15 $ à 30 $

Restaurant italien haut de gamme. Ambiance sophistiquée. Grande sélection de plats : grillades, fruits de mer, veau et pizzas. Table d'hôte entre 15 $ et 25 $.

TRATTORIA DEL GALLO NERO

5138, rue Jarry Est
Anjou/Saint-Léonard
(514) 955-9111

15 $ à 30 $

Fine cuisine italienne avec un bar antipasto. Portions généreuses. Excellent rapport qualité/prix. Réservations préférables.

VIEILLE CHEMINÉE (À LA)

6715, aut. Métropolitaine Est
Anjou/Saint-Léonard
(514) 328-7136

15 $ à 30 $

Ambiance rustique, chaleureuse et intime avec le four à bois. Menu varié : pâtes maison, grillades, pizzas, veau, fruits de mer. Salle de réception avec musicien sur demande. Service les dimanches sur réservation.

ITALIEN

ITALIEN

LO SPONTINO

5169, rue Jean-Talon Est
Anjou/Saint-Léonard
(514) 374-6355

30 $ à 45 $

Trattoria authentique. Cuisine maison servant tous les plats à l'ancienne. Service chaleureux. Idéal pour les sorties en famille.

....

DA GIOVANNI

690, rue Sainte-Catherine Ouest
Centre-ville
(514) 393-3808

5440, rue Sherbrooke Est
Hochelaga-Maisonneuve
(514) 259-3748

572, rue Sainte-Catherine Est
Quartier latin
(514) 842-8851

15 $ et moins

Grand restaurant spécialisé en spaghetti. Bonne sélection de mets italiens. Parfait pour les sorties en famille. Table d'hôte tous les jours.

....

DA PASQUALE

1414, rue Stanley
Centre-ville
(514) 849-3130

15 $ et moins

Renommé pour les pizzas. Ouvert depuis 1959. Pâtes et sauces fraîches faites sur place. Endroit idéal pour les sorties en famille. Table d'hôte incluant café et dessert du jour.

....

MANAGO

330, rue Sainte-Catherine Est
Centre-ville
(514) 845-5505

15 $ et moins

Restaurant spécialisé en pizzas cuites au four à bois et en différentes pâtes alimentaires. Excellente carte des vins. Table d'hôte le midi et le soir. Ambiance chaleureuse avec portes coulissantes ouvertes l'été. Réservez pour les fêtes.

....

PASTA BASTA

896, rue Sherbrooke Ouest
Centre-ville
(514) 288-7874

15 $ et moins

Cuisine abordable et raffinée ; excellente pour les étudiants le midi. Pâtes maison. Ambiance chaleureuse. Très aéré. Menu varié.

....

RÔTISSERIE ITALIENNE

1933, rue Sainte-Catherine Ouest
Centre-ville
(514) 935-4436

15 $ et moins

Petit restaurant italien spécialisé en pâtes. Ambiance chaleureuse et décontractée. Libre-service. Excellent rapport qualité/prix.

....

SANTA LUCIA

1264, rue Stanley
Centre-ville
(514) 393-8623

15 $ et moins

Restaurant typiquement italien avec une belle vue sur la rue Stanley. Choix entre 20 pizzas toutes cuites au four à bois. Table d'hôte le midi et le soir incluant salade ou soupe, entrée (escargots ou pâtes), plat principal, dessert et café.

....

BELLAGIO RISTORANTE

505, boul. de Maisonneuve
Ouest
Centre-ville
(514) 845-9505

15 $ à 30 $

Grand restaurant familial spécialisé en cuisine méditerranéenne. Spéciaux le midi incluant entrée, café et dessert. Le soir, choix entre plat de crevettes, agneau ou filet mignon.

CAPANNINA (LA)

2022, rue Stanley
Centre-ville
(514) 845-1852

15 $ à 30 $

Fine cuisine spécialisée en pâtes et veau. Ambiance élégante avec décorations modernes. Table d'hôte incluant entrée, plat principal, café et dessert. Capacité de 110 personnes.

FOCCACIA DI CARPACCIO ⍟ ☆

2077, rue Université
Centre-ville
(514) 284-1115

15 $ à 30 $

Fine cuisine spécialisée en pâtes maison. Menu à la carte avec buffet gratuit de 5 à 7. Ambiance resto-bar avec une terrasse et des musiciens de temps en temps.

DA PIZZETARO

1121, rue Anderson
Centre-ville
(514) 861-7076

15 $ à 30 $

Cuisine italienne spécialisée en pizzas. Restaurant avec un four à bois. Bon choix de plats de poulets, de poissons et de fruits de mer. Assiettes très bien préparées. Ambiance chaleureuse. Une des meilleures pizzas à Montréal.

DINO

966, rue Sainte-Catherine Ouest
Centre-ville
(514) 878-9811

15 $ à 30 $

Restaurant moderne spécialisé en cuisine méditerranéenne et sushis. Table d'hôte le midi et le soir. Décoration exquise. Bar, salon et portes coulissantes ouvertes l'été.

FERRARI ⍟

1407, rue Bishop
Centre-ville
(514) 843-3086

15 $ à 30 $

Restaurant bistro chaleureux, parfait pour les gens d'affaires. Spécialité : pâtes faites maison. Table d'hôte le midi et le soir. Grande terrasse l'été.

FINNEGAN & BACCHUS ⍟

1458, rue de la Montagne
Centre-ville
(514) 842-8825

15 $ à 30 $

Énorme restaurant de 700 places spécialisé en fines cuisines italienne et française. Menu à la carte seulement. Belle ambiance avec un bar et un club de danseuses exotiques.

FIORENTINO

Complexe Desjardins
Centre-ville
(514) 848-0531

15 $ à 30 $

Restaurant avec décorations de la Renaissance, spécialisé en pâtes et pizza cuite au four à bois. Table d'hôte tous les jours. Restaurant avec piano situé dans le complexe de la Place des arts. Relié au Montréal souterrain.

ITALIEN

ITALIEN

HOSTARIA ROMANA

2044, rue Metcalfe
Centre-ville
(514) 849-1389

15 $ à 30 $

Restaurant de fine cuisine italienne, ouvert depuis 25 ans. Table d'hôte le midi et le soir incluant une entrée, un plat principal, la salade et le dessert. Musicien les vendredis.

....

IL FOCALAIO ✍

1223, rue du Carré-Phillips
Centre-ville
(514) 879-1045

15 $ à 30 $

Restaurant classique spécialisé en pizzas. Choix entre 70 sortes des meilleures pizzas en ville, cuites au four à bois. À l'achat de 4 pizzas sur livraison, la cinquième est gratuite.

....

MÉDUSA (LA)

1224, rue Drummond
Centre-ville
(514) 878-4499

15 $ à 30 $

Petit restaurant intime de 45 places. Fine cuisine italienne spécialisée en pâtes maison, fruits de mer et veau. Table d'hôte le midi et le soir.

....

PASTA TELLA ✍

2055, rue Stanley
Centre-ville
(514) 842-5344

15 $ à 30 $

Restaurant italien et suisse, spécialisé en pâtes fraîches et fondues. Table d'hôte le midi et le soir. Capacité de 140 personnes, avec une salle privée de 40 places et une terrasse.

....

PINO ☆

1471, rue Crescent
Centre-ville
(514) 289-1930

15 $ à 30 $

Fine cuisine italienne avec un brin de fusion. Décoration moderne et élégante; ambiance branchée. Salon avec un bar et un foyer au deuxième étage. Idéal pour les sorties romantiques ou entre amis.

....

PORTO FINO

2040, rue de la Montagne
Centre-ville
(514) 849-2225

15 $ à 30 $

Restaurant de vieille cuisine italienne. Excellent pour les sorties romantiques. Menu varié : pâtes fraîches, fruits de mer, escalopes, steaks, bref, pour tous les goûts. Ouvert depuis 35 ans.

....

PRANZO'S

1858, rue Sainte-Catherine
Ouest
Centre-ville
(514) 937-4445

15 $ à 30 $

Cuisine italienne traditionnelle spécialisée en pâtes et viandes grillées. Décor intime, éclairage tamisé. Ambiance simple sans prétention.

....

RESTOFIORE ✍

705, rue Sainte-Catherine Ouest
Centre-ville
(514) 288-7777

15 $ à 30 $

Cuisine typiquement italienne et française. Parfait pour les gens d'affaires et les soirées de sport. Ambiance décontractée. Bar et section non-fumeurs séparés. Table d'hôte le soir incluant entrée, salade, plat principal et moules.

....

ROSELINA 🍷

1000, rue de la Gauchetière
Ouest
Centre-ville
(514) 876-4373

15 $ à 30 $

Restaurant avec une grande terrasse couverte qui sert été comme l'hiver. Menu différent chaque jour. Spécialités : pâtes, veau, langoustines (à la carte), pizzas.

TRATTORIA DEL TEATRO 🍷

1437, rue Crescent
Centre-ville
(514) 842-9394

15 $ à 30 $

Ancienne maison du XIXe siècle convertie en Steak house italien. Deux étages et deux salles à manger. Service complet et professionnel. Viande et poisson frais.

TRATTORIA TRESTEVERE

1237, rue Crescent
Centre-ville
(514) 866-3226

15 $ à 30 $

Restaurant de fine cuisine italienne. Ambiance familiale. Grande sélection de pâtes, fruits de mer et veau.

WEINSTEN & GAVINOS

1434, rue Crescent
Centre-ville
(514) 288-2231

15 $ à 30 $

Cuisine spécialisée en pâtes maison, pizzas, grillades et salades. Deux étages avec une capacité de 400 personnes.

Ambiance chaleureuse avec un décor moderne. Ne manquez pas les 5 à 7 !

ALDO

1231, rue de la Montagne
Centre-ville
(514) 866-0831

30 $ à 45 $

Fine cuisine italienne. Ambiance chaleureuse et authentique. Bonne sélection d'entrées, de mets principaux et de desserts. Capacité de 80 personnes.

BICE 🍷

1504, rue Sherbrooke Ouest
Centre-ville
(514) 937-6009

30 $ à 45 $

Restaurant 4 étoiles de fine cuisine italienne. Bon choix de fruits de mer et de plats italiens traditionnels. Bonne carte des vins. Ambiance élégante et chic. Deux étages avec une capacité de 100 personnes.

BIS RISTORANTE

1229, rue de la Montagne
Centre-ville
(514) 866-3234

30 $ à 45 $

Restaurant italien de grande renommée. Les grands acteurs d'Hollywood le visitent lors de leur séjour à Montréal. Spécialités : fruits de mer, poissons frais, escalopes de veau, gibier et pâtes. Parfait pour des belles sorties romantiques.

ITALIEN

BOCCA D'ORO

1448, rue Saint-Mathieu
Centre-ville
(514) 933-8414

30 $ à 45 $

Grand restaurant de deux étages, roman-
tique, spécialisé en fruits de mer.
Spéciaux le midi de 10 $ à 21 $ et le soir
de 20 $ à 32 $. Pâtes fraîches maison.

....

CAMPARI CENTRO

1177, rue de la Montagne
Centre-ville
(514) 868-1177

30 $ à 45 $

Restaurant élégant. Table d'hôte diffé-
rente chaque jour : le midi de 14 $ à
19 $, le souper de 20 $ à 40 $. Spécialité :
escalope de veau. Grande sélection de
vins importés. Très romantique.

....

DA VINCI

1180, rue Bishop
Centre-ville
(514) 874-2001

30 $ à 45 $

Restaurant 4 étoiles de fine cuisine ita-
lienne. Table d'hôte le midi et le soir
incluant une entrée, un plat principal et
le dessert. Établissement très élégant.

....

IL CORTILE

1442, rue Sherbrooke Ouest
Centre-ville
(514) 843-8230

30 $ à 45 $

Le menu comprend une variété de plats
traditionnels qui changent avec les sai-
sons. Choix de pâtes, de viandes et de
poissons raffinés. Bonne sélection de vins
italiens. Il est préférable de réserver les
fins de semaines.

....

LATINI (LE)

1130, rue Jeanne-Mance
Centre-ville
(514) 861-3166

30 $ à 45 $

Restaurant d'une qualité exquise. Fine
cuisine recherchée, toujours en évolution.
Table d'hôte offrant 6 choix allant jus-
qu'à 37 $ le soir et le jusqu'à 27 $ le
midi. Fréquenté par plusieurs acteurs ;
ouvert depuis 24 ans.

....

LO STIVALE D'ORO

2150, rue de la Montagne
Centre-ville
(514) 844-8714

30 $ à 45 $

Fine cuisine avec un menu varié : pâtes,
filet mignon, fruits de mer, agneau, bref,
un peu de tout. Ambiance chaleureuse ;
bien éclairé. Capacité de 110 places.
Table d'hôte le midi et le soir.

....

PIÉMONTAIS (LE)

1145A, rue de Bullion
Centre-ville
(514) 861-8122

30 $ à 45 $

Fine cuisine. Ambiance classique avec
décor feutré et sobre. Spécialités : pâtes,
escalopes de veau, côtelettes de veau,
volaille, poisson. Table d'hôte le midi et le
soir. Réservations préférables.

....

Resto Cité

RESTAURANT D'AVERSA ☂

700, rue de la Gauchetière
Ouest
Centre-ville
(514) 874-9959

30 $ à 45 $

*Fine cuisine italienne. Ambiance roman-
tique et chaleureuse. Huit tables d'hôtes
avec cinq services. Menu à la carte tous
les jours, 5 à 7, petit déjeuner et souper
pour enfants les samedis soirs. Terrasse
avec 80 places. Animateur de la station
de radio 92,5 le samedi, en direct.*

···

CALIFORNIA PIZZA

6400, boul. Décarie
Côte-des-Neiges
(514) 735-6224

15 $ et moins

*Pizzeria avec une ambiance familiale.
Capacité de 120 places. Menu du jour et
table d'hôte le midi et le soir. Bon rapport
qualité/prix.*

···

PACINI

5520, ch. de la Côte-des-Neiges
Côte-des-Neiges
(514) 343-5076

6583, rue Sherbrooke Est
Hochelaga-Maisonneuve
(514) 254-4927

1262, rue Saint-Denis
Quartier latin
(514) 842-9139

15 $ et moins

*Restaurant italien avec une bonne sélec-
tion de pâtes, pizzas (rondes et à croûte
mince) et grillades italiennes. Ambiance
familiale et animée. Menu incluant une
table d'hôte à trois services et un menu
pour enfants.*

···

GIOCONDA (LA)

5625, boul. Décarie
Côte-des-Neiges
(514) 731-1109

15 $ à 30 $

*Fine cuisine maison. Ambiance moderne,
très chaleureuse. Grande sélection de
plats : pâtes, pizzas, fruits de mer. Tout à
la carte.*

···

IL GALATEO ☂

5315, av. Gatineau
Côte-des-Neiges
(514) 737-1606

15 $ à 30 $

*Fine cuisine italienne de grande renom-
mée. Très chaleureux et chic. Table
d'hôte et menu du jour tous les jours.*

···

TRATTORIA CAPRICCIOSA ☂

5220, boul. Décarie
Côte-des-Neiges
(514) 487-1234

15 $ à 30 $

*Petit restaurant de fine cuisine. Accueil-
lant, romantique et typiquement italien.
Vins sélectionnés. Musicien les vendredis
et samedis. Salle de réception, terrasse et
stationnement gratuit.*

···

TRATTORIA RONDINE ☂

5697, ch. de la Côte-des-Neiges
Côte-des-Neiges
(514) 731-7833

15 $ à 30 $

*Restaurant avec une ambiance chaleu-
reuse à l'italienne ; beaucoup de fenêtres.
Fine cuisine, bonne pizza gourmande,
moules à volonté et tiramisu fantastique.*

···

ITALIEN

ITALIEN

VITO (CHEZ)

7655, boul. Décarie
Côte-des-Neiges
(514) 735-3623

15 $ à 30 $

Restaurant situé dans l'hôtel Ruby Foo's. Chaque client est servi selon ses désirs. Gibier et abats préparés. Salons privés parmi les salles de réception de l'hôtel Ruby Foo's. Réservez pour les rencontres d'affaires ou familiales.

FONTANA (LA)

2550, rue de Rouen
Hochelaga-Maisonneuve
(514) 526-0071

15 $ et moins

Petite pizzeria de 40 places. Parfait pour les sorties en famille. Menu varié mais spécialisé en pizzas.

JOLI CUPIDON D'OR

6830, rue Hochelaga
Hochelaga-Maisonneuve
(514) 256-5308

15 $ et moins

Cuisine italienne style maison. Tout est fait sur place. Ambiance romantique. Menu du jour à partir de 6 $ et table d'hôte à partir de 9 $. Capacité de 220 personnes.

LANNI ✒

3132, rue Sherbrooke Est
Hochelaga-Maisonneuve
(514) 527-8313

15 $ et moins

Restaurant familial avec une carte variée. Table d'hôte le midi et le soir incluant dessert et café. Musicien les fins de semaine. Four à bois.

PESCARA PINETA

6752, rue Sherbrooke Est
Hochelaga-Maisonneuve
(514) 253-2658

15 $ et moins

Cuisine gastronomique italienne à bas prix. Choix entre veau, pâtes, steaks et fruits de mer. Capacité de 200 personnes. Table d'hôte pour aussi peu que 10 $.

SPAGGIO'S

6680, rue Sherbrooke Est
Hochelaga-Maisonneuve
(514) 251-1001

15 $ et moins

Restaurant spécialisé en pâtes fraîches. Grande sélection de sauces. Prix abordables et service rapide. Table d'hôte le midi et le soir.

DORA (LA) ✒

6837, rue Sherbrooke Est
Hochelaga-Maisonneuve
(514) 255-8841

15 $ à 30 $

Ambiance chaleureuse, typiquement italienne. Carte variée ; excellente viande. Menu pour enfants. Menu du jour qui inclut une entrée, un plat principal et un dessert.

PERLA (LA)

6010, rue Hochelaga
Hochelaga-Maisonneuve
(514) 259-6529

15 $ à 30 $

Restaurant de fine cuisine italienne avec une atmosphère amicale et calme, service personnalisé. Ambiance tranquille. Aéré. Clientèle d'affaires le midi. Table d'hôte le midi et le soir.

FONTANINA (LA) 🍷

3194, rue Saint-Joseph
Lachine
(514) 637-2475

15 $ à 30 $

Restaurant italien et français serein. Spéciaux le jour et le soir. Menu varié : pâtes, veau, poisson, fruits de mer. Salle de réception pour 50 personnes.

....

IL FORNETTO 🍷

1900, rue Saint-Joseph
Lachine
(514) 637-5253

15 $ à 30 $

Grand restaurant de fine cuisine italienne spécialisé en pâtes, pizza et fruits de mer. Table d'hôte le midi et le soir. Terrasse donnant sur le canal Saint-Louis. Très chaleureux.

....

PASTA ANDREA 🍷

1718, rue Saint-Joseph
Lachine
(514) 634-3400

15 $ à 30 $

Excellent restaurant italien avec un rapport qualité/prix remarquable. Cuisine raffinée avec une table d'hôte le midi et le soir qui offre plusieurs choix d'entrées, de mets principaux et de desserts. Terrasse avec une belle vue sur le canal Lachine.

....

TAORMINA 🍷

2530, rue Saint-Joseph
Lachine
(514) 634-5548

15 $ à 30 $

Fine cuisine italienne. Ambiance romantique et décontractée. Spécialités : fruits de mer, pâtes maison et veau. Salle de réception, deux terrasses et stationnement gratuit.

....

IL PIATTO DELLA NONNA

176, rue Saint-Viateur Ouest
Mile-End
(514) 278-6066

15 $ à 30 $

Cuisine italienne authentique avec une belle cuisine ouverte. Spécialités de la maison : sauces, pâtes maison toujours al dente et osso bucco. Bonne sélection de vins italiens. Ambiance personnalisée.

....

TONY DU SUD 🍷

25, rue. Fairmount Ouest
Mile-End
(514) 274-7339

15 $ à 30 $

Petit restaurant familial, super pour les sorties entre amis ou pour les occasions spéciales. Excellent rapport qualité/prix. Cuisine maison. Menu changeant

....

TRATTORIA DEL CACCIATORE 🍷

108, av. Laurier Ouest
Mile-End
(514) 272-8639

15 $ à 30 $

Restaurant italien typique. Fine cuisine maison avec un menu flexible. Spécialités : pâtes maison et fruits de mer.

....

AL CAPRICCIO

1506, boul. Saint-Jean-Baptiste
Montréal-Est
(514) 645-1001

15 $ à 30 $

Restaurant de fine cuisine italienne. Festival du veau, souper pour enfants, danse vendredi et samedi. Salle de réception pour 70 personnes.

....

ITALIEN

ITALIEN

SURFIN (LE)

8005, av. André-Ampère
Montréal-Est
(514) 648-6529

15 $ et moins

Pizzeria à prix abordables. Excellent pour les sorties en famille.

BUONA SERA

5337, boul. Henri-Bourassa Est
Montréal-Nord
(514) 325-7757

15 $ et moins

Grand restaurant familial. Spécialité : pizza cuite au four à bois. Table d'hôte la semaine. Grande variété de plats: pâtes, viandes, pizzas, sous-marins, salades, etc.

NOUVEAU PARAGON 2 (LE)

3251, boul. Henri-Bourassa Est
Montréal-Nord
(514) 852-7777

15 $ et moins

Restaurant familial spécialisé en pizzas. À l'achat d'une pizza ou d'un plat de pâtes vous obtenez un autre plat gratuit, et à l'achat d'un sous-marin de 14 pouces, vous obtenez un sous-marin de 7 pouces gratuitement.

PETITE VENISE (LA)

5134, boul. Henri-Bourassa Est
Montréal-Nord
(514) 321-7307

15 $ à 30 $

Fine cuisine italienne ; ambiance chaleureuse. Spécialisé en pâtes, veau, et fruits de mer. Table d'hôte le midi et le soir. Capacité de 70 places avec possibilité de réception pour groupes de 30 personnes. Ouvert depuis 25 ans.

PRIMA LUNA

7301, boul. Henri-Bourassa Est
Montréal-Nord
(514) 494-6666

15 $ à 30 $

Restaurant italien et sushis haut de gamme. Moderne et élégant. Plats italiens traditionnels. Table d'hôte le midi et le soir de 15 $ à 30 $.

PLACE TEVERE

2305, ch. Rockland
Mont-Royal
(514) 344-6776

15 $ et moins

Bonne variété de pizzas et de pâtes : tortellini, rigatoni, farfalle, etc. Fondé en 1955. Capacité de 200 personnes. Ambiance calme et chic, décor moderne. Stationnement gratuit.

AL DENTE

5768, av. Monkland
Notre-Dame-de-Grâce
(514) 486-4343

15 $ à 30 $

Restaurant italien style maison. Four à bois, pâtes fraîches, 30 sauces différentes. Décor typique des trattorias italiennes.

ANTICO MARTINI

6450, av. Somerled
Notre-Dame-de-Grâce
(514) 489-6804

15 $ à 30 $

Restaurant italien classique avec une très bonne ambiance. Service excellent et grande sélection de mets à différents prix.

ITALIANO

5626, av. Monkland
Notre-Dame-de-Grâce
(514) 484-9402

15 $ à 30 $

Fine cuisine spécialisée en pâtes fraîches. Ambiance intime avec musicien le samedi soir. Table d'hôte tous les jours.

PASTA CHEZ NOUS

6535, av. Somerled
Notre-Dame-de-Grâce
(514) 487-8541

15 $ à 30 $

Fine cuisine spécialisée en poisons et en pâtes maison. Petit restaurant de 60 places. Ambiance chaleureuse.

PETIT ITALIEN (LE)

1265, av. Bernard Ouest
Outremont
(514) 278-0888

15 $ à 30 $

Restaurant italien avec un service courtois et rapide. Table d'hôte très intéressante.

RISTORANTE PRIMO PIATTO

1637, av. Van Horne
Outremont
(514) 278-0001

30 $ à 45 $

Vieille maison de campagne convertie en restaurant. Fine cuisine italienne

CAFÉ INTERNATIONAL

6714, boul. Saint-Laurent
Petite Italie
(514) 495-0067

15 $ et moins

Beau café italien traditionnel. Table d'hôte le midi et le soir. Spécialité : calmars grillés.

ELIO PIZZERIA

351, rue de Bellechasse
Petite Italie
(514) 276-5341

15 $ et moins

Restaurant italien familial. Spécialité : pizzas de Naples. Menu varié incluant pizzas canadiennes, viandes et poissons les fins de semaine. Salle de réception.

ZANETTI

77, rue Shamrock
Petite Italie
(514) 279-0444

15 $ et moins

Restaurant italien. Menu incluant un plat de pâtes différent chaque jour. Bon choix de sandwichs. Déjeuners servis tous les jours. Portions généreuses.

CAFÉ VIA DANTE

251, rue Dante
Petite Italie
(514) 270-8446

15 $ à 30 $

Charmant café typiquement italien. Ambiance décontractée et chaleureuse, comme en Italie. Menu différent chaque jour. Excellente cuisine. Fruits de mer, pâtes, etc. Bonne variété.

ITALIEN

ITALIEN

CAFFE EPOCA
6778, boul. Saint-Laurent
Petite Italie
(514) 276-6569

15 $ à 30 $

Charmant restaurant italien. Cuisine simple et savoureuse. Table d'hôte le midi. Ambiance animée, surtout lors des grands événements, comme les matchs de hockey.

CASA CACCIATORE
170, rue Jean-Talon Est
Petite Italie
(514) 274-1240

15 $ à 30 $

Restaurant chaleureux avec un décor antique. Cuisine maison ; pâtes fraîches maison. Menu varié. Table d'hôte de 22 $ à 35 $ le soir. Grande sélection de vins.

CASA NAPOLI
6728, boul. Saint-Laurent
Petite Italie
(514) 274-4351

15 $ à 30 $

Fine cuisine italienne avec bistro. Spécialités : crêpes sorrentinas, veau, fruits de mer. Très reconnu.

FORNARINA (LA) 🍷
6825, boul. Saint-Laurent
Petite Italie
(514) 271-1741

15 $ à 30 $

Ambiance familiale avec une salle de réception de 30 à 70 personnes. Spécialisé en pizzas au four à bois. Table d'hôte le midi seulement. On apporte son vin.

FRANK
65, rue Saint-Zotique Est
Petite Italie
(514) 273-7734

15 $ à 30 $

Restaurant italien classique, atmosphère détendue. Table d'hôte le midi de 18 $ à 38 $, et le soir de 24 $ à 38 $. Spécialités : pâtes, fruits de mer, gibier.

IL BONGUSTO
150, rue Jean-Talon Est
Petite Italie
(514) 274-1015

15 $ à 30 $

Cuisine italienne superbe. Rapport qualité/prix remarquable. Décor sobre et discret. Pâtes à partir de 11 $ et table d'hôte à partir de 20 $. Grande sélection de plats. Service expérimenté.

QUELLI DELLA NOTTE
6834, boul. Saint-Laurent
Petite Italie
(514) 271-3929

15 $ à 30 $

Restaurant italien et table à sushis, ambiance des grands salons des années 1930. Pâtes maison ; table d'hôte le midi de 15 $ à 30 $ et le soir de 20 $ à 40 $. Salle privée, capacité de 50 personnes. Vins d'Italie. Portes coulissantes ouvertes l'été.

TARANTELLA (LA)
184, rue Jean-Talon Est
Petite Italie
(514) 278-3067

15 $ à 30 $

Fine cuisine italienne. Restaurant avec une terrasse donnant sur le marché Jean-Talon et une section bistro. Plats traditionnels et modernes. Pâtes fraîches.

ITALIEN (vertical, right margin)

TRATTORIA DAI BAFFONI ⚲

6859, boul. Saint-Laurent
Petite Italie
(514) 270-3715

15 $ à 30 $

Restaurant italien typique. Spécialités : pâtes maison et veau. Belle ambiance, parfait pour les sorties en famille et les soirées romantiques. Salle de réception, stationnement gratuit. Musique les fins de semaine.

TRE MARIE (LES) ⚲

6934, rue Clark
Petite Italie
(514) 277-9859

15 $ à 30 $

Restaurant typiquement italien. Cuisine maison. Table d'hôte le midi et le soir différente chaque jour .

VIA ROMA ⚲

7064, boul. Saint-Laurent
Petite Italie
(514) 277-3301

15 $ à 30 $

Ambiance, cuisine et courtoisie typiquement italiennes. Menu varié : pâtes maison, fruits de mer, poissons, pizzas. Table d'hôte, le midi seulement, incluant entrée, plat principal et café. Terrasse extérieure à longueur d'année.

RISTORANTE LUCCA ☆

12, rue Dante
Petite Italie
(514) 278-6502

30 $ à 45 $

Cuisine gastronomique typiquement italienne. Plats préparés avec grand soin. Décor minimaliste et très chaleureux. Table d'hôte le midi et menu à la carte le soir. Excellente carte des vins.

PICOLLA ITALIA ⚲

6701, boul. Saint-Laurent
Petite Italie
(514) 270-6701

30 $ à 45 $

Restaurant italien, petite terrasse l'été. Décorations élégantes, service diligent. Excellente carte des vins. Beaucoup d'ambiance, musique italienne.

SOTTO SOPRA

670, boul. Saint-Laurent
Petite Italie
(514) 270-7792

30 $ à 45 $

Restaurant élégant et chaleureux, ambiance branchée. Pâtes, fruits de mer et viandes servis avec sauce tomate maison. Plats préparés avec soin et passion. Service chevronné et amical.

MULINA

236, rue Saint-Zotique Est
Petite Italie
(514) 273-5776

45 $ et plus

Fine cuisine italienne. Plats préparés avec finesse. Grande sélection de vins. Excellent restaurant pour les grandes sorties.

CUCINA

5134, boul. Saint-Laurent
Plateau Mont-Royal
(514) 495-1131

15 $ et moins

Restaurant bistro de deux étages. Table d'hôte le midi incluant une soupe, un dessert, un café et le choix entre pâtes, pizza ou poulet. Très bonnes pizzas internationales. Établissement qui a réinventé la pizza californienne ! Four à bois.

EDUARDO ♟

404, rue. Duluth Est
Plateau Mont-Royal
(514) 843-3330

1014, av. Laurier Ouest
Outremont
(514) 948-1826

15 $ et moins

Petite maison convertie en restaurant. Ambiance chaleureuse. Grande variété de pâtes, escalopes de veau, fruits de mer. Tables d'hôtes qui incluent soupe, plat principal et café.

EURO-DELI

3619, boul. Saint-Laurent
Plateau Mont-Royal
(514) 843-7853

15 $ et moins

Restaurant italien, prix abordable. Spécialités : pâtes fraîches faites à la main et pizzas New York. Endroit sobre et moderne ; clientèle très variée.

POPESSA (LA) ⚐

3801, rue Saint-Denis
Plateau Mont-Royal
(514) 982-1717

15 $ et moins

Restaurant italien décontracté spécialisé en pâtes maison. Choix entre 38 sortes de sauces et 19 sortes de pâtes, tout à la carte. Deux terrasses l'été.

PRATO

3891, boul. Saint-Laurent
Plateau Mont-Royal
(514) 285-1616

15 $ et moins

Charmant restaurant à prix raisonnable. Cuisine maison servant une bonne quantité de pizzas et des pâtes. Mets aux arômes d'herbes fraîches.

SPECCHIO

1278, av. du Mont-Royal Est
Plateau Mont-Royal
(514) 527-2487

15 $ et moins

Restaurant de cuisine italienne typique. Spécialités : pâtes et veau. Atmosphère bistro, parfait pour les rencontres entre amis. Table d'hôte incluant entrée et café.

BUONA FORCHETTA (LA)

2407, av. du Mont-Royal Est
Plateau Mont-Royal
(514) 521-6766

15 $ à 30 $

Grand restaurant italien romantique avec foyer central. Fine cuisine maison. Table d'hôte le midi et le soir. Capacité de 90 personnes avec une salle privée de 45 places. Cellier avec 450 sortes de vins : 4 000 bouteilles en tout.

BUONA NOTTE

3518, boul. Saint-Laurent
Plateau Mont-Royal
(514) 848-0644

15 $ à 30 $

Grand restaurant italien moderne. Pâtes maison, table d'hôte différente chaque jour et poissons toujours frais. Musique avec DJ.

CARISSIMA TRATTORIA

222, av. du Mont-Royal Est
Plateau Mont-Royal
(514) 844-7283

15 $ à 30 $

Chaleureux restaurant avec foyer. Souper avec spectacle. Table d'hôte le midi de 7 $ à 13 $ et le soir de 12 $ à 22 $. Grande sélection de plats : pâtes, pizzas, canard, veau, fruits de mer, grillades.

Resto Cité

DA ATTILIO

5282, boul. Saint-Laurent
Plateau Mont-Royal
(514) 274-8447

15 $ à 30 $

Restaurant italien chaleureux d'ambiance classique. Fine cuisine romaine authentique. Spécialités : pâtes, veau et fruits de mer. Table d'hôte le midi et le soir.

DA MARCELLO

1251, rue Gilford
Plateau Mont-Royal
(514) 524-3812

15 $ à 30 $

Fine cuisine toscane d'aujourd'hui. Ambiance romantique avec une terrasse l'été. Table d'hôte qui change chaque jour. Mets de dégustation et menu à la carte qui inclut pâtes maison et fruits de mer. Salle de réception.

DEL VERDE

1289, boul. Laird
Plateau Mont-Royal
(514) 342-2166

15 $ à 30 $

Restaurant chic de fine cuisine. Table d'hôte le midi et le soir. Spécialités : veau, poisson, pâtes, fruits de mer. Salle privée. Grande sélection de vins.

IL MARE ⚇

2487, rue Rachel Est
Plateau Mont-Royal
(514) 529-7898

15 $ à 30 $

Petit restaurant familial spécialisé en fine cuisine maison. Tout est fait sur place. Choix entre quatre plats chaque jour qui incluent fruits, noix, biscuits maison, café, tiramisu et un shooter après le dîner. Ouvert le vendredi et le samedi soir, le reste de la semaine sur réservation.

IL PIATTO DELLA NONNA

5171, boul. Saint-Laurent
Plateau Mont-Royal
(514) 843-6069

15 $ à 30 $

Charmant restaurant à prix raisonnable. Spécialités : pâtes et viandes grillées sur charbon. Restaurant de nature typiquement italienne.

IL SOLE

3627, boul. Saint-Laurent
Plateau Mont-Royal
(514) 282-4996

15 $ à 30 $

Fine cuisine italienne régionale. Spécialité : pâtes maison. Ambiance bistro italien. Ouvert le soir seulement. Carte des vins recherchée.

LOMBARDI ⚇

411, rue. Duluth Est
Plateau Mont-Royal
(514) 844-9419

15 $ à 30 $

Fine cuisine spécialisée en pâtes maison, fruits de mer et viandes. Table d'hôte le midi et le soir. Personnel bienveillant.

MINERVA ⚇⚇

17, rue Prince-Arthur Est
Plateau Mont-Royal
(514) 842-5451

15 $ à 30 $

Menu composé de plats italiens, de plats grecs et de fruits de mer. Ambiance romantique. Table d'hôte le midi et le soir. Capacité de 500 personnes.

ITALIEN

Resto Cité

ITALIEN

MISTO
929, av. du Mont-Royal Est
Plateau Mont-Royal
(514) 526-5043

15 $ à 30 $

Restaurant spécialisé en pâtes et pizza. Atmosphère détendue. Table d'hôte le midi durant la semaine seulement pour aussi peu que 8 $. Excellente carte des vins.

....

STROMBOLI
1019, av. du Mont-Royal Est
Plateau Mont-Royal
(514) 528-5020

15 $ à 30 $

Restaurant pour tous les goûts. Chaleureux, cordial, excellente cuisine maison. Table d'hôte le midi incluant entrée, plat principal et café.

....

VOLARE
5610, boul. Saint-Laurent
Plateau Mont-Royal
(514) 270-7117

15 $ à 30 $

Restaurant de fine cuisine italienne. Spéciaux le midi pour aussi peu que 5 $. Bar et machines à poker. Musicien les fins de semaine.

....

ECCO
3612, boul. Saint-Laurent
Plateau Mont-Royal
(514) 987-6757

30 $ à 45 $

Menu composé de toutes les assiettes italiennes populaires : pâtes, bruschettas, risottos et grillades. Excellente carte des vins. Décor plutôt moderne. Ambiance animée certains jours de la semaine.

....

PRIMADONNA
3479, boul. Saint-Laurent
Plateau Mont-Royal
(514) 282-6644

30 $ à 45 $

Restaurant italien et sushis. Cuisine contemporaine. Table d'hôte le midi seulement. Grande sélection de vins. Salon avec bar, musique du jeudi au samedi au deuxième étage.

....

VIA DEL PARCO
3458, av. du Parc
Plateau Mont-Royal
(514) 845-0501

30 $ à 45 $

Ambiance parfaite pour les soirées amoureuses. Beau décor avec foyer. Table d'hôte le midi et le soir incluant entrée, plat principal et café (dessert en plus le midi). Salle de réception pour 45 personnes.

....

DEI CAMPARI
1667, rue Saint-Denis
Quartier latin
(514) 843-6411

15 $ et moins

Restaurant italien familial. Spécialités : pizzas cuites au four à bois. Menu varié : pizzas, pâtes, veau, salades. Terrasse vitrée l'hiver.

....

CHEZ PAESANO
1669, rue Saint-Denis
Quartier latin
(514) 982-6638

15 $ à 30 $

Sympathique restaurant de fine cuisine italienne. Spécialités : veau, pâtes fraîches faites à la main, fruits de mer, grillades. Atmosphère très détendue ; souper à la chandelle.

....

IL CAVALIERE

1199, rue Berri
Quartier latin
(514) 845-9968

15 $ à 30 $

Charmant restaurant romantique. Spécialités : veau et pâtes. Table d'hôte le midi et le soir. Déjeuners de 7 h à 11 h 30. Trois salles de réception, capacité de 25 à 80 personnes.

....

NAPOLI

1675, rue Saint-Denis
Quartier latin
(514) 845-5905

15 $ à 30 $

Cuisine maison, vaste choix de plats : pâtes, viandes, fruits de mer. Ambiance rustique italienne. Table d'hôte incluant soupe ou salade, entrée et plat principal. Deux terrasses l'été.

....

SILA (LA)

2040, rue Saint-Denis
Quartier latin
(514) 844-5083

15 $ à 30 $

Fine cuisine italienne. Ambiance chaleureuse. Pâtes maison. Table d'hôte le midi et le soir incluant entrée et café.

....

SOL AMORE

1551, rue Notre-Dame Ouest
Saint-Henri
(514) 931-6444

15 $ à 30 $

Fines cuisines italienne et méditerranéenne. Établissement décoré par un professionnel, idéal pour les gens d'affaires. Bar-lounge et salle de réception pour grands groupes.

....

ANTINORI RISTORANTE

617, boul. Décarie
Saint-Laurent
(514) 748-2202

15 $ à 30 $

Cuisine italienne raffinée. Table d'hôte le midi à partir de 13 $. Menu du soir à partir de 16 $. Bonne sélection de mets : fruits de mer, pâtes, grillades et agneau.

....

EAST SIDE MARIO'S

3131, ch. de la Côte-Vertu
Saint-Laurent
(514) 331-7172

15 $ à 30 $

Cuisine américano-italienne s'inspirant directement de la petite Italie de New York. Ambiance familiale ; décoration new-yorkaise. Menu incluant pizzas, pâtes, poulet grillé, salades, moules et hamburgers.

....

ITALIEN

IL BOCCALINI

1408, rue de l'Église
Saint-Laurent
(514) 747-7809

15 $ à 30 $

Fine cuisine italienne et méditerranéenne. Décor méditerranéen très élégant – belle terrasse l'été. Spécialités : langoustines italiennes et méditerranéennes. Menu incluant grillades, veau, pâtes, pizzas et fruits de mer. Table d'hôte tous les soirs à partir de 23 $.

....

Resto Cité

ITALIEN

PASTA CASARECCIA

5849, rue Sherbrooke Ouest
Notre-Dame-de-Grâce
(514) 483-1588

805, boul. Décarie
Saint-Laurent
(514) 748-0805

15 $ à 30 $

Fine cuisine italienne. Spécialité : pâtes maison. Décor typique des trattorias italiennes. Table d'hôte le midi et le soir. Grande sélection de vins.

TERRACOTTA

1873, rue Saint-Louis
Saint-Laurent
(514) 748-6000

15 $ à 30 $

Décor romantique et sympathique. Salle privée, capacité de 30 personnes. Assiettes préparées avec grand soin. Ingrédients toujours frais, viandes de grande qualité. Il est préférable de réserver. www.restaurantterracotta.com

TRATTORIA LA VILLETTA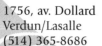

1898, boul. Thimens
Saint-Laurent
(514) 337-1999

15 $ à 30 $

Cuisine italienne maison. Charmant établissement. Préparation de plats variés. Table d'hôte le midi et le soir.

BOCCI RESTO-CAFÉ

1756, av. Dollard
Verdun/Lasalle
(514) 365-8686

15 $ et moins

Fine cuisine d'un rapport qualité/prix incomparable. Ambiance branchée et attirante. Service rapide, personnalisé et séduisant. Reconnu pour leurs sous-marins. Deux sections : café resto-bar et salle à manger. Capacité de 350 personnes. Salle de réception disponible pour les fêtes. Livraison gratuite.

CIOCIARA (LA)

7681, boul. Newman
Verdun/Lasalle
(514) 366-8896

15 $ à 30 $

Ambiance agréable, typiquement italienne. Choix entre pâtes, veau, poissons, fruits de mer. Table d'hôte le jour de 14 $ à 18 $, et le soir de 17 $ à 23 $.

CUCINA LINDA RISTORANTE

3900, rue Wellington
Verdun/Lasalle
(514) 362-9618

15 $ à 30 $

Restaurant classique. Grande sélection de mets : pâtes, veau, poulet. Table d'hôte incluant cinq choix de potages, d'entrées et de plats principaux. Musique les fins de semaine.

D'AMICHI

25, boul. Bishop-Power
Verdun/Lasalle
(514) 595-9199

15 $ à 30 $

Restaurant familial, gagnant de différents prix, vue splendide sur les rapides et grande terrasse l'été. Menu varié : pâtes, fruits de mer, viandes. Table d'hôte toute la semaine.

DA FRANCO RESTORANTE

233, rue Notre-Dame Ouest
Vieux-Montréal
(514) 844-9481

15 $ et moins

Restaurant d'ambiance romaine, ouvert depuis 1976. Spécialités : veau, pâtes, fruits de mer, pizzas. Cuisine maison ; le meilleur rapport qualité/prix de la région. Spéciaux du jour différents chaque jour.

JACQUES CARTIER

444, pl. Jacques-Cartier
Vieux-Montréal
(514) 397-9777

15 $ et moins

Restaurant familial. Grand choix de pizzas : 21 sortes. Bonne sélection de pâtes, de salades et de desserts italiens. Service rapide. Spécial du jour incluant combiné avec soupe ou salade. Terrasse avec vue sur la place.

SÉNATEUR (LE)

254, rue Saint-Paul Est
Vieux-Montréal
(514) 866-5174

15 $ et moins

Restaurant romantique, bon rapport qualité/prix. Parfait pour les rencontres entre amis. Menu varié. Table d'hôte le midi et le soir incluant soupe ou salade, plat principal, café et dessert.

DA EMMA

777, rue de la Commune Ouest
Vieux-Montréal
(514) 392-1568

15 $ à 30 $

Beau restaurant romantique de fine cuisine romaine. Spécialités : pâtes, viandes de grande qualité, fruits de mer. Capacité de 160 personnes.

GALLIANO'S

410, rue Saint-Vincent
Vieux-Montréal
(514) 861-5039

15 $ à 30 $

Cuisine authentique, excellent rapport qualité/prix. Superbe ambiance, parfait pour de grands groupes ou des événements spéciaux. Table d'hôte le midi et le soir. Escalopes de veau sublimes, tout comme le reste du menu.

PAVAROTTI

408, rue Saint-François-Xavier
Vieux-Montréal
(514) 844-9656

15 $ à 30 $

Petit restaurant italien, cuisine maison abordable. Service impeccable ; ambiance feutrée et intime, avec foyer. – Parfait pour les sorties romantiques. Table d'hôte le midi et le soir.

MUSCADIN (LE)

100, rue Saint-Paul Ouest
Vieux-Montréal
(514) 842-0588

30 $ à 45 $

Restaurant italien authentique. Cuisine qui peut satisfaire tous les goûts. Salle privée disponible, capacité de 20 personnes. Belle ambiance.

MOZZA PÂTES ET PASSIONS

1208, rue Sainte-Catherine Est
Village
(514) 524-0295

15 $ et moins

Petit restaurant, cuisine maison. Très chaleureux. Tous les plats à la carte incluent salade, entrée. 20 sortes de sauce au choix. Excellent rapport qualité/prix.

ITALIEN

ITALIEN

AMALFITANA (L')

1381, boul. René-Lévesque Est
Village
(514) 523-2483

15 $ à 30 $

Fine cuisine italienne. Ambiance romantique et calme, belle verrière. Spécialités : linguini pescatora et vitello amalfi. Table d'hôte le midi et le soir.

DIVA (LA) ✑

1273, boul. René-Lévesque Est
Village
(514) 523-3470

15 $ à 30 $

Petit restaurant italien sympathique avec terrasse. Cuisine authentique et sublime. Ingrédients frais préparés avec minutie. Table d'hôte le midi et le soir. Grande variété de mets ; la spécialité de la maison : foie de veau à l'oignon.

PICCOLO DIAVOLO

1336, rue Sainte-Catherine Est
Village
(514) 526-1336

15 $ à 30 $

Restaurant décontracté, ambiance jazz. Spécialités : pâtes fraîches et grillades. Table d'hôte différente chaque soir. Ouvert le midi du jeudi au vendredi seulement. Porte-fenêtre s'ouvrant l'été.

TRATTORIA AUX 3 CONTINENTS ✑

1112, rue Wolfe
Village
(514) 524-4600

15 $ à 30 $

Restaurant style grotte. Typiquement italien, grande variété de plats : fruits de mer, veau, pâtes maison. Table d'hôte le midi et le soir incluant entrée, plat principal, café et dessert.

NINO PIZZERIA ✑

6588, boul. Monk
Ville-Emard
(514) 762-1515

15 $ et moins

Pizzeria de style familial. Menu diversifié : pizzas, pâtes, fruits de mer. Spécial tous les jours, rabais sur le deuxième plat. Table d'hôte le midi et le soir incluant soupe, plat principal, dessert et café.

LOCANDA VERDE ✑

505, rue Jean Talon Est
Villeray/Rosemont
(514) 495-3300

15 $ et moins

Fine cuisine italienne et péruvienne. Service chaleureux et amical. Table d'hôte tous les jours.

CANTINA (LA)

9090, boul. Saint-Laurent
Villeray/Rosemont
(514) 382-3618

15 $ à 30 $

Atmosphère décontractée avec une hospitalité typiquement méditerranéenne. Table d'hôte le midi et le soir. Grande sélection de plats : pâtes, gibier, fruits de mer, grillades, escalopes de veau. Produits frais. Grande sélection de vins.

DE LUSSO

2351, rue Jean Talon Est
Villeray/Rosemont
(514) 376-0281

15 $ à 30 $

Cuisine italienne créative, ambiance chaleureuse et salon privé, capacité de 15 personnes. Table d'hôte le midi et le soir. Spéciaux les mardis, mercredis et dimanches incluant 8 sortes de pâtes et 12 types de sauces.

DI LUSSO

2351, rue Jean-Talon Est
Villeray/Rosemont
(514) 376-0281

15 $ à 30 $

Menu incluant pâtes fraîches, viandes, poissons et différents antipasti. Décor sobre et élégant. Ingrédients toujours frais. Service rapide et connaisseur. Il est préférable de réserver.
....

EUGENIO ✐

350, rue de Liège Est
Villeray/Rosemont
(514) 858-6030

15 $ à 30 $

Fine cuisine. Spécialités : pâtes maison et fruits de mer. Table d'hôte le midi et le soir. Ambiance romantique et décontractée. Capacité de 70 personnes.
....

PIANO PIANO

2534, rue Beaubien Est
Villeray/Rosemont
(514) 727-7732

15 $ à 30 $

Restaurant italien et français, calme et décontracté, avec foyer. Grande variété de mets : pizzas, pâtes, filets mignons, pâtisseries. Table d'hôte de 20 $ à 25 $. Près du cinéma Beaubien.
....

ROBERTO

2221, rue Bélanger Est
Villeray/Rosemont
(514) 374-9844

15 $ à 30 $

Cuisine typiquement italienne avec une ambiance chaleureuse. Spécialités : pâtes et crèmes glacées maison. Menu du jour et table d'hôte le soir. Capacité d'au moins 100 personnes avec une salle de réception de 50 places.
....

TRATTORIA

1263, rue Bélanger Est
Villeray/Rosemont
(514) 271-5181

15 $ à 30 $

Restaurant classique. Menu du midi pour aussi peu que 8 $. Bonne sélection de pâtes, de pizzas, d'escalopes de veau, de calmars. Réservation pour grands groupes. À découvrir : le festival des pâtes et du veau incluant soupe, plat principal, salade, café et dessert.
....

COPOLI

5181, boul. de Maisonneuve
Ouest
Westmount
(514) 483-0000

15 $ et moins

Cuisine maison. Grande sélection de pâtes, hamburgers de 8 pouces, sous-marins, salades. Spécial du jour : pâtes avec soupe à prix réduit. Petit déjeuner spécial jusqu'à 11 h.
....

BELLA FONTANA (LA)
✐

1304, av. Greene
Westmount
(514) 939-2222

15 $ à 30 $

Cuisine italienne. Spécialités : pâtes, pizzas à croûte mince, salades, poulet et sandwichs. Ambiance détendue, amicale et romantique. Capacité de 70 personnes, terrasse de 60 places. Différentes promotions chaque semaine.
....

ITALIEN

ITALIEN

CHEZ ENNIO ✑

1978, boul. de Maisonneuve
Ouest
Westmount
(514) 933-8168

15 $ à 30 $

Petit restaurant, cuisine maison. Romantique, parfait pour les amoureux. Table d'hôte avec trois choix de viande.

RISTORANTE SAPORI PRONTO ✑

4894, rue Sherbrooke Ouest
Westmount
(514) 487-9666

15 $ à 30 $

Fine cuisine italienne, ambiance chic, confortable et feutrée. Table d'hôte le midi et le soir. Excellente variété de plats typiquement italiens : pâtes, viandes grillées, risottos et un bon choix de desserts.

Laval

SEPTIÈME CIEL (LE)

1001, rue Berlier
Laval
(450) 668-5445

15 $ et moins

Restaurant à prix abordable. Chaleureux. Table d'hôte le matin et le midi. Menu varié.

SPAGGIO'S

1940, rue Saint-Martin Ouest
Laval
(450) 978-7440

15 $ et moins

Restaurant spécialisé en pâtes fraîches maison. Grande sélection de sauces. Prix abordables et service rapide. Table d'hôte le midi et le soir.

DA FELICE

3424, boul. Cartier Ouest
Laval
(450) 682-6676

15 $ et moins

Restaurant romantique. Spécialités : agneau, veau, fruits de mer, pâtes. Excellent rapport qualité/prix. Table d'hôte le jour et le soir.

BOCCACINOS RESTAURANT

2033, rue Saint-Martin Ouest
Laval
(450) 688-2511

140, boul. Labelle
Laval
(450) 979-3636

15 $ et moins

Grand café-resto moderne et dynamique. Bonne sélection de desserts et un menu italien abondant qui inclut un bon choix d'entrées, de pâtes, de pizzas et de salades.

EAST SIDE MARIO'S

401, boul. Curé-Labelle
Laval
(450) 433-8818

1775, boul. Saint-Martin Ouest
Laval
(450) 682-8866

15 $ à 30 $

Cuisine américano-italienne s'inspirant directement de la petite Italie de New York. Ambiance familiale ; décoration new-yorkaise. Menu incluant pizzas, pâtes, poulet grillé, salades, moules et hamburgers.

GRIGLIATTA (LA)

2225, aut. des Laurentides -
Hotel Hilton Laval
Laval
(450) 682-2225

15 $ à 30 $

Fine cuisine spécialisée en grillades italiennes, françaises et grecques. Situé près d'un club. Table d'hôte le midi et le soir et brunch le dimanche. Cuisine située au milieu de la salle à manger.

DA TONY MASSARELLI

420, boul. des Laurentides
Laval
(450) 668-3060

15 $ à 30 $

Restaurant italien romantique avec un musicien et deux chanteurs: Tony Massarelli et Jony Valenti. Table d'hôte avec choix entre neuf plats principaux : pâtes, agneau, poulet, veau, poisson. Menu varié. Spéciaux pour les enfants. Pour bien manger et bien danser.

PIRATE DE LAVAL (LE)

802, boul. des Laurentides
Laval
(450) 668-0780

15 $ à 30 $

Restaurant décoré comme un ancien bateau, spécialisé en fruits de mer. Trio de musiciens les vendredis. Table d'hôte le midi et le soir.

VIEUX FOUR DE LAVAL (LE)

5070, boul. Lévesque Est
Laval
(450) 661-7711

15 $ à 30 $

L'original Vieux Four. Excellent rapport qualité/prix. Décor rustique. Table d'hôte à partir de 16 $ le soir et de 11 $ le midi. Pizza cuite au four à bois, pâtes al dente,

grande sélection de vins renommés. Ingrédients toujours frais.

GUALDIERI

2016, boul. René Laennec
Laval
(450) 669-9759

15 $ à 30 $

Fine cuisine italienne authentique. Bon choix de pâtes. Service amical. Livraison possible.

TOTO'S

1670, rue Saint-Martin Ouest
Laval
(450) 680-1499

15 $ à 30 $

Restaurant de fine cuisine italienne. Table d'hôte midi et soir incluant une soupe ou une salade et café ou thé. Parfait pour les sorties en famille.

VINO BIANCO

564, boul. Adolphe-Chapleau
Laval
(450) 965-8814

15 $ à 30 $

Fine cuisine italienne spécialisée en pâtes maison et pizzas au four à bois. Ambiance chaleureuse. Table d'hôte abordable et lunchs d'affaires.

PICCOLO MONDO

1150, boul. Curé-Labelle
Laval
(450) 681-1609

15 $ à 30 $

Fine cuisine spécialisée en pâtes maison, fruits de mer et veau. Excellente sélection de vins importés. Ambiance chaleureuse, typiquement italienne. Capacité de 120 places avec une salle de réception.

ITALIEN

ITALIEN

SAVERIO

1365, boul. Curé-Labelle
Laval
(450) 686-8669

15 $ à 30 $

Restaurant avec souper dansant du mercredi au dimanche. Menu du jour et table d'hôte avec 11 choix le soir. Lunchs d'affaires les midis. Capacité de 200 personnes avec une salle de réunion.

TERRACINA

2070, boul. Curé-Labelle
Laval
(450) 973-4143

15 $ à 30 $

Fine cuisine italienne traditionnelle. Excellent rapport qualité/prix. Service amical et courtois.

BAROLO

2200, boul. Labelle
Laval
(450) 682-7450

15 $ à 30 $

Grand restaurant familial. Table d'hôte tous les soirs ; spéciaux les midis. Romantique et parfait pour les occasions spéciales.

MILANAIS (LE)

2277, boul. Le Carrefour
Laval
(450) 973-1118

15 $ à 30 $

Petit restaurant de fine cuisine italienne maison. Décor sympathique et chaleureux. Spécialités : escalopes de veau et pâtes fraîches. Excellent rapport qualité/ prix.

NEGRONI (LE)

2100-7, boul. Le Carrefour
Laval
(450) 687-6912

15 $ à 30 $

Restaurant chaleureux, ouvert depuis 23 ans. Décor italien. Table d'hôte le midi et le soir incluant entrée, plat principal et dessert. Parfait pour les gens d'affaires.

RISTORANTE LUGANO'S

1723, boul. Saint-Martin Ouest
Laval
(450) 686-1888

15 $ à 30 $

Restaurant italien typique à prix modique. Ambiance chaleureuse et romantique. Très grande sélection de plats. Table d'hôte le midi et le soir. Venez, vous serez surpris.

GIORGIO

257, boul. Labelle
Laval
(450) 435-5026

15 $ à 30 $

Restaurant italien. Excellente cuisine à bas prix. Super pour les sorties en famille. Service courtois et rapide. Table d'hôte incluant soupe, plat principal, café et dessert. Menu spécialisé en pâtes, pizzas, veau et poulet en sauce.

PALMO

533, rue Principale
Laval
(450) 689-4141

15 $ à 30 $

Restaurant agréable, idéal pour les soirées romantiques ou familiales. Établissement avec foyer et terrasse. Grande variété de plats : fruits de mer, veau, gibier, grillades. Salle de réception pour les grands groupes.

VIEUX FOUR (AU)

300, rue Sicard
Laval
(450) 437-4100

15 $ à 30 $

Magnifique restaurant aménagé sur un plancher de pierre, et recouvert d'un toit de bois. Pizza au four à bois, pâtes, steak, veau et poulet. Café-bar qui offre un super 5 à 7 tous les soirs, du lundi au vendredi. Grande terrasse l'été.

MATTI RISTORANTE

2, ch. de la Grande-Côte
Laval
(450) 430-1380

30 $ à 45 $

Fine cuisine du terroir italien. Menu du marché avec repas pour aussi peu que 22 $. Deux salles à manger : une antique et une moderne. Salle de réception.

DIMMAGIO

399, ch. Grande Cote
Laval
(450) 621-5711

30 $ à 45 $

Restaurant chaleureux de fine cuisine italienne et française. Parfait pour les sorties romantiques. Table d'hôte le soir, menu varié.

VIEILLE BANQUE (LA)

205, boul. Sainte-Rose
Laval
(450) 625-4083

30 $ à 45 $

Petit restaurant élégant de fine cuisine avec une touche personnalisée et moderne. Menu diversifié: gibier, pâtes maison, fruits de mer, poissons. Prix à la carte entre 10 $ et 45 $. Grande cave à vins. Foyer l'hiver.

Ouest-de-l'Île

RISTORANTE LINGUINI

18990, rte. Transcanadienne Ouest
Baie-d'Urfé
(514) 457-4216

15 $ à 30 $

Restaurant italien rustique tout en bois. Ambiance chaleureuse et courtoise. Menu varié, service rapide et expérimenté. Table d'hôte le midi et le soir. Entrées délicieuses.

SPAGGIO'S

3689, boul. Saint-Jean
Dollard-des-Ormeaux
(514) 624-5353

15 $ et moins

Restaurant spécialisé en pâtes fraîches. Grande sélection de sauces. Prix abordable et service rapide. Table d'hôte le midi et le soir.

PACINI

3490, boul. des Sources
Dollard-des-Ormeaux
(514) 683-8933

15 $ et moins

Restaurant italien avec une bonne sélection de pâtes, pizzas (rondes et à croûte mince) et grillades italiennes. Ambiance familiale et animée. Table d'hôte à trois services et un menu pour enfants.

PASTA TUTTI GIORNI

3343-B, boul. des Sources
Dollard-des-Ormeaux
(514) 421-3266

15 $ et moins

Cuisine maison spécialisée en pâtes fraîches. Ambiance typiquement italienne,

ITALIEN

sobre et familiale. Table d'hôte le midi et soir inclut soupe ou salade et plat principal. Excellent rapport qualité/prix.

....

BOCCACINOS RESTAURANT

3800, boul. Saint-Jean
Dollard-des-Ormeaux
(514) 626-5757

15 $ et moins

Fine cuisine italienne avec un menu varié. Grande sélection d'entrées, de soupes, de salades, de sandwichs, de pâtes, de pizzas et de plats internationaux. Petis déjeuners copieux. Belle ambiance adaptée à toutes les occasions. Table d'hôte le soir.

....

SERENATA (LA) ✤ ☆

53, boul. Brunswick
Dollard-des-Ormeaux
(514) 684-1321

15 $ à 30 $

Restaurant de fine cuisine, rustique, tout en bois. Foyer l'hiver. Table d'hôte le midi et le soir. Restaurant typiquement italien. Excellente sélection de vins. Service courtois et expérimenté.

....

EAST SIDE MARIO'S

3237, boul. des Sources
Dollard-des-Ormeaux
(514) 421-6551

15 $ à 30 $

Cuisine américano-italienne s'inspirant directement de la petite Italie de New York. Ambiance familiale ; décoration new-yorkaise. Menu incluant pizzas, pâtes, poulet grillé, salades, moules et hamburgers.

....

ITALIEN

BUENA SERA

4701, boul. Saint-Jean
Dollard-des-Ormeaux
(514) 624-0466

15 $ à 30 $

Restaurant italien familial à prix modique. Menu varié, four à bois. Table d'hôte le midi et le soir. Salle de réception pour grands groupes.

....

NATALINO

365, ch. du Bord-du-Lac
Dorval
(514) 631-5952

15 $ à 30 $

Cuisine italienne régionale. Table d'hôte le midi et le soir. Carte variée. Ouvert depuis 17 ans.

....

FOUR DE L'ÎLE (LE)

25, boul. Don-Quichotte
Ile-Perrot
(514) 425-3687

15 $ et moins

Restaurant de rapport qualité/prix incroyable. Décor rustique. Table d'hôte tous les jours et huîtres à volonté le mercredi. Pizza cuite au four à bois, pâtes al dente, grande sélection de vins renommés. Ingrédients toujours frais.

....

MEZZOGIORNO ✤

3565, boul. Saint-Charles
Kirkland
(514) 426-9288

15 $ à 30 $

Restaurant italien classique avec ambiance feutrée. Spécialisé en veau. Table d'hôte le midi à partir de 11 $ et le soir à partir de 20 $.

....

VIEUX FOUR MANAGO (LE)

3636, boul. Saint-Charles
Kirkland
(514) 428-0100

15 $ à 30 $

Restaurant spécialisé en pizzas cuites au four à bois. Ambiance chaleureuse autour du four. Table d'hôte le soir et menu du jour tous les jours. Terrasse avec 60 places l'été.

MUNDO TRATTORIA & MERCANTINO

18425, rue Antoine-Faucon
Pierrefonds
(514) 696-7887

15 $ à 30 $

Restaurant de fine cuisine italienne. Décor rustique. Table d'hôte le midi et le soir. Menu varié : pâtes, agneau, veau, fruits de mer. Service impeccable. Cuisine authentique.

CASA VECCHIA

3872, boul. Saint-Charles
Pierrefonds
(514) 620-4444

15 $ à 30 $

Maison historique de 1784 convertie en restaurant italien et français. Menu varié : pâtes, grillades, steaks. Musique live du vendredi au samedi.

RESTO VIVALDI

13071, boul. Gouin Ouest
Pierrefonds
(514) 620-9200

15 $ à 30 $

Petit restaurant chaleureux à prix abordable. Ambiance personnalisée. Grande variété de plats. Réservation le samedi. Ouvert le soir seulement. Fermé le lundi.

SCAROLIE'S

950, boul. Saint-Jean
Pointe-Claire
(514) 694-8611

15 $ et moins

Grand restaurant animé. Table d'hôte différente chaque jour. Excellent rapport qualité/prix. Cuisine contemporaine. Réservez les fins de semaine.

EMILIO'S CAFÉ

4705, boul. des Sources
Pointe-Claire
(514) 683-0011

15 $ à 30 $

Beau restaurant trois étoiles très moderne. Grande variété de plats : veau, agneau, poulet, pizza, pâtes. Table d'hôte le midi et le soir.

MIRRA

252, ch. du Bord-du-Lac
Pointe-Claire
(514) 695-6222

15 $ à 30 $

Fine cuisine. Décor romantique. Table d'hôte le midi entre 15 $ et 20 $ et le soir entre 25 $ et 40 $, différente chaque semaine.

FARFALLA

187-A, boul. Hymus
Pointe-Claire
(514) 426-2514

15 $ à 30 $

Restaurant de fine cuisine italienne. Bon choix de viandes, pâtes et fruits de mer. Service attentionné. Ambiance idéale pour les soirées romantiques et entre amis.

ITALIEN

Resto Cité

PIAZZA ROMANA

339, ch. Lakeshore
Pointe-Claire
(514) 697-3593

15 $ à 30 $

Restaurant italien très romantique ; souper à la chandelle. Table d'hôte le midi et le soir. Grande variété de pâtes maison. Service exceptionnel.

....

MARCO

82, rue Sainte-Anne
Sainte-Anne-de-Bellevue
(514) 457-3850

15 $ à 30 $

Grand restaurant italien et grec spécialisé en pizzas et autres plats méditerranéens. Table d'hôte le midi et le soir incluant café et soupe. Terrasse avec une belle vue sur la rivière.

....

FRANCO ET NINO

590, boul. Saint-Charles
Vaudreuil-Dorion
(450) 455-9300

15 $ à 30 $

Ambiance classique et chaleureuse. Cuisine maison. Table incluant un choix de six entrées, 12 assiettes principales, café et dessert. Menu varié : soupes, escalope de veau, fruits de mers, poulet, lapin, 100 sortes de vins. Deux salles à manger, parfait pour les gens d'affaires. On offre un cours sur les vins.

....

ITALIEN

Rive-Sud

RESTO LE FOUR DE BELOEIL

20, boul. Saint-Jean-Baptiste
Beloeil
(450) 536-3687

15 $ à 30 $

Restaurant décontracté. Spécialités : pâtes et pizzas. Mardi, deux pour un, mercredi, moules à volonté, déjeuners les samedis et dimanches. Table d'hôte le midi et le soir. Petit bar pour les attentes et salon privé au deuxième étage.

....

DANVITO

154, boul. Sir-Wilfrid-Laurier
Beloeil
(450) 464-5166

15 $ à 30 $

Petit restaurant romantique. Spécialités : fruits de mer, viandes et pâtes. Table d'hôte tous les soirs.

....

NOVELLO

680, rue de Montbrun,
bureau A
Boucherville
(450) 449-7227

15 $ à 30 $

Restaurant italien, ambiance romantique. Variété de fruits de mer, de pâtes et de viandes. Table d'hôte le midi et le soir incluant entrée, plat principal, café et dessert.

....

GIORGIO

95, boul. de Mortagne
Boucherville
(450) 655-8422

100, ch. Saint-François-Xavier
Candiac
(450) 635-7717

3626, boul. Taschreau
Greenfield-Park
(450) 465-2002

15 $ à 30 $

Restaurant italien. Excellente cuisine, bas prix, super pour les sorties en famille. Service courtois et rapide. Table d'hôte incluant soupe, plat principal, café et dessert. Spécialités : pâtes, pizzas, veau et poulet en sauce.

EAST SIDE MARIO'S

1166, rue Volta
Boucherville
(450) 641-3993

7350, boul. Taschereau
Brossard
(450) 671-2223

15 $ à 30 $

Cuisine américano-italienne provenant directement du quartier italien de New York. Ambiance familiale ; décoration new-yorkaise. Menu incluant pizzas, pâtes, poulet grillé, salades, moules et hamburgers.

RISTORANTE LA BARCA

540, rte. Marie-Victorin
Boucherville
(450) 641-2277

15 $ à 30 $

Fine cuisine typiquement italienne. Spécialités : fruits de mer, pâtes et pizzas cuites au four à bois. Pâtes et desserts maison. Chaleureux, romantique et familial. Salle de réception, capacité de 20 à 80 personnes. Terrasse et pergola l'été.

BOCCACINOS RESTAURANT

5605, boul. Taschereau
Brossard
(450) 926-3727

15 $ et moins

Fine cuisine italienne. Menu varié : entrées, soupes, salades, sandwichs, pâtes, pizzas et plats internationaux. Déjeuners copieux. Belle ambiance adaptée à toutes les occasions. Table d'hôte le soir.

RIO PIZZA

6185, boul. Taschereau
Brossard
(450) 676-0304

15 $ et moins

Pizzeria offrant une grande variété de plats. Table d'hôte incluant soupe, pizza, café et dessert.

VINNIE GAMBINI'S

2340, boul. Lapinière
Brossard
(450) 926-3113

30 $ à 45 $

Cuisine italienne authentique. Menu varié : viandes, pâtes, fruits de mer. Portions généreuses.

TRE COLORI

1696, rue Bourgogne
Chambly
(450) 658-6653

15 $ à 30 $

Cuisine italienne savoureuse, style maison. L'une des meilleures pizzas de la Rive-Sud ; pâtes maison. Table d'hôte le soir incluant plat principal et café. Excellent rapport qualité/prix.

ITALIEN

ITALIEN

CASA MICHELANGELO

4815, boul. Taschereau
Greenfield-Park
(450) 445-0991

15 $ à 30 $

Restaurant de fine cuisine. Table d'hôte le midi et le soir. Cinq entrées le soir et trois le jour. Menu varié : poissons, fruits de mer, côtes levées, pâtes, etc.

....

ROMA ANTIQUA (LA)

4900, boul. Taschereau
Greenfield-Park
(450) 672-2211

15 $ à 30 $

Bon rapport qualité/prix. Ambiance familiale. Bonne sélection de plats. On apporte son vin. Excellentes entrées, par exemple les calmars frits. À essayer : les trios de pâtes.

....

LUIGGI

43271, boul. Taschereau Est
Greenfield-Park
(450) 671-1617

15 $ à 30 $

Restaurant avec deux sections. Spécialités : pâtes, filets mignons, fruits de mer. Table d'hôte différente chaque jour. Ambiance chaleureuse et décontractée. Déjeuners tous les jours (la fin de semaine servis sur la terrasse).

....

VILLA BELLA (LA)

2070, av. Victoria
Greenfield-Park
(450) 672-4727

15 $ à 30 $

Cuisine italienne abordable. Ambiance feutrée, intime et romantique. À essayer en entrée : Brie au pesto sur pain à l'ail.

....

COMO PIZZERIA

577, boul. Taschereau
La Prairie
(450) 659-5497

15 $ et moins

Restaurant italien et canadien, prix modérés. Excellent pour les sorties en famille. Grande sélection de plats : pizzas, sous-marins, hamburgers, ailes de poulet, club sandwichs, steaks, pâtes. Meilleure pizzeria de la Rive-Sud. À essayer : le combiné (combo) en spécial.

....

VILLA MASSIMO

120, boul. Taschereau
La Prairie
(450) 444-3416

15 $ à 30 $

Restaurant 4 étoiles. Fine cuisine exquise. Tout est fait maison : pâtes, pains, desserts, etc. 20 000 bouteilles de vin. Trois salles séparées et une quatrième salle royale pour les grandes réceptions. Ouvert depuis 28 ans. Musique les vendredis et samedis. La fin de semaine, il est préférable de réserver.

....

ITALIA

192, boul. Curé-Poirier Ouest
Longueuil
(450) 679-3640

15 $ à 30 $

Restaurant qui sert des plats pour emporter seulement. Grande sélection de mets, incluant des pizzas. Tous fait maison ; service rapide.

....

MEZZALUNA
RISTORANTE ITALIANO

550, ch. de Chambly
Longueuil
(450) 463-4049

15 $ à 30 $

Petit restaurant de fine cuisine italienne authentique spécialisé en pâtes maison, veau et fruits de mer. Essayez le calmar, un délice incontestable.

PINOCCHIO

151, rue Saint-Charles Ouest
Longueuil
(450) 442-2111

15 $ à 30 $

Restaurant de fine cuisine italienne. Ambiance chaleureuse. Salon privé. Table d'hôte le midi et le soir. Poissons frais tous les jours.

OLIVETO (L')

205, rue Saint-Jean
Longueuil
(450) 677-8743

15 $ à 30 $

Fine cuisine méditerranéenne. Ambiance moderne. Grande cave à vins avec une excellente sélection des vins italiens. Table d'hôte le midi et le soir.

TAVOLA (LA)

352, rue Guillaume
Longueuil
(450) 928-1433

15 $ à 30 $

Petit restaurant de quartier avec une ambiance chaleureuse. Magnifique terrasse à l'européenne. Spécialités : saumon fumé maison et pâtes fraîches.

CHUTES DU RICHELIEU (AUX)

486, 1re rue
Richelieu
(450) 658-6689

15 $ à 30 $

Restaurant italien vitré sur trois côtés, vue sur la rivière. Table d'hôte à partir de
19 $, brunch le dimanche de 11 h à 14 h 30.

IL MARTINI

1315, rue Roberval
Saint-Bruno-de-Montarville
(450) 441-2547

15 $ à 30 $

Restaurant italien et méditerranéen. Spécialités : fruits de mers et poissons. Table d'hôte le midi et le soir. Terrasse et gloriette l'été, très romantique.

IL PIZZICO

71, montée des Bouleaux
Saint-Constant
(450) 638-9061

30 $ à 45 $

Fine cuisine italienne, four à bois. Repas servis dans une cave à vins. Musique, danse et salle de réception. Table d'hôte le midi et le soir à partir de 22 $.

PIAZZA ITALIA

1791, rue Principale
Sainte-Julie
(450) 649-8080

15 $ à 30 $

Spécialisé en fine cuisine italienne. Bon choix de fruits de mer et de pâtes maison. Charmante ambiance. Capacité de 120 personnes.

SIGNORINA (LA)

5100, montée Saint-Hubert
Saint-Hubert
(450) 678-1330

15 $ et moins

Petit restaurant, bas prix. Spécialité : pizzas. Spécial 2 pour 1 sur presque tous les plats. Ambiance familiale le soir et gens d'affaires le midi.

ITALIEN

SICILIEN (LE)

514, rue du Séminaire
Saint-Jean-sur-Richelieu
(450) 348-6600

15 $ à 30 $

*Charmante ambiance intime. Table
d'hôte le soir et spéciaux le midi. Bonne
variété de pâtes, pizzas et steaks.
Capacité de 50 personnes ; livraison
possible.*

....

TRATTORIA LA
TERRAZZA

575, av. Victoria
Saint-Lambert
(450) 672-7422

15 $ à 30 $

*Restaurant italien classique. Cuisine
maison typique. Spécialités : pâtes maison, fruits de mer et veau. Capacité de
80 personnes et de 70 pour la terrasse.
Établissement situé au centre-ville.*

....

ITALIEN

JAPONAIS

MIKASA SUSHI BAR

9835, boul. de l'Acadie
Ahuntsic
(514) 336-8282

2049, rue Peel
Centre-ville
(514) 907-8282

15 $ à 30 $

Fine cuisine japonaise. Ambiance chaleureuse, musique moderne et décor prestigieux. Table à sushis, cuisine ouverte, table d'hôte, dîner d'affaires et menu à la carte.

O'BENTO

1237, rue Guy
Centre-ville
(514) 931-0388

15 $ et moins

Restaurant japonais authentique, table à sushis. Spéciaux le midi, deuxième assiette à moitié prix. Lundi et mardi, sushis pour 1 $ à l'achat d'un cocktail.

SUSHI MAKI

1240, rue Crescent
Centre-ville
(514) 861-2050

15 $ à 30 $

Restaurant japonais traditionnel, table à sushis. Paravent shoji, menu complet et spécial le midi. Table d'hôte incluant boîte bento.

OSAKA

2137, rue de Bleury
Centre-ville
(514) 849-3438

15 $ à 30 $

Restaurant japonais, ambiance familiale, prix abordables. À essayer : les soupes aux nouilles ramen et soba.

SAKURA GARDEN

2114, rue de la Montagne
Centre-ville
(514) 288-9122

15 $ à 30 $

Restaurant japonais décontracté et élégant, table à sushis. Spécial du midi incluant soupe, plat principal et dessert. Important menu à la carte. Ouvert depuis 25 ans.

JAPONAIS

TOYO GRILLADE

2155, rue de la Montagne
Centre-ville
(514) 844-9292

15 $ à 30 $

Menu composé de divers sushis et autres préparations japonaises. Filets mignons à ne pas manquer. Service affable.

SHO-DAN ☆

2020, rue Metcalfe
Centre-ville
(514) 987-9987

15 $ à 30 $

Restaurant avec table à sushis, ambiance moderne. Menu à la carte personnalisé et table d'hôte. Deux salles tatamis, capacité de 20 personnes. À découvrir : le thon « fleur » et les rouleaux Roméo et Juliette.

TAKARA 🎏

1455, rue Peel
Centre-ville
(514) 849-9796

15 $ à 30 $

Restaurant japonais traditionnel : paravent shoji, table à sushis et salles tatamis. Spéciaux le midi. Grande variété de plats ; combinés pour deux.

KOKO

1809, rue Sainte-Catherine
Ouest
Centre-ville
(514) 935-1388

15 $ à 30 $

Restaurant japonais et coréen. Spécialités : sushis et poulet teriyaki. Bon rapport qualité/prix. Service amical et expérimenté. Menu varié.

SUSHI OGURA

2025, av. Union
Centre-ville
(514) 847-9000

15 $ à 30 $

Petit restaurant. Spécialités : sushis, tempuras, et plats teriyaki. Cuisine authentique, table à sushis. Ambiance traditionnelle.

KANDA

2045, rue Bishop
Centre-ville
(514) 845-8868

30 $ à 45 $

Fine cuisine japonaise. Ambiance très élégante et authentique. Spécialités : combinés et buffet. Important menu à la carte. Table d'hôte le midi seulement, incluant soupe, salade et plat principal. Vin, bière et spiritueux.

TOKIWA

1184, rue Bishop
Centre-ville
(514) 876-0056

30 $ à 45 $

Cuisine japonaise. Spécialité : sushis. Menu simple offrant des plats préparés avec grande attention. Décor chaleureux et attrayant.

KATSURA

2170, rue de la Montagne
Centre-ville
(514) 849-1172

30 $ à 45 $

Restaurant japonais authentique, fine cuisine. Spécialité : sushis et fruits de mer. Ouvert depuis 30 ans – l'un des premiers restaurants japonais à Montréal. Salle de réception privée, salle tatami traditionnelle. Capacité de 130 personnes.

Resto Cité

ZEN YA

486, rue Sainte-Catherine Ouest
Centre-ville
(514) 904-1363

45 $ et plus

Menu incluant de bons sushis et sashimis. Préparation méticuleuse et très savoureuse. Décor thématique Zen très impressionnant.

SOTO

2075, rue Metcalfe
Centre-ville
(514) 842-5822

2020, rue Université
Centre-ville
(514) 875-2225

3527, boul. Saint-Laurent
Plateau Mont-Royal
(514) 842-1150

500, rue McGill
Vieux-Montréal
(514) 864-5115

45 $ et plus

Restaurant de fine cuisine japonaise, table à sushis et salle tatami. Ambiance lounge, parfaite pour les fêtes. Menu à la carte seulement. Excellente cuisine chaude et bonne sélection de saké.

BENI HANA GRILL

7965, boul. Décarie
Côte-des-Neiges
(514) 731-8205

5666, rue Sherbrooke Est
Hochelaga-Maisonneuve
(514) 256-1694

15 $ à 30 $

Spécialités : sushis, sashimis, aloyaux, filets mignons et crevettes. Dîner complet pour 16 $. Tables rectangulaires où le chef vous divertit et prépare le repas devant vous.

NAGANO SUSHI

7655, boul. Décarie
Côte-des-Neiges
(514) 735-4453

15 $ à 30 $

Restaurant situé dans l'hôtel Ruby Foo's. Grande gamme de saveurs typiquement japonaises. Cuisine raffinée, sushis et sashimis. Ambiance moderne et élégante.

TOKYO SUKIYAKI

7355, av. Mountain-Sights
Côte-des-Neiges
(514) 737-7245

15 $ à 30 $

Restaurant traditionnel, salles tatamis. Très serein – paravents shoji. Spécialités : sushis, tempuras, teriyaki et poulet yakitori. Boîtes bento pour les enfants. Plusieurs spéciaux et combinés le soir. Fermé le midi.

HYANG JIN

5332, ch. Queen Mary
Côte-des-Neiges
(514) 482-0645

15 $ à 30 $

Fine cuisine japonaise. Excellente ambiance, musique asiatique. Table d'hôtes le midi et le soir incluant entrée, soupe, plat principal et salade. Menu varié.

ATAMI

5499, ch. de la Côte-des-Neiges
Côte-des-Neiges
(514) 735-5400

15 $ à 30 $

Petit restaurant chaleureux, table à sushis. Grande terrasse d'une capacité de 30 à 40 personnes l'été. Table d'hôte le midi et le soir, incluant entrée, salade, plat principal, dessert et thé. Frais de 5 $ pour toute livraison.

JAPONAIS

JAPONAIS

KOBE STEAKHOUSE

6720, rue Sherbrooke Est
Hochelaga-Maisonneuve
(514) 254-9926

15 $ à 30 $

Restaurant japonais, spectacle de chefs. Menu varié, 2 pour 1 et table d'hôte incluant salade, plat principal, légumes, riz, nouilles et dessert. Expérience rafraîchissante.

KOTORI

5468, av. du Parc
Mile-End
(514) 270-0355

15 $ et moins

Petit restaurant japonais authentique. Spécialités : sushis et tempuras. Musique asiatique et ambiance chaleureuse. Spéciaux le midi.

MIKADO

368, av. Laurier Ouest
Mile-End
(514) 279-4809

30 $ à 45 $

Grand restaurant de cuisine japonaise innovatrice. Au menu : makis, sushis, sashimis, plats sautés, fruits de mer et quelques abats.

MAÏKO SUSHI

387, av. Bernard Ouest
Outremont
(514) 490-1225

15 $ à 30 $

Restaurant japonais, ambiance familiale. Moderne, récemment rénové. Salon privé. Table d'hôte le midi et le soir, incluant deux entrées, plat principal, dessert et thé.

SUSHI VOLANT

519, rue Rachel Est
Plateau Mont-Royal
(514) 523-1085

15 $ et moins

Snack-bar spécialisé en « cuisine de comptoir » où l'on peut acheter des plats préparés. Service de traiteur spécialisé en dîners.

ISAKAYA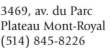

3469, av. du Parc
Plateau Mont-Royal
(514) 845-8226

15 $ à 30 $

Cuisine authentique. Spécialités : sushis et poissons grillés. Ambiance moderne, un peu bistro. Table d'hôte incluant salade, soupe et plat principal. Prix le midi à partir de 7 $, le soir un peu plus cher.

AZUMA

5263, boul. Saint-Laurent
Plateau Mont-Royal
(514) 271-5263

15 $ à 30 $

Cuisine japonaise classique. Spécialités : sushis et tempuras. Ambiance traditionnelle, salles tatamis et table à sushis. Capacité de 40 personnes.

SAKATA

3977, boul. Saint-Laurent
Plateau Mont-Royal
(514) 284-3828

15 $ à 30 $

Spécialités : teriyaki, saumon, tempuras et sushis. Grande sélection à la carte. Table d'hôte incluant soupe miso, entrée tempura, plat principal teriyaki ou sushis, crème glacée grillée, café ou thé. Cent sortes de makis et de sushis. Deux salles tatamis.

YAKATA

5115, boul. Saint-Laurent
Plateau Mont-Royal
(514) 272-8667

15 $ à 30 $

Restaurant japonais, table à sushis. Bon rapport qualité/prix. Table d'hôte incluant salade, soupe, entrée de sushis et plat principal.

BLEU CARAMEL

4517, rue de La Roche
Plateau Mont-Royal
(514) 526-0005

15 $ à 30 $

Bonne sélection de soupes et de nouilles japonaises. Souper dans des salles tatamis. Décor élégant. Bon choix de sushis.

WAKAMONO

1251, av. du Mont-Royal Est
Plateau Mont-Royal
(514) 527-2747

15 $ à 30 $

Cuisine japonaise. Spécialités : sushis, poissons frais et nouilles (ramen, soba, harusame et udon). Ambiance amicale et branchée.

GEISHA SUSHI

1597, rue Saint-Hubert
Plateau Mont-Royal
(514) 524-8484

15 $ à 30 $

Fine cuisine japonaise. Repas authentiques pour les connaisseurs. Table d'hôte le midi et le soir incluant plat principal, boîte bento, soupe, salade, dessert et thé japonais. Service personnalisé.

SUSHI COWBOY

166, rue Prince-Arthur Est
Plateau Mont-Royal
(514) 499-8412

15 $ à 30 $

Cuisine japonaise authentique, table à sushis. Ambiance japonaise mais moderne, jazz. Spécial du jour tous les jours. Situé au deuxième et au troisième étages. Grande porte-fenêtre. Ingrédients toujours frais.

NAGOYA

140, rue Notre-Dame Ouest
Vieux-Montréal
(514) 845-5864

15 $ à 30 $

Restaurant à sushis et barbecue coréen. Ambiance décontractée, élégante et authentiquement japonaise. Six tables d'hôtes incluant entrée, grande salade, plat principal et thé.

TOKYO

185, rue Saint-Paul Ouest
Vieux-Montréal
(514) 844-6695

30 $ à 45 $

Restaurant japonais, table à sushis. Ambiance japonaise contemporaine. Salles privées pour les groupes. Menu varié et préparé avec soins. Table d'hôte incluant soupe, entrée, plat principal, café et dessert.

MIYAKO

1439, rue Amherst
Village
(514) 521-5329

15 $ à 30 $

Restaurant sans prétentions, table à sushis à l'entrée et salle tatami. Cuisine composée de différents sushis et sashimis préparés avec une variété de fruits de mer et de poissons. Ambiance branchée.

Resto Cité

JAPONAIS

KASHIMA

1232, av. Greene
Westmount
(514) 934-0962

15 $ à 30 $

Cuisine japonaise authentique ; musique asiatique. Ambiance parfaite pour les gens d'affaires le midi et les soirées intimes le soir. Thé japonais gratuit. Ingrédients toujours frais et assiettes préparées avec grand soin.

KOJI'S KAIZEN

4120, rue Sainte-Catherine
Ouest
Westmount
(514) 932-5654

30 $ à 45 $

Restaurant typiquement japonais. Spécialité : sushis. Musique du dimanche au mardi. Table d'hôte le midi et le soir incluant entrée, salade, soupe miso, plat principal, riz et dessert.

TREEHOUSE KAIZEN

4120, rue Sainte-Catherine
Ouest
Westmount
(514) 932-7873

30 $ à 45 $

Restaurant japonais traditionnel, ambiance familiale, très chaleureux. Salles tatamis, paravents shoji et table à sushis. Spéciaux du midi : combinés et sushis.

Laval

DÉLICES DE TOKYO

1224, boul. Curé-Labelle
Laval
(450) 688-8010

15 $ à 30 $

Cuisine authentique. Spécialité : sushis. Décorations et musique japonaises. Table d'hôte incluant salade, entrée, soupe, plat principal, dessert, café ou thé. Deux salles privées.

RESTAURANT ONYX

802, boul. des Laurentides
Laval
(450) 668-9297

15 $ à 30 $

Restaurant japonais. Spécialité : sushis. Menu original ; différent le midi et le soir. 5 à 7 tous les jours. Beau décor.

ONYX SUSHI ET GRILLADES

1545, boul. Corbusier
Laval
(450) 978-5075

15 $ à 30 $

Grand restaurant japonais. Spécialités : grillades et sushis. Ambiance moderne, parfait pour les gens d'affaires. Spéciaux d'affaires, 40 % de rabais sur les sushis, les mercredis. Grande sélection à la carte. Bar Foxy au deuxième étage.

TOYO GRILLADES À LA JAPONAISE

3204, boul. Saint-Martin Ouest
Laval
(450) 688-4020

15 $ à 30 $

Menu composé de divers plats de sushis et autres préparations japonaises. Plats préparés devant les clients. Service affable.

WISUSHI

2161, boul. des Laurentides
Laval
(450) 669-3862

15 $ à 30 $

Endroit chaleureux et moderne, table à sushis. Ambiance décontractée, jazz. Spéciaux le midi du lundi au vendredi. Table d'hôte le soir incluant soupe, salade et 10 choix du chef, plus dîner pour deux disponible. Bonne sélection de vins. Restaurant non-fumeurs.

SOTO

1820, av. Pierre-Péladeau
Laval
(450) 687-5587

45 $ et plus

Restaurant de fine cuisine japonaise, table à sushis et salle tatami. Ambiance lounge, parfaite pour les fêtes. Menu à la carte seulement. Excellente cuisine chaude et bonne sélection de saké.

Ouest-de-l'Île

WISUSHI

3697, boul. Saint-Jean
Dollard-des-Ormeaux
(514) 696-3399

15 $ à 30 $

Endroit chaleureux et moderne, table à sushis. Ambiance décontractée, jazz. Spéciaux le midi du lundi au vendredi. Table d'hôte le soir incluant soupe, salade et 10 choix du chef, plus dîner pour deux disponible. Bonne sélection de vins. Restaurant non-fumeurs.

TOKYO SUSHI BAR

4805, boul. des Sources
Pierrefonds
(514) 685-7082

15 $ à 30 $

Fine cuisine authentique, table à sushis. Table d'hôte disponible. Trois salles tatamis avec paravents shoji. Capacité de 90 personnes.

Rive-Sud

SHOGUN (1983)

6155, boul. Taschereau
Brossard
(450) 678-3868

15 $ à 30 $

Restaurant de fine cuisine japonaise, table à sushis et table chauffante. Ambiance semi-moderne. Table d'hôte tous les jours. Salle tatami et terrasse l'été.

JAPONAIS

Resto Cité

LIBANAIS ET SYRIEN

ZAHLE

1465, rue Dudemaine
Ahuntsic
(514) 336-3013

15 $ et moins

Petit établissement, bas prix. Service rapide avec comptoir, excellent restaurant pour bien manger sans de longues attentes. Service pour emporter.

....

ALKANATER

220, boul. Crémazie Ouest
Ahuntsic
(514) 858-6999

15 $ à 30 $

Fine cuisine libanaise, ambiance traditionnelle. Danseuses du ventre et chanteurs libanais du vendredi au dimanche. Salle de réception pour les groupes.

....

DIMA

1575, rue Dudemaine
Ahuntsic
(514) 334-3876

15 $ à 30 $

Cuisine libanaise familiale d'influence syrienne. Plats préparés avec des ingrédients toujours frais. Menu incluant hummus, metabal, muhammara, grillades et saucisses arméniennes. Tous faits maison.

....

SIRÈNE DE LA MER (LA)

1805, rue Sauvé Ouest
Ahuntsic
(514) 332-2255

15 $ à 30 $

Charmant restaurant de fine cuisine libanaise. Ambiance à la fois chic, élégante et familiale. Spécialités : poissons grillés et fruits de mer. Possibilité de choisir son poisson, toujours frais.

....

BERMA

222, boul. Crémazie Est
Ahuntsic
(514) 389-7117

15 $ à 30 $

Cuisines libanaise et syrienne. À essayer : le shish taouk et le shawarma. Capacité de 50 personnes. Ouvert sept jours par semaine. Décor authentiquement libanais. Ambiance familiale.

....

LIBANAIS ET SYRIEN

BOUSTAN

2020-A, rue Crescent
Centre-ville
(514) 843-3576

15 $ et moins

Petit restaurant familial. Ambiance typiquement libanaise, musique et décoration arabe. Service rapide ; excellent shish taouk. Ouvert de 11 h à 14 h. Livraison possible.

ZAWEDEH

3407, rue Peel
Centre-ville
(514) 288-4141

15 $ à 30 $

Situé dans l'hôtel Best Western, établissement avec bar et lounge. Table d'hôte le midi et le soir. Chic et moderne. Spécialités : cuisines libanaise et méditerranéenne. Orchestre et danseuse du ventre les vendredis et samedis.

CHEZ SINDIBAD

5567, ch. de la Côte-des-Neiges
Côte-des-Neiges
(514) 342-9015

15 $ et moins

Restaurant libre-service, bas prix. Ambiance détendue. Livraison à partir de 7 $ d'achat.

LILAS (AUX)

5570, av. du parc
Mile-End
(514) 271-1453

15 $ à 30 $

Cuisine savoureuse et excellente pour les groupes qui aiment partager. Possibilité de faire des combinaisons de petits plats. Cuisine sans prétentions et riche en saveurs. Ambiance familiale.

SIRÈNE DE LA MER (LA)

114, av. Dresden
Mont-Royal
(514) 345-0345

15 $ à 30 $

Charmant restaurant de fine cuisine libanaise. Ambiance à la fois chic, élégante et familiale. Spécialités : poissons grillés et fruits de mer. Possibilité de choisir son poisson, toujours frais.

DAOU ☆

519, rue Faillon Est
Parc Extension
(514) 276-8310

2373, boul. Marcel-Laurin
Saint-Laurent
(514) 334-1199

15 $ à 30 $

Grand restaurant de cuisine libanaise maison. Plats et décorations authentiques. Ambiance amicale et courtoise. Menu à la carte varié : poulet, grillades, viande crue. Hummus fort délicieux. Service de traiteur exceptionnel.

PETIT ALEP (LE)

191, rue Jean Talon Est
Petite Italie
(514) 270-9361

15 $ et moins

Bistro avec terrasse. Ambiance typiquement syrienne. Menu à la carte seulement. Excellent rapport qualité/prix.

ALEP

199, rue Jean Talon Est
Petite Italie
(514) 270-6396

15 $ à 30 $

Restaurant de fine cuisine, bistro et terrasse. Ambiance typiquement syrienne. Menu à la carte seulement.

CLUB (LE)
40, rue Jean Talon Est
Petite Italie
(514) 495-4447

15 $ à 30 $

Restaurant libanais haut de gamme. Excellent rapport qualité/prix. Établissement ouvert depuis 1946 – premier restaurant libanais à Montréal. Renommé chez les dignitaires du Québec. Voisin du Club libanais.

....

FARROUJ
3575, av. du Parc
Plateau Mont-Royal
(514) 285-8729

15 $ et moins

Cuisine libanaise traditionnelle, bas prix. Ambiance arabe. Important menu à la carte et spéciaux tous les jours.

....

EL BERDAWNI
837, boul. Décarie
Saint-Laurent
(514) 747-4554

15 $ et moins

Restaurant libanais, rapport qualité/prix excellent. Spéciaux le midi et le soir tous les jours. Narghilés aux fruits.

....

SAMIRAMISS
885, boul. Décarie
Saint-Laurent
(514) 747-3085

15 $ à 30 $

Cuisine libanaise maison. Ambiance familiale et chaleureuse, terrasse l'été. Spécialités : grillades libanaises et fruits de mer. Tout à la carte, spécial du jour tous les jours.

....

TENTE (LA)

1125, boul. Décarie
Saint-Laurent
(514) 747-7876

15 $ à 30 $

Restaurant libanais et méditerranéen avec deux services : comptoir rapide et restaurant de fine cuisine. Spécialité : brochettes libanaises. Narghilés disponibles.

....

CHALIMAR
7180, rue Saint-Hubert
Villeray/Rosemont
(514) 271-5261

15 $ et moins

Cuisine libanaise traditionnelle, bas prix. Décoration moderne. Spécial : assiette pour deux à 28 $.

....

Ouest-de-l'Île

OEUFRIER (L')
1702, boul. des Laurentides
Laval
(450) 667-4444

15 $ et moins

Spécialité : déjeuners. Cuisine française le midi et libanaise le soir. Table d'hôte le midi. Ambiance familiale.

....

KAROUN
411, boul. Curé-Labelle
Laval
(450) 682-6820

15 $ et moins

Cuisine libanaise authentique, menu pouvant satisfaire tous les goûts. Service de livraison disponible. Belle ambiance.

....

LIBANAIS ET SYRIEN

LIBANAIS ET SYRIEN

MÈRE MILIA (LA)

3005, boul. Cartier Ouest
Laval
(450) 688-0404

15 $ à 30 $

*Grande salle de réception, capacité de
250 personnes, fine cuisine libanaise.
Danseuses du ventre et orchestre sur
demande.*

....

AL SULTAN

145, boul. Curé-Labelle
Laval
(450) 688-4723

15 $ à 30 $

*Fine cuisine libanaise. Atmosphère arabe.
Menu à la carte varié et spéciaux allant
de 25 $ à 50 $ incluant entrée, plat principal, cafta, fruits et café.*

....

LORDIA

3883, boul. Perron
Laval
(450) 681-4438

15 $ à 30 $

*Fine cuisine libanaise. Ambiance traditionnelle, narghilés et spectacles les fins
de semaine. Spécialité : cuisson sur charbon de bois. Salle de réception disponible.*

....

Ouest-de-l'Île

RESTAURANT BASHA

3339-A, boul. des Sources
Dollard-des-Ormeaux
(514) 685-1211

15 $ et moins

*Cuisine libanaise abordable, service
rapide. Ambiance décontractée et sans
prétention. Spéciaux avec différents combinés disponibles.*

....

MÉDITERRANÉEN

GUSTO
1380, rue Notre-Dame Ouest
Centre-ville
(514) 939-2130

15 $ à 30 $

Fines cuisines italienne et péruvienne. Bonne atmosphère. Excellente cuisine authentique. Bon rapport qualité/prix.

PIZZELLA (LA)
2080, rue Saint-Mathieu
Centre-ville
(514) 939-3030

15 $ à 30 $

Restaurant spécialisé en fine cuisine méditerranéenne. Ambiance romantique. Excellent rapport qualité/prix.

SABAYON
666, rue Sherbrooke Ouest
Centre-ville
(514) 288-0373

15 $ à 30 $

Restaurant méditerranéen, grande sélection de plats : cuisines marocaine, libanaise, grecque, fruits de mer, etc. Excellente cuisine, prix modéré. Danseuses du ventre tous les jours. www.sabayon.ca

NEWTOWN
1476, rue Crescent
Centre-ville
(514) 284-6555

30 $ à 45 $

Fabuleux restaurant appartenant à nul autre que Jacques Villeneuve. Établissement renommé et chic, quatre étages, terrasse, lounge et discothèque. Atmosphère européenne. Table d'hôte le midi et le soir, différente aux deux semaines.

TSIRCO
1075, rue Drummond
Centre-ville
(514) 939-1922

30 $ à 45 $

Fines cuisines italienne et méditerranéenne. Spécialités : fruits de mer et pâtes. Table d'hôte le midi et 5 à 7. Spectacle jazz du jeudi au samedi à partir de 20 h. Valet gratuit.

SAMUEL DE CHAMPLAIN (LE)
1, pl. du Canada
Centre-ville
(514) 878-9000

30 $ à 45 $

Cuisines du terroir et méditerranéenne. Spécialités : pavé de saumon de l'Atlantique en croûte, tapenade d'olives

noires sur fromage quark au basilic.
Excellents carrés d'agneau rôtis. Décor
classique et moderne, ambiance décontractée. Menu pour enfant disponible.
Restaurant renommé.

BISTRO PHILINOS

4806, av. du Parc
Mile-End
(514) 271-9099

15 $ à 30 $

Restaurant méditerranéen, menu varié.
Décor byzantin antique. Menu du jour
tous les jours à partir de 8 $. Musique sur
réservation.

JOYA

6918, boul. Saint-Laurent
Petite Italie
(514) 271-3840

15 $ à 30 $

Cuisine méditerranéenne. Spécialités :
pâtes maison, poissons frais et viandes de
grande qualité. Menu varié. Spéciaux de
la semaine chaque semaine. Ambiance
branchée. Musique les fins de semaine.

TI AMO

73, rue Prince-Arthur Est
Plateau Mont-Royal
(514) 843-6660

15 $ à 30 $

Cuisine méditerranéenne maison.
Ambiance resto-bar. Table d'hôte le soir
incluant soupe, salade et plat principal.
Menu varié. Musique sur réservation.

RHODOS BAY

5583, av. du Parc
Mile-End
(514) 270-1304

15 $ à 30 $

Cuisine des îles grecques. Ambiance
méditerranéenne. Grand choix de fruits
de mer et de poissons frais. Table d'hôte
le midi et le soir.

SAVEURS (LES)

1602, av. Laurier Est
Plateau Mont-Royal
(514) 527-4506

15 $ et moins

Menu composé de plats méditerranéens
du sud de la France. Ambiance détendue,
musique personnalisée par un DJ. Grand
choix de tables d'hôtes.

MEZZÉ

3449, boul. Saint-Laurent
Plateau Mont-Royal
(514) 281-0275

15 $ à 30 $

Bistro grec. Spécialité : poissons frais. À
essayer : brochettes de fruits de mer, espadon et autres fritures.

PISTOU

1453, av. du Mont-Royal Est
Plateau Mont-Royal
(514) 528-7242

30 $ à 45 $

Spécialités : fines cuisines du sud de la
France et du nord de l'Italie. Ambiance
bistro. Table d'hôte, le midi seulement,
incluant entrée, plat principal, café
et thé.

MÉDITERRANÉEN

MED GRILL
3500, boul. Saint-Laurent
Plateau Mont-Royal
(514) 844-0027

45 $ et plus

Restaurant à la fois chic, élégant et décontracté. Excellent menu à la carte consacré à la cuisine californienne. Spécialité : viandes grillées. Plats préparés méticuleusement, avec passion.

CROISSANT DU PORT
28, rue Saint-Paul Est
Vieux-Montréal
(514) 875-0348

15 $ et moins

Restaurant situé dans une maison centenaire. Spécialités : omelettes, steaks, quiches et crêpes méditerranéennes. Décor pittoresque. Capacité de 60 personnes.

MEDI MEDI
479, rue Saint-Alexis
Vieux-Montréal
(514) 284-2195

15 $ à 30 $

Bistro méditerranéen ouvert le midi seulement. Décoration méditerranéenne, céramiques et deux ardoises. Plat midi express incluant steak, frites et bière. Table d'hôte incluant potage, salade et plat principal.

TOUCHEH ♟
351, rue Prince-Albert
Westmount
(514) 369-6868

15 $ à 30 $

Spécialités : cuisines méditerranéenne et iranienne. Ambiance et décor exotiques. Menu très varié, plusieurs mets méditerranéens, iraniens et européens. Ingrédients toujours frais. On apporte son vin.

TRANSITION (LA)
4785, rue Sherbrooke Ouest
Westmount
(514) 933-1000

15 $ à 30 $

Fine cuisine méditerranéenne, style fusion. Ambiance décontractée. Ouvert le soir seulement durant la fin de semaine. Bonne sélection de vins, deux salles à manger dont une pour les réceptions. www.latransition.com

Laval

GIOTTO
2440, aut. des Laurentides
Sheraton
Laval
(450) 687-2440

15 $ à 30 $

Cuisine méditerranéenne axée sur la cuisine italienne. Grande variété de plats, buffet et brunch. Service impeccable, ambiance sophistiquée.

CALVI'S ☝
1707, rue Saint-Martin Ouest
Laval
(450) 680-1656

15 $ à 30 $

Fine cuisine méditerranéenne. Spécialités : fruits de mer, poissons frais et grillades. Décoration rustique. Table d'hôte le midi et le soir, fermé le dimanche. Musique les vendredis et samedis.

MÉDITERRANÉEN

MEXICAIN

3 AMIGOS

1657, rue Sainte-Catherine
Ouest
Centre-ville
(514) 939-3329

15 $ à 30 $

*Restaurant mexicain, menu très diversi-
fié : pâtes, fajitas, tacos, hamburgers, chili,
enchiladas. Excellent rapport qualité/prix
– assiettes bien garnies. Excellente
ambiance pour les soupers d'affaires et les
sorties entre amis.*

GUADALUPE (LA)

2310, rue Ontario Est
Centre-ville
(514) 523-3262

15 $ à 30 $

*Restaurant typiquement mexicain, cui-
sine authentique. Ambiance familiale.
Portions généreuses et de bonne qualité.*

MEXICALI ROSA'S

1425, rue Bishop
Centre-ville
(514) 284-0344

15 $ à 30 $

*Cuisine mexicaine d'influence califor-
nienne. Ambiance décontractée. Menu à
la carte seulement. Spécialité : margaritas.*

EL MESON

1678, boul. Saint-Joseph
Lachine
(514) 634-0442

15 $ à 30 $

*Cuisine mexicaine traditionnelle maison.
Ambiance authentique, deux terrasses.
Table d'hôte le midi de 11 h à 15 h.
Important menu à la carte.*

ZAZIUMM

4525, av. du Parc
Mile-End
(514) 499-3675

1276, av. Laurier Est
Plateau Mont-Royal
(514) 598-0344

51, rue Roy Est
Plateau Mont-Royal
(514) 844-0893

1211, boul. Rosemont
Villeray/Rosemont
(514) 276-9364

15 $ et moins

*Spécialité : « cuisine folle de la plage ».
Décorations mexicaines et californiennes.
Menu à la carte ; 4 à 6. Ambiance fami-
liale et active. Musique de temps à autre.*

MEXICAIN

HACIENDA (LA)

1148, av. Van Horne
Outremont
(514) 270-3043

15 $ à 30 $

Petit restaurant, belle ambiance. Menu composé de plusieurs plats mexicains populaires. À essayer : les margaritas.

EL AMIGO

51, rue Saint-Zotique Est
Petite Italie
(514) 278-4579

15 $ et moins

Cuisines salvadorienne et mexicaine maison. Ambiance d'Amérique du Sud. Spéciaux le midi du lundi au jeudi incluant un plat et une boisson à partir de 8 $. Écran géant.

TAQUERIA MEXICAINE (LA)

4306, boul. Saint-Laurent
Plateau Mont-Royal
(514) 982-9462

15 $ et moins

Restaurant mexicain d'influence californienne. Ambiance très colorée et vive, comme au Mexique. Important menu à la carte.

CACTUS

4461, rue Saint-Denis
Plateau Mont-Royal
(514) 849-0349

15 $ à 30 $

Restaurant mexicain. Ambiance traditionnelle, musique latine. Grande sélection à la carte.

FANDANGO

3807, rue Saint-André
Plateau Mont-Royal
(514) 526-7373

30 $ à 45 $

Cuisine mexicaine raffinée comprenant des guacamole, des quesadillas et tostadas. Ambiance charmante et authentique. Carte des vins composée de plusieurs sélections latines.

MAÑANA

3605, rue Saint-Denis
Plateau Mont-Royal
(514) 847-1050

15 $ à 30 $

Fine cuisine mexicaine. Ambiance traditionnelle. Spécialités : fajitas aux crevettes, fajitas et enchiladas végétariennes. Table d'hôte le soir et les fins de semaine.

CASA DE MATTEO

440, rue Saint-François-Xavier
Vieux-Montréal
(514) 844-7448

15 $ à 30 $

Grand restaurant mexicain. Ambiance et musique traditionnelles. Excellent menu à la carte, spéciaux le midi. Musique les vendredis et samedis.

SIEMPRE MAÑANA

1272, rue Sainte-Catherine Est
Village
(514) 529-0426

15 $ à 30 $

Fine cuisine mexicaine. Ambiance traditionnelle, terrasse l'été. Spécialités : fajitas aux crevettes et enchiladas végétariennes. Table d'hôte le soir et les fins de semaine.

Resto Cité

COIN MEXICAIN

2489, rue Jean Talon Est
Villeray/Rosemont
(514) 374-7448

15 $ et moins

*Petit restaurant mexicain authentique.
Excellent rapport qualité/prix. Tout fait
maison. Ambiance conviviale.*

....

Ouest-de-l'Île

MEXICALI ROSA'S

2800, boul. Saint-Charles
Kirkland
(514) 428-8878

15 $ et moins

*Restaurant offrant un excellent rapport
qualité/prix. Ambiance typiquement
mexicaine (musique et décor). Spéciaux
différents chaque jour.*

....

MEXICAIN

Perse

QUARTIER PERSE

4241, boul. Décarie
Notre-Dame-de-Grâce
(514) 488-6367

15 $ et moins

Fine cuisine iranienne. Décoration traditionnelle. Bonne sélection de plats à la carte, tous à bas prix.

....

JARDIN DE CHEMIRAN

5594 A, rue Sherbrooke Ouest
Notre-Dame-de-Grâce
(514) 369-2099

15 $ et moins

Petit restaurant iranien. Spécialités : kebabs et grillades. Atmosphère traditionnelle. Cuisine maison à bas prix.

....

BYBLOS
LE PETIT CAFÉ

1499, av. Laurier Est
Plateau Mont-Royal
(514) 523-9396

15 $ à 30 $

Cuisine iranienne. Atmosphère sympathique. Menu express le midi, incluant un plat et un dessert. Portes coulissantes ouvertes l'été.

....

TÉHÉRAN

5065, boul. de Maisonneuve
Ouest
Westmount
(514) 488-0400

15 $ et moins

Fine cuisine iranienne, rapport qualité/prix excellent. Décoration traditionnelle. Menu à la carte avec différents spéciaux chaque jour.

....

PETIT DÉJEUNER

CHEZ CORA DÉJEUNERS

9394, rue de l'Acadie
Ahuntsic
(514) 381-5606

8090, boul. Langelier
Anjou/Saint-Léonard
(514) 323-9041

3465, av. du Parc
Centre-ville
(514) 849-4932

1425, rue Stanley
Centre-ville
(514) 286-6171

205, av. Viger Ouest
Centre-ville
(514) 954-0440

5940, ch. de la Côte-des-Neiges
Côte-des-Neiges
(514) 341-2672

12580, rue Sherbrooke Est
Montréal-Est
(514) 640-1616

5805, boul. Henri-Bourassa Est
Montréal-Nord
(514) 329-5000

5670, rue Sherbrooke Ouest
Notre-Dame-de-Grâce
(514) 253-2828

6685, rue Saint-Jacques
Notre-Dame-de-Grâce
(514) 369-0733

1396, av. du Mont-Royal Est
Plateau Mont-Royal
(514) 525-9495

1928, boul. Thimens
Saint-Laurent
(514) 339-2520

300, ch. du Golf
Verdun/LaSalle
(514) 768-9222

7573, boul. Newman
Verdun/LaSalle
(514) 364-5884

1017, rue Sainte-Catherine Est
Village
(514) 285-2672

15 $ et moins

Restaurant spécialisé en petits déjeuners ouvert de 6 h à 15 h. Menu très varié. Ambiance chaleureuse et cuisine ouverte.

OEUFPHORIE

83, rue Saint-Viateur Est
Mile-End
(514) 277-8247

15 $ et moins

Cuisine canadienne. Petit déjeuner servi toute la journée de 5 h 30 à 22 h 45. Ambiance familiale.

PETITS DÉJEUNERS

TUTTI FRUTTI DÉJEUNERS

2111, boul. Marcel-Laurin
Saint-Laurent
(514) 745-8488

15 $ et moins

Petits déjeuners style californien avec un menu riche en fruits. Bonne sélection de crêpes, omelettes, gaufres et autres spécialités. Spéciaux le midi. Dîner durant la semaine. Salle aérée et bien éclairée. On offre le repas aux clients quand c'est leur anniversaire.

PROINO DEJEUNER

1497, av. Dollard
Verdun/LaSalle
(514) 365-6095

15 $ et moins

Restaurant spécialisé en crêpes à la bénédictine et omelettes. Ambiance familiale avec un décor coloré. Capacité de 65 personnes. Ouvert depuis 10 ans.

PLACE OEUF

2732, rue Masson
Villeray/Rosemont
(514) 522-5466

15 $ et moins

Restaurant classé deuxième au concours Commerce design Montréal en 1996. Menu de petit déjeuner, dîner et souper avec table d'hôte le midi et le soir. Clientèle branchée. Capacité de 50 personnes.

Laval

CHEZ CORA DÉJEUNERS

2369, boul. Curé-Labelle
Laval
(450) 681-3403

3051, boul. de la Concorde Est
Laval
(450) 661-1134

1735, ch. Gascon
Laval
(450) 964-7410

15 $ et moins

Restaurant spécialisé en petits déjeuners ouvert de 6 h à 15 h. Menu très varié. Ambiance chaleureuse et cuisine ouverte.

TUTTI FRUTTI DÉJEUNERS

5555, boul. des Laurentides
Laval
(450) 963-7910

15 $ et moins

Petits déjeuners style californien avec un menu riche en fruits. Bonne sélection de crêpes, omelettes, gaufres et autres spécialités. Spéciaux le midi. Dîner durant la semaine. Salle aérée et bien éclairée. On offre le repas aux clients quand c'est leur anniversaire.

DÉJEUNERS COSMOPOLITAIN ☆

3208, rue Saint-Martin Ouest
Laval
(450) 688-4984

15 $ et moins

Décor vieillot avec une touche de bois. Menu diversifié : crêpes, œufs et fruits tropicaux. Plus de 300 choix. Spéciaux du midi : linguini, côtelettes de veau et brochettes de poulet. Capacité de 160 personnes. Ouvert depuis 10 ans. Essayez les petits déjeuners grand slam (grandes assiettes). Un des meilleurs endroits pour le petit déjeuner en ville.

....

Ouest-de-l'Île

CHEZ CORA DÉJEUNERS

3339b, boul. des Sources
Dollard-des-Ormeaux
(514) 421-0783

183 J, boul. Hymus
Pointe-Claire
(514) 630-8104

84, av. Harwood
Vaudreuil-Dorion
(450) 424-2220

15 $ et moins

Restaurant spécialisé en petits déjeuners ouvert de 6 h à 15 h. Menu très varié. Ambiance chaleureuse et cuisine ouverte.

....

TUTTI FRUTTI DÉJEUNERS

3155, boul. des Sources
Dollard-des-Ormeaux
(514) 421-1616

15 $ et moins

Petits déjeuners style californien avec un menu riche en fruits. Bonne sélection de crêpes, omelettes, gaufres et autres spécialités. Spéciaux le midi. Dîner durant la semaine. Salle aérée et bien éclairée. On offre le repas aux clients quand c'est leur anniversaire.

....

Rive-Sud

EGGXOTIC (L')

20-H, boul. de Mortagne
Boucherville
(450) 449-1919

15 $ et moins

Restaurant avec ambiance familiale. Petits déjeuners servis tous les jours jusqu'à 15 h. Spécialités : œufs à la bénédictine et gaufres du chef. Jus d'orange frais pressé.

....

EGGCELLENT DÉJEUNERS-DÎNERS (L') ✐

8245, boul. Taschereau
Brossard
(450) 656-1444

15 $ et moins

Cuisine maison dont les spécialités sont le ragoût de bœuf bourguignon et le pâté au poulet. Choix entre des omelettes, des crêpes et des gaufres au petit déjeuner. Décor agrémenté de toiles d'artistes. Ambiance chaleureuse. Tout est fait sur place. Capacité de 130 personnes.

....

RESTAURANTS EGGSQUIS

6400, boul. Taschereau
Brossard
(450) 443-0358

15 $ et moins

Restaurant spécialisé en petits déjeuners. Ouvert de 6 h à 15 h tous les jours. Dîner du lundi au vendredi.

....

CHEZ CORA DÉJEUNERS

6250, boul. Cousineau
Saint-Hubert
(450) 443-5624

15 $ et moins

Restaurant spécialisé en petits déjeuners ouvert de 6 h à 15 h. Menu très varié. Ambiance chaleureuse et cuisine ouverte.

....

KOID'N OEUF

1950, ch. du Fer à cheval
Saint-Julie
(450) 922-9844

15 $ et moins

Spécialités : gaufres et crêpes. Ambiance familiale et décor chaleureux avec une touche personnelle. Ouvert de 6 h à 15 h. Lunchs servis de 11 h à 15 h.

....

PIZZERIA

PIZZÉDÉLIC

1029, rue du Marché-Central
Ahuntsic
(514) 388-4009

5153, ch. de la Côte-des-Neiges
Côte-des-Neiges
(514) 739-2446

1250, av. du Mont-Royal Est
Plateau Mont-Royal
(514) 522-2286

5556, av. Monkland
Plateau Mont-Royal
(514) 487-3103

1641, rue Saint-Denis
Quartier latin
(514) 499-1444

4075, rue Sainte-Catherine
Ouest
Westmount
(514) 937-3884

15 $ et moins

Restaurant offrant une grande variété de pizzas, hamburgers, poulet, pâtes et grillades à bon prix. Excellent pour les sorties entre amis. Table d'hôte le midi et le soir.

PIZZAIOLLE (LA)

1446 A, rue Crescent
Centre-ville
(514) 845-4158

5100, rue Hutchinson
Outremont
(514) 274-9349

15 $ et moins

Première pizzeria authentique au four à bois. Grande sélection de pizzas et de pâtes. Ambiance moderne et cordiale. Spéciaux le midi incluant salade, choix entre trois pizzas ou pâtes, café et dessert.

PIAZZETTA (LA)

1101, rue Sainte-Catherine Est
Centre-ville
(514) 526-2244

6770, rue Sherbrooke Est
Hochelaga-Maisonneuve
(514) 254-2535

1105, pl. Bernard Ouest
Outremont
(514) 278-6465

4097, rue Saint-Denis
Plateau Mont-Royal
(514) 849-0184

15 $ et moins

PIZZERIA

Spécialité : pizzas à croûte mince. Grande sélection de pizzas et de pâtes faites avec soin. Idéal pour les sorties romantiques. Gastronomie pour les connaisseurs. Ingrédients toujours frais.

....

PIZ PISTOL

350, rue Sainte-Catherine Ouest
Centre-ville
(514) 393-1822

15 $ et moins

Restaurant italien situé en face du Spectrum. Spécialités : pizzas à croûte mince et pâtes. Prix très compétitifs ; pizzas pour aussi peu que 4 $. Clientèle d'artistes. Parfait pour les grands événements.

....

PIZZAFIORE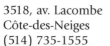

3518, av. Lacombe
Côte-des-Neiges
(514) 735-1555

15 $ à 30 $

Ambiance chaleureuse, four à bois visible. Décor rustique. Plusieurs spéciaux à la carte. Salle de réception, capacité de 70 personnes. Trois terrasses, une de style européen.

....

PIZZERIA LE VIEUX LACHINE

598, rue Victoria
Lachine
(514) 637-8999

15 $ et moins

Pizzeria spécialisée en livraison. Grand choix de pizzas et de combinés. Excellent rapport qualité/prix.

....

PIZZA DES PINS

4520, av. du Parc
Mile-End
(514) 277-3178

15 $ et moins

Pizzeria, prix abordable. Ambiance décontractée. Spéciaux le midi et le soir. Livraison possible.

....

DAVIDSON

3417, rue Ontario Est
Montréal-Est
(514) 523-0931

15 $ et moins

Petite pizzeria familiale. Table d'hôte le midi et le soir.

....

NEW MOON

7363, rue Sherbrooke Ouest
Notre-Dame-de-Grâce
(514) 369-3939

15 $ et moins

Petit restaurant intime. Spécialités : pizzas et hamburgers. Ambiance décontractée. Ouvert depuis sept ans.

....

MAMMA MIA PIZZERIA

6070, ch. de la Côte Saint-Luc
Notre-Dame-de-Grâce
(514) 488-9504

15 $ et moins

Pizzeria offrant un excellent rapport qualité/prix. Table d'hôte tous les jours ; service pour emporter disponible.

....

Resto Cité

PIZZA PINOLI ✐

5524, av. Monkland
Notre-Dame-de-Grâce
(514) 489-8888

15 $ et moins

Petite pizzeria. Spécialité : pizzas à croûte mince. Grande sélection. Livraison possible.

PIZZERIA NAPOLETANA ♟✐

189, rue Dante
Petite Italie
(514) 276-8226

15 $ et moins

Spécialités : pâtes et pizzas à prix abordable. Ambiance familiale. Bonne sélection à la carte.

PIZZELLI

4250, rue Saint-Denis
Plateau Mont-Royal
(514) 849-4646

15 $ et moins

Pizzeria chaleureuse et familiale. Four à bois, décor rustique, portes coulissantes ouvertes l'été et ambiance bistro. Spéciaux le midi et le soir incluant entrée, pizza et dessert.

PIZZA MELLA ✐

107, rue Prince-Arthur Est
Plateau Mont-Royal
(514) 849-4680

15 $ et moins

Pizzeria à la fois familiale et décontractée. Spéciaux le midi. Grande sélection de pizzas à croûte mince faites avec soin.

PIZZAIOLLE (LA) ✐

4801, rue Saint-Denis
Plateau Mont-Royal
(514) 499-9711

15 $ à 30 $

Première pizzeria authentique au four à bois. Grande sélection de pizzas et de pâtes. Ambiance moderne et cordiale. Spéciaux le midi incluant salade, choix entre trois pizzas ou pâtes, café et dessert.

TREVI PIZZERIA

800, rue de l'Église
Verdun/Lasalle
(514) 768-6696

15 $ et moins

Pizzeria offrant un bon choix de pizzas, sous-marins et pâtes. Ambiance familiale. Table d'hôte le midi et le soir incluant entrée, plat principal, dessert et café.

SOROSA (LA)

56, rue Notre-Dame Ouest
Vieux-Montréal
(514) 844-8595

15 $ et moins

Grande pizzeria classique avec four à bois. Bonne sélection de pizzas. Table d'hôte le midi incluant entrée, pizza et café pour aussi peu que 9 $.

MARCONI PIZZERIA

2224, rue Beaubien Est
Villeray/Rosemont
(514) 722-5222

15 $ et moins

Pizzeria offrant un excellent rapport qualité/prix. Charmant petit restaurant. Sous-marins hors de l'ordinaire. Livraison possible.

PIZZERIA

Resto Cité

PIZZERIA

Laval

UNIVERSAL PIZZA
550, rue Laval
Laval
(450) 663-7150

15 $ et moins

Pizzeria offrant un choix varié de plats à bas prix. Ambiance familiale. Plusieurs combinés pizza/ boisson gazeuse/café.

....

PIZZÉDÉLIC ✧
1454, rue Saint-Martin Ouest
Laval
(450) 669-7777

15 $ et moins

Restaurant offrant une grande variété de pizzas, hamburgers, poulet, pâtes et grillades à bons prix. Excellent pour les sorties entre amis. Table d'hôte le midi et le soir.

....

PIZZANGELIC ✧
150-A, rue Sainte-Anne
Sainte-Anne-de-Bellevue
(514) 457-7957

15 $ et moins

Spécialité : pizzas à croûte mince, 30 sortes en tout. Menu incluant aussi salades et sandwichs. Capacité de 50 personnes, et terrasse de 50 personnes l'été.

....

Rive-Sud

PIZZÉDÉLIC ✧
1155 A, rue Nobel
Boucherville
(514) 641-8215

15 $ et moins

Restaurant offrant une grande variété de pizzas, hamburgers, poulet, pâtes et grillades à bons prix. Excellent pour les sorties entre amis. Table d'hôte le midi et le soir.

....

PIAZZETTA (LA) ✧
680, av. Victoria
Saint-Lambert
(450) 466-1155

15 $ et moins

Spécialité : pizzas à croûte mince. Grande sélection de pizzas et de pâtes faites avec soin. Idéal pour les sorties romantiques. Gastronomie pour les connaisseurs. Ingrédients toujours frais.

....

PORTUGAIS

FERREIRA

1446, rue Peel
Centre-ville
(514) 848-0988

45 $ et plus

Restaurant chic et branché. Ambiance décontractée et cordiale. Fine cuisine. Spécialités : fruits de mer et poissons frais. Table d'hôte le midi seulement. Salle privée, capacité de 60 personnes.

RÔTISSERIE MAVI

5192, av. Gatineau
Côte-des-Neiges
(514) 340-9664

15 $ et moins

Petit restaurant typiquement portugais. Ambiance familiale. Spécialités : grillades portugaises sur charbon de bois et fruits de mer. Menu à la carte seulement. Musique occasionnellement.

CHEZ JANO

3883, boul. Saint-Laurent
Plateau Mont-Royal
(514) 849-0646

15 $ et moins

Petit restaurant. Spécialités : grillades et poissons. Menu à la carte seulement. Cuisine traditionnelle, ambiance familiale.

CHEZ DOVAL

150, rue Marie-Anne Est
Plateau Mont-Royal
(514) 843-3390

15 $ et moins

Cuisine portugaise traditionnelle, bas prix. Ambiance familiale et décontractée. Table d'hôte à 8 $ incluant soupe, plat principal, café et dessert.

RÔTISSERIE PORTUGALIA

34, rue Rachel
Plateau Mont-Royal
(514) 282-1519

15 $ et moins

Snack-bar portugais, ambiance animée. Spécialités : poulet, porc, poissons grillés.

CASA MINHOTA

3959, boul. Saint-Laurent
Plateau Mont-Royal
(514) 842-2661

15 $ à 30 $

Spécialités : poissons frais, fruits de mer et carrés d'agneau. Ambiance typiquement portugaise et familiale. Table d'hôte le midi et le soir incluant entrée, dessert et café.

Resto Cité

PORTUGAIS

VINTAGE (LE)

4475, rue Saint-Denis
Plateau Mont-Royal
(514) 849-4264

15 $ à 30 $

Spécialité : fruits de mer. Excellent rapport qualité/prix. Ambiance intime et chaleureuse. Important menu à la carte.

TASCA

172, av. Duluth Est
Plateau Mont-Royal
(514) 987-1530

15 $ à 30 $

Fine cuisine portugaise. Grande sélection de plats : fruits de mers, poissons frais, steaks et grillades. Table d'hôte le midi et le soir incluant entrée, salade, plat principal et dessert. Musique les vendredis et samedis.

ÉTOILE DE L'OCÉAN (L')

101, rue Rachel Est
Plateau Mont-Royal
(514) 844-4588

15 $ à 30 $

Cuisine traditionnelle. Bonne sélection de vins portugais. Table d'hôte incluant entrée, plat principal, dessert et café. Deux salles de réception, capacité de 80 personnes chacune.

ROI DU PLATEAU (LE)

51, rue Rachel Ouest
Plateau Mont-Royal
(514) 844-8393

15 $ à 30 $

Fine cuisine portugaise offrant un excellent rapport qualité/prix. Ambiance familiale. Menu à la carte seulement. Musique certains soirs.

MESA

4292, boul. Saint-Laurent
Plateau Mont-Royal
(514) 906-0606

30 $ à 45 $

Resto portugais, ambiance lounge avec bar. Menu centré autour des fruits de mer et des poissons frais grillés.

SOLMAR

111, rue Saint-Paul Est
Vieux-Montréal
(514) 861-4562

15 $ à 30 $

Fine cuisine portugaise. Spécialités : fruits de mer et grillades. Menu 3 services à partir de 40 $ incluant entrée, soupe, salade, plat principal, dessert et café. Ambiance portugaise. Terrasse au premier étage.

BISTRO LE PORTO

1365, rue Ontario Est
Village
(514) 527-7067

15 $ et moins

Cuisines portugaise et méditerranéenne. Ambiance chaleureuse, musique latine. Menu varié, à partir de 15 $ le midi et 25 $ le soir. Table d'hôte tous les jours.

Rive-Sud

VIANA SOLEIL

6075, ch. Chambly, Local 4&5
Saint-Hubert
(450) 462-4920

15 $ et moins

Fines cuisines portugaise et française. Spécialité : poulet grillé à la portugaise. Excellent rapport qualité/prix, ambiance chaleureuse.

QUÉBÉCOIS

Montréal

SALLE GÉRARD-DELAGE

3535, rue Saint-Denis
Plateau Mont-Royal
(514) 282-5120

30 $ à 45 $

Restaurant québécois situé au sixième étage de l'Hôtel de l'Institut. Cuisine spécialisée en gibier et poisson. Ouvert tous les jours. Table d'hôte le midi à partir de 12 $ et le soir à partir de 30 $. Salle de réception pour 60 personnes.

CABARET DU ROY (LE)

363, rue de la Commune E.
Vieux-Montréal
(514) 907-9000

30 $ à 45 $

Restaurant thématique avec comédiens et musiciens interprétant pièces du XVIIIe siècle. Table d'hôte avec quatre services incluant deux entrées, plat principal, dessert et café. Menu spécial pour groupes de 20 et plus. Deux terrasses.

MÈRE CLAVET (LA)

1130, rue de la Gauchetière E.
Village
(514) 525-9038

15 $ et moins

Restaurant-brasserie international mettant un accent sur la cuisine québécoise. Ambiance chaleureuse. Menu très varié qui inclut un peu de tout. Spéciaux tous les jours.

AUBERGE DES GALLANTS

1171, ch. Saint-Henri
Sainte-Marthe
(450) 459-4241

30 $ à 45 $

Fine cuisine française champêtre. Ambiance rustique et chaleureuse. Bonne sélection de gibier incluant le caribou. Table d'hôte le midi avec trois services et le soir avec cinq services.

AUBERGE HANDFIELD

555, ch. du Prince
Saint-Hilaire
(450) 584-2226

15 $ à 30 $

Restaurant québécois spécialisé en cuisine du terroir. Ambiance rustique. Bonne sélection de gibier et autres viandes régionales. Table d'hôte le midi et le soir. Salles de réception.

Resto Cité

RESTO-BAR

Montréal

CINÉ-EXPRESS
1926, rue Sainte-Catherine
Ouest
Centre-ville
(514) 939-2463

15 $ et moins

Atmosphère de cinéma. Émissions de télévision et films sur écran géant. Ambiance d'université. Alcool disponible. Ouvert 24 heures sur 24.

....

NYKS
1250, rue de Bleury
Centre-ville
(514) 866-1787

15 $ à 30 $

Ambiance chaleureuse, style pub, service sympathique. Décor en bois et briques. Spécialités : bavettes et calmars frits.

....

ENTRACTE (L')
1740, boul. René-Lévesque
Ouest
Centre-ville
(514) 931-8841

15 $ à 30 $

Spécialités : mets italiens, en particulier les gnocchis, les pâtes et les filets mignons. Restaurant d'une capacité de 200 personnes. Écran géant au bar.

....

MCLEANS PUB
1210, rue Peel
Centre-ville
(514) 393-3132

15 $ à 30 $

Bar irlandais traditionnel. Menu varié. Spécialité : hamburgers. Gagnant d'un sondage en ligne pour les meilleurs hamburgers en ville. Dix-huit sortes de bières ; variété de bières importées.

....

ROCKABERRY
5390, ch. Queen Mary
Côte-des-Neiges
(514) 481-0092

4275, rue Saint-Denis
Plateau Mont-Royal
(514) 844-9479

15 $ et moins

Spécialités : sandwichs, wraps, pitas, pâtes et mets orientaux. Atmosphère amicale. Bonne variété de cafés, incluant café à l'alcool et thé rockaberries.

....

RESTO-BAR

CHEZ BETTER

5400, ch. de la Côte-des-Neiges
Côte-des-Neiges
(514) 344-3971

15 $ à 30 $

Restaurant offrant un service personna-
lisé. Spécialités : saucisses européennes,
fondues et moules.

CHEZ VINCENT

327, rue Saint-Laurent Ouest
Longueuil
(450) 674-3029

15 $ et moins

Spécialités : grillades et moules. Décor
antique. Bar fait de bois d'acajou.

TOI, MOI ET CAFÉ

244, av. Laurier Ouest
Mile-End
(514) 279-9599

15 $ et moins

Café de quartier, ambiance chaleureuse.
Apparence sans prétention. Menu à la carte
varié ; déjeuners sept jours par semaine.

PETITE ARDOISE (LA)

222, av. Laurier Ouest
Mile-End
(514) 495-4961

15 $ à 30 $

Cuisine française incluant table d'hôte le
midi et le soir. Ambiance et décor pari-
siens, jardin.

MONKLAND TAVERN

5555, av. Monkland
Notre-Dame-de-Grâce
(514) 486-5768

15 $ à 30 $

Resto-bar, ambiance animée, décor de
taverne. Menu diversifié. Grande variété
d'alcools.

FIGARO (LE)

5200, rue Hutchison
Outremont
(514) 278-6567

15 $ et moins

Bistro parisien. Spécialités : sandwichs,
salades, café, desserts et croissants. Table
d'hôte le midi et le soir.

GRANO

3647, boul. Saint-Laurent
Plateau Mont-Royal
(514) 840-9000

15 $ et moins

Resto-bar, concept simple. Menu composé
de sandwichs/baguettes et salades.
Clientèle universitaire, dans la vingtaine.

SHED CAFÉ

3515, boul. Saint-Laurent
Plateau Mont-Royal
(514) 842-0220

15 $ et moins

Restaurant durant la journée et bar le
soir. Cuisine ouverte jusqu'à 2 h du
matin. Menu incluant pâtes, pizzas
sandwichs, filets mignons, poissons, sala-
des et entrées. Capacité de 150 person-
nes, portes coulissantes ouvertes l'été.
Ouvert depuis 15 ans.

Resto Cité

KILO

5206, boul. Saint-Laurent
Plateau Mont-Royal
(514) 277-5039

15 $ et moins

Décor et ambiance branchés ; reconnu pour les desserts. Menu incluant soupes, sandwichs et salades. Établissement qui vend aussi des bonbons.

CAFÉ UNIVERSEL

1030, rue Cherrier
Plateau Mont-Royal
(514) 598-7136

15 $ et moins

Déjeuners servis toute la journée, sept jours par semaine. Spécialités : grillades, pâtes et hamburgers. Ambiance décontractée. Jazz les vendredis.

CHEZ JOSÉ

173, av. Duluth Est
Plateau Mont-Royal
(514) 845-0693

15 $ et moins

Déjeuners toute la journée, sept jours par semaine. Décor coloré ; beaucoup d'énergie. Spécialité : empanadas (chilien). Soupe aux fruits de mer les fins de semaine. Choix de cafés. Jus maison.

CAFÉ LAÏKA

4040, boul. Saint-Laurent
Plateau Mont-Royal
(514) 842-8088

15 $ à 30 $

Établissement au design contemporain. Grande vitrine sur la rue. Menu varié ; café/croissants le matin ; brunch la fin de semaine. DJ sur place chaque soir.

BACCI ST-DENIS

4205, rue Saint-Denis
Plateau Mont-Royal
(514) 844-3929

15 $ à 30 $

Récemment rénové, apparence très chic. Décor thématique zen. Vingt-deux tables de billard. Vaste choix d'alcools. Salon VIP pour groupes de 15 à 100 personnes.

PETITE MARCHE (LA)

5035, rue Saint-Denis
Plateau Mont-Royal
(514) 842-1994

15 $ à 30 $

Cuisine franco-italienne. Reconnue pour le dynamisme et la gentillesse du service. Exposition d'art d'artistes locaux. Brunch les samedis et dimanches.

CAFÉ EL DORADO

921, av. du Mont-Royal Est
Plateau Mont-Royal
(514) 598-8282

15 $ à 30 $

Restaurant offrant une atmosphère décontractée. Déjeuners la semaine de 7 h à 16 h et brunch de 8 h à 15 h la fin de semaine. Table d'hôte variée. Café torréfié sur place et gâteaux au fromage maison.

PÈLERIN (LE)

330, rue Ontario Est
Quartier latin
(514) 845-0909

15 $ et moins

Spécialité : bavettes. Bonne sélection de vins au verre. Excellent choix de rhums. Ambiance thématique, style explorateur/voyages. Chaleureux l'hiver. Très grande terrasse.

RESTO-BAR

RESTO-BAR

TRIBUNE CAFÉ ✒

1567, rue Saint-Denis
Quartier latin
(514) 840-0915

15 $ et moins

Resto-café, deux étages, ambiance décontractée. Télévision et quatre stations Internet haute vitesse disponibles. Menu incluant paninis, salades et muffins. À essayer : muffins au caramel.

BRASSERIE INTERNET

855, boul. Décarie
Saint-Laurent
(514) 744-5345

15 $ et moins

Table de billard et karaoké le samedi soir. Soirées thématiques de temps à autre. Télévision satellite avec deux écrans géants. Section Internet.

GARAGE CAFÉ ✒

275, rue Hickson
Verdun/Lasalle
(514) 768-4630

15 $ et moins

Excellente ambiance et service expérimenté. Terrasse chauffée ouverte à longueur d'année. Décor à thème de garage. Table d'hôte disponible. Spécialités : hamburgers et pizzas à croûte mince.

AVENTURE ✒

438, pl. Jacques-Cartier
Vieux-Montréal
(514) 866-9439

15 $ à 30 $

Cuisines française et italienne. Décor européen et moderne. Deux étages, capacité de 280 personnes et deux terrasses.

EUROSNACK

1598, rue Ontario Est
Village
(514) 524-2509

15 $ et moins

Resto rapide de luxe. Ambiance chaleureuse. Menu incluant hamburgers, paninis, hot-dogs, smoked meat et frites belges.

Laval

GRAFFITI LAVAL

2055, aut. des Laurentides,
Confort Inn
Laval
(450) 686-7696

15 $ et moins

Restaurant situé dans le Qualité suite - Confort Inn. Spécialités : pâtes et pizzas. Capacité de 103 personnes. Salle de réception disponible. Établi depuis sept ans.

ROCKABERRY

201, boul. Curé-Labelle
Laval
(450) 437-9705

1810, boul. Saint-Martin Ouest
Laval
(450) 681-6883

15 $ et moins

Spécialités : sandwichs, wraps, pitas, pâtes et mets orientaux. Atmosphère amicale. Bonne variété de cafés, incluant café à l'alcool et thé rockaberries.

CAFÉ UNIVERSEL

3453, rue Saint-Martin Ouest
Laval
(450) 680-1691

15 $ et moins

Restaurant avec mezzanine au deuxième étage. Menu composé de grillades européennes, de pâtes et de pizzas. Spécialités : cafés et desserts. Atmosphère lounge les jeudis avec musiciens ou DJ. Cuisine ouverte jusqu'à 5 h du matin du lundi au jeudi.

....

Ouest-de-l'Île

ROCKABERRY

3361, boul. des Sources
Dollard-des-Ormeaux
(514) 683-7187

15 $ et moins

Spécialités : sandwichs, wraps, pitas, pâtes et mets orientaux. Atmosphère amicale. Bonne variété de cafés, incluant café à l'alcool et thé rockaberries.

....

RÔTISSERIE

Montréal

ST HUBERT

10520, rue Lajeunesse
Ahuntsic
(514) 381-5974

12395, rue Lachapelle
Cartierville
(514) 337-4980

Gare Windsor, 1180, rue de la
Gauchetière Ouest
Centre-ville
(514) 866-0500

110, rue Sainte-Catherine Ouest
Centre-ville
(514) 284-3440

5235, Chemin-de-la-Côte-
des-Neiges
Côte-des-Neiges
(514) 342-9495

2901, rue Sherbrooke Est
Hochelaga-Maisonneuve
(514) 527-3604

6225, rue Sherbrooke Est
Hochelaga-Maisonneuve
(514) 259-6939

665,2^e av.
Lachine
(514) 637-4417

12575, rue Sherbrooke Est
Montréal-Est
(514) 645-2771

10495, boul. Pie-IX
Montréal-Nord
(514) 325-1676

6415, rue Sherbrooke Ouest
Notre-Dame-de-Grâce
(514) 487-7724

4462, rue Saint-Denis
Plateau Mont-Royal
(514) 844-9521

7979, boul. Newman
Verdun/LaSalle
(514) 364-3391

1019, rue Sainte-Catherine Est
Village
(514) 286-9661

15 $ et moins

*Chaîne de rôtisseries ouverte depuis 1951.
Environnement convivial et confortable.
Menu axé sur le poulet. Atmosphère dé-
tendue. Service rapide mais courtois.
Plusieurs combos et menu pour enfants.
Excellent rapport qualité/prix.*

RÔTISSERIE

COQ D'ANJOU (AU)

6531, av. Baldwin
Anjou/Saint-Léonard
(514) 351-7160

15 $ et moins

Restaurant spécialisé en livraison et en repas pour emporter. Menu-minute de 11 h à 14 h incluant une grosse poutine, une salade au poulet, un repas trois filets et un hamburger-repas.

COQ LAURENTIEN (AU)

12333, boul. Marcel-Laurin
Cartierville
(514) 334-3333

15 $ et moins

Restaurant spécialisé en livraison et en repas pour emporter. Menu-minute de 11 h à 14 h incluant une grosse poutine, une salade au poulet, un repas trois filets et un hamburger-repas.

BIDDLE'S JAZZ & RIBS

2060, rue Aylmer
Centre-ville
(514) 842-8656

15 $ à 30 $

Établie depuis 25 ans. Ambiance très chaleureuse. Décor boisé avec lampes tiffany. Groupe jazz tous les soirs.

BAR-B-BARN

1201, rue Guy
Centre-ville
(514) 931-3811

15 $ à 30 $

Établie depuis plus de 35 ans. Poulet et côtes levées reconnus mondialement. Ambiance familiale.

CÔTE SAINT-LUC BAR-B-Q

4175, rue Jean Talon Ouest
Côte-des-Neiges
(514) 731-5000

4175, rue Jean Talon Ouest
Côte-des-Neiges
(514) 731-5000

5403, ch. de la Côte Saint-Luc
Notre-Dame-de-Grâce
(514) 488-4011

4006, rue Sainte-Catherine Ouest
Westmount
(514) 935-5000

15 $ et moins

Poulet, brochettes et côtes levées rôtis sur charbon de bois. Assiettes bien garnies. Cuisine pour ceux qui aiment manger agréablement.

RÔTISSERIE LAURIER

381, av. Laurier Ouest
Mile-End
(514) 273-3671

15 $ à 30 $

Ancienne rôtisserie établie depuis 1936. Spécialité : poulet BBQ. Tout est fait maison. Décor rustique.

COQ PIE-IX (AU)

10550, boul. Pie-IX
Montréal-Nord
(514) 321-1790

15 $ et moins

Restaurant spécialisé en livraison et en repas pour emporter. Menu-minute de 11 h à 14 h incluant une grosse poutine, une salade au poulet, un repas trois filets et un hamburger-repas

CHALET BAR-B-Q

5156, rue Sherbrooke Ouest
Notre-Dame-de-Grâce
(514) 489-7235

15 $ et moins

Établie depuis 1944. Spécialité : poulet BBQ sur charbon de bois. Spéciaux le midi.

BISTRO TY-COQ BBQ

1875, av. du Mont-Royal Est
Plateau Mont-Royal
(514) 522-4131

15 $ et moins

Chaleureux bistro. Spécialités : poulet et déjeuners. Portions généreuses ; idéal pour ceux qui veulent tout simplement bien manger

Laval

ST HUBERT

825, boul. Dagenais
Laval
450) 628-4444
325, boul. Saint-Martin
Laval
(450) 687-4170

15 $ et moins

Chaîne de rôtisseries ouverte depuis 1951. Environnement convivial et confortable. Menu axé sur le poulet. Atmosphère détendue. Service rapide mais courtois. Plusieurs combos et menu pour enfants. Excellent rapport qualité/prix.

CÔTE SAINT-LUC BAR-B-Q

2180, boul. Curé-Labelle
Laval
(450) 686-8000

15 $ et moins

Poulet, brochettes et côtes levées rôtis sur charbon de bois. Assiettes bien garnies. Excellente cuisine pour manger agréablement.

Ouest-de-l'Île

CÔTE SAINT-LUC BAR-B-Q

4360, boul. des Sources
Dollard-des-Ormeaux
(514) 685-5000

15 $ et moins

Poulet, brochettes et côtes levées rôtis sur charbon de bois. Assiettes bien garnies. Cuisine pour ceux qui aiment manger agréablement.

RÔTISSERIE SCORES

3612, boul. Saint-Jean
Dollard-des-Ormeaux
(514) 626-6060

15 $ et moins

Spécialités : côtes levées et poulet grillé. On accueille les groupes de 30 et moins. Stationnement disponible en tout temps. Livraison possible.

ST HUBERT

2939, boul. Saint-Charles
Kirkland
(514) 695-2064

4700, boul. Saint-Jean
Pierrefonds
(514) 620-2916

RÔTISSERIE

15 $ et moins

Chaîne de rôtisseries ouverte depuis 1951. Environnement convivial et confortable. Menu axé sur le poulet. Atmosphère détendue. Service rapide mais courtois. Plusieurs combos et menu pour enfants. Excellent rapport qualité/prix.

....

BAR-B-BARN

3300, boul. des Sources
Pointe-Claire
(514) 683-0225

15 $ à 30 $

Établie depuis plus de 35 ans. Poulet et côtes levées reconnus mondialement. Ambiance familiale.

....

Rive-Sud

DES JARDINIERS

1210, ch. de Saint-Jean
Laprairie
(450) 659-8889

15 $ et moins

Spécialités : poulet et côtes levées. Ambiance animée. Livraison possible.

....

STEAK HOUSE

Montréal

EL TORO

1647, rue Fleury Est
Ahuntsic
(514) 388-8676

15 $ à 30 $

Spécialité : steaks. Belle ambiance méditerranéenne, deux foyers. Table d'hôte le midi et le soir. Salle de réception, deux zones de stationnement.

....

SAINMARTIN (LE)

4950, boul. Métropolitain Est
Anjou/Saint-Léonard
(514) 725-1222

30 $ à 45 $

Ambiance chaleureuse et courtoise. Restaurant situé au deuxième étage de Place Montréal. Table d'hôte tous les jours, le midi et le soir.

....

VIEUX DULUTH (AU)

1997, boul. Marcel-Laurin
Cartierville
(514) 745-4525

5100, rue Sherbrooke Est
Hochelaga-Maisonneuve
(514) 254-1347

12856, rue Sherbrooke Est
Montréal-Est
(514) 498-4886

5600, boul. Henri-Bourassa Est
Montréal-Nord
(514) 326-7381

351, av. Duluth Est
Plateau Mont-Royal
(514) 842-5390

7741, boul. Newman
Verdun/Lasalle
(514) 368-1491

15 $ à 30 $

Réputé pour les portions généreuses, l'excellent rapport qualité/prix et un service impeccable. La plus grande chaîne de restaurants servant grillades et fruits de mer au Québec. Idéal pour les sorties en famille, entre amis ou en groupe. Menu pour enfants disponible.

....

MAISON DU BIFTECK ALOUETTE

1176, rue Sainte-Catherine
Ouest
Centre-ville
(514) 866-6244

15 $ à 30 $

Ambiance chaleureuse. Spécialité : steaks, accent sur la fine cuisine. Table d'hôte le midi et le soir incluant soupe, entrée, plat principal et café.

....

STEAK HOUSE

JOE'S STEAKHOUSE

1430, rue Stanley
Centre-ville
(514) 842-4638

15 $ à 30 $

Ambiance familiale et chaleureuse. Grand choix de plats : steaks, fruits de mer, côtes levées, grillades. Spécial le midi pour aussi peu que 10 $.

ANGUS BEEF

1218, rue Drummond
Centre-ville
(514) 868-1666

45 $ et plus

Grand choix à la carte. Ambiance rustique et chic. Belle décoration avec foyer.

QUEUE DE CHEVAL

1221, boul. René-Lévesque
Ouest
Centre-ville
(514) 390-0090

45 $ et plus

Fine cuisine incomparable. Grande sélection de bœuf vieilli à point, de catégorie USDA Prime. Poissons et fruits de mer de première qualité. Plats préparés avec soin. Excellente carte des vins.

RIB'N REEF

8105, boul. Décarie
Côte-des-Neiges
(514) 735-1601

30 $ à 45 $

Ambiance chic et élégante. Spécialités : steaks, roast-beef et poissons frais. Table d'hôte incluant entrée, plat principal et café. Importante cave à vin.

FIRESIDE

4759, av. Van Horne
Côte-des-Neiges
(514) 737-5576

15 $ à 30 $

Restaurant familial, atmosphère amicale et courtoise. Spécialités : steaks et côtes levées. Bonne sélection de poissons. Table d'hôte le midi et le soir incluant tous les services. Établi depuis 16 ans.

STEAK & STEAK

5222, rue Sherbrooke Est
Hochelaga-Maisonneuve
(514) 255-5744

15 $ à 30 $

Spécialités : steaks et fruits de mer. Ambiance décontractée et distinguée. Table d'hôte tous les jours, le midi et le soir. Souper pour enfants du vendredi au samedi. www.steaksteak.ca

MOISHE'S STEAK HOUSE ☆

3961, boul. Saint-Laurent
Plateau Mont-Royal
(514) 845-3509

30 $ à 45 $

Considéré comme l'un des meilleurs Steak House en Amérique du Nord par les clients. Menu varié entièrement à la carte incluant des fruits de mer. Chargé du vestiaire reconnu dans la province pour sa mémoire.

TAVERNE MAGNAN

2602, rue Saint-Patrick
Saint-Henri
(514) 935-9647

15 $ et moins

Ambiance active. Menu très varié. Spécialités : fameux rôti de bœuf Magnan, une variété de grillades de bœuf de l'Alberta, poissons et fruits de mer ainsi qu'une série de festivals culinaires tout au long de l'année. Quatre ou cinq spéciaux offerts quotidiennement.
....

BIFTÈQUE (LE)

6705, aut. de la Côte-de-Liesse
Saint-Laurent
(514) 739-6336

15 $ à 30 $

Reconnu depuis 15 ans comme « la plus grande maison du bifteck en ville ». Un repas gratuit pour chaque 20 repas payés. Restaurants très spacieux (350 à 1 000 personnes), offrent amplement de stationnement. Table d'hôte le midi et le soir, menu de groupe disponible.
....

PEDDLERS

7500, boul. Newman
Verdun/Lasalle
(514) 364-7204

15 $ à 30 $

Ambiance décontractée et amicale. Table d'hôte et menu du jour tous les jours.
....

GRANDE MARQUISE

4134, rue Wellington
Verdun/Lasalle
(514) 769-4447

15 $ à 30 $

Entreprise familiale. Spécialités : poissons et côtes levées. Décor boisé.
....

BOUCHERIE (LA)

343, rue Saint-Paul Est
Vieux-Montréal
(514) 866-1515

15 $ à 30 $

Spécialité : bœuf. Menu incluant aussi une bonne variété de poissons, d'agneau et de fruits de mer. Capacité de 140 personnes. Chanteuse les jeudis de mai à juin et en octobre. Ambiance chaleureuse, murs en pierre.
....

KEG (LE)

25, rue Saint-Paul Est
Vieux-Montréal
(514) 871-9093

15 $ à 30 $

Grand restaurant. Spécialité : steaks. Menu quand même varié. Ambiance centenaire. Menu à la carte seulement. Bar adjacent où l'on peut acheter des cigares cubains.
....

STEAK HOUSE

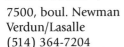

Laval

SAN ANTONIO

800, boul. Chomedey
Laval
(450) 682-7000

15 $ à 30 $

Ambiance chaleureuse et tranquille. Dix choix de tables d'hôtes entre 10 $ et 30 $. Menu pour enfants pour aussi peu que 6 $.
....

VIEUX DULUTH (AU)
♀

999, boul. Saint-Martin Ouest
Laval
(450) 629-1611

15 $ à 30 $

Réputé pour les portions généreuses, l'excellent rapport qualité/prix et un service impeccable. La plus grande chaîne de restaurants servant grillades et fruits de mer au Québec. Idéal pour les sorties en famille, entre amis ou en groupe. Menu pour enfants disponible.

....

HOUSTON STEAK ET CÔTES LEVÉES ⚐

407, rue Labelle
Laval
(450) 971-7077

15 $ à 30 $

Grand établissement chaleureux. Spectacles du jeudi au samedi. Salle privée pour les occasions spéciales. Table d'hôte incluant potage ou salade, plat principal, thé ou café.

....

SERRES MANHATTAN (LES) ⚐

1446, rue Saint-Martin Ouest
Laval
(450) 663-1962

30 $ à 45 $

Service courtois et cuisson toujours à point. Musiciens le soir. 5 à 7 et comptoir à salades.

....

Ouest-de-l'Île

VIEUX DULUTH (AU)
♀

3610, boul. Saint-Jean
Dollard-des-Ormeaux
(514) 624-0350

15 $ à 30 $

Réputé pour les portions généreuses, l'excellent rapport qualité/prix et un service impeccable. La plus grande chaîne de restaurants servant grillades et fruits de mer au Québec. Idéal pour les sorties en famille, entre amis ou en groupe. Menu pour enfants disponible.

....

RED GRILL STEAK HOUSE

349, av. Dorval
Dorval
(514) 636-3599

15 $ à 30 $

Ambiance décontractée et chaleureuse. Spécialités : steaks et fruits de mer. Table d'hôte incluant soupe, salade, plat principal et café. Salle de réception disponible.

....

MON VILLAGE ⚐

2760, ch. Saint-Charles
Hudson
(450) 458-5331

15 $ à 30 $

Ambiance courtoise et rustique. Comporte quatre salles privées, trois foyers et un pub avec son propre menu. Brunch les dimanches. Menu pour enfants disponible.

....

STEAK HOUSE

Rive-Sud

HOUSTON STEAKS ET CÔTES LEVÉES ✒

20, boul. de Mortagne
Boucherville
(450) 449-8777

15 $ à 30 $

Grand établissement chaleureux. Spectacles du jeudi au samedi. Salle privée pour les occasions spéciales. Table d'hôte incluant potage ou salade, plat principal, thé ou café.

BIFTÈQUE (LE)

100, boul. de Mortagne
Boucherville
(450) 449-3388

15 $ à 30 $

Reconnu depuis 15 ans comme « la plus grande maison du bifteck en ville ». Un repas gratuit pour chaque 20 repas payés. Restaurants très spacieux (350 à 1 000 personnes), offrent amplement de stationnement. Table d'hôte le midi et le soir, menu de groupe disponible.

STEAK & CIE ✒

7845, boul. Taschereau
Brossard
(450) 445-6231

15 $ à 30 $

Ambiance chaleureuse, foyer l'hiver. Table d'hôte le midi et le soir ; menu varié.

JACK ASTOR'S BAR & GRILL ✒

3500, boul. Taschereau
Greenfield-Park
(450) 671-4444

15 $ à 30 $

Ambiance déli de Chicago des années 1950. Menu varié : cuisines mexicaine, italienne, steaks, grillades, poulet, etc. Reconnu pour les meilleurs fajitas de la Rive-Sud. Bar avec vin, bière et spiritueux.

VIEUX DULUTH (AU) ♟

3902, boul. Taschereau
Greenfield-Park
(450) 672-9921

15 $ à 30 $

Réputé pour les portions généreuses, l'excellent rapport qualité/prix et un service impeccable. La plus grande chaîne de restaurants servant grillades et fruits de mer au Québec. Idéal pour les sorties en famille, entre amis ou en groupe. Menu pour enfants disponible.

Resto Cité

Suisse

ALPENHAUS ☆

1279, rue Saint-Marc
Centre-ville
(514) 935-2285

15 $ à 30 $

Fines cuisines suisse et européenne. Spécialité : fondues. Ambiance rustique et romantique, foyer et bar vieillot. Spéciaux le midi seulement. Deux salles à manger - une salle privée.

....

RACLETTE (LA) 🍷 ⚙

1059, rue Gilford
Plateau Mont-Royal
(514) 524-8118

15 $ à 30 $

Cuisines suisse et européenne. Spécialités : fondues et raclette. Grande variété de plats européens : canard, pétoncles, filets mignons, etc. Petite et grande table d'hôte, salle privée.

....

Ouest-de-l'Île

CHEZ TRUDI ⚙

445, ch. du Bord-du-Lac
Dorval
(514) 631-1403

15 $ à 30 $

Fine cuisine européenne. Spécialité : fondues. Ambiance rustique et chaleureuse, comme dans un chalet. Excellent rapport qualité/prix.

....

TEX/MEX

MOONSHINE BAR & GRILL

7101, rue Jean Talon Est
Anjou/Saint-Léonard
(514) 355-4435

15 $ et moins

Restaurant avec un beau bar. Menu composé de grillades et autres plats mexicains. Ambiance idéale pour les sorties entre amis.

....

CARLOS & PEPES

1420, rue Peel
Centre-ville
(514) 288-3090

15 $ à 30 $

Cuisines mexicaine et californienne. Ambiance typique, bar style pub. Table d'hôte et happy hour le midi et le soir. Spécialité : fajitas. Portes coulissantes ouvertes l'été.

....

PLANÈTE (LE)

1451, rue Sainte-Catherine Est
Village
(514) 528-6953

15 $ à 30 $

Cuisine mondiale d'inspiration californienne. Ambiance moderne et détendue. Reconnu pour les grillades. Table d'hôte le midi et le soir incluant entrée, plat principal et café. Portes coulissantes ouvertes l'été.

....

Rive-Sud

CHILI'S GRILL & BAR

1190, rue Volta
Boucherville
(450) 641-6641

15 $ et moins

Spécialités : fajitas et pitas. Ambiance typiquement mexicaine, excellente pour les sorties entre amis. Menu principalement à la carte. Grande sélection de bières.

....

THAÏLANDAIS

GOÛT DE LA THAÏLANDE ♀

1345, rue Fleury Est
Ahuntsic
(514) 384-0806

6361, rue Sherbrooke Est
Hochelaga-Maisonneuve
(514) 252-7031

2229, av. du Mont-Royal Est
Plateau Mont-Royal
(514) 527-5035

3865, rue Wellington
Verdun/Lasalle
(514) 761-3555

15 $ et moins

Cuisines thaïlandaise et vietnamienne traditionnelles. Ambiance plutôt moderne. Table d'hôte incluant soupe, plat principal et dessert.

....

SOUVERNIRS DE BANGKOK ♀

1925, rue Sainte-Catherine Ouest
Centre-ville
(514) 938-2235

15 $ et moins

Fine cuisine, excellent rapport qualité/prix. 5 à 7 chaque soir. Combinés incluant soupe, rouleau et plat principal. Le soir, du lundi au mercredi, le deuxième plat est à moitié prix. On apporte son vin.

....

CHANG THAI ⚲ ☆

2100, rue Crescent
Centre-ville
(514) 286-9994

15 $ à 30 $

Cuisine thaïlandaise de qualité supérieure. Ambiance exotique, différentes œuvres d'art de Thaïlande. Menu varié et raffiné ; table d'hôte le midi. Salle de réception disponible.

....

PHAYATHAI

1235, rue Guy
Centre-ville
(514) 933-9949

15 $ à 30 $

Grand restaurant de deux étages de fine cuisine thaïlandaise. Ambiance typique, musique traditionnelle. Différentes tables d'hôtes chaque semaine, le jour seulement.

....

BAN LAO-THAI ⚲

930, boul. Décarie
Côte-des-Neiges
(514) 747-4805

15 $ à 30 $

Cuisines thaïlandaise et laotienne. Ambiance typiquement laotienne. Spécialité : salade avec papaye. Capacité de 36 personnes.

....

THAÏLANDAIS

THAÏLANDE

88, av. Bernard Ouest
Mile-End
(514) 271-6733

15 $ à 30 $

Fine cuisine, ambiance exotique. Spécialité : canard croustillant. Table d'hôte le midi et le soir incluant soupe, salade, plat principal, dessert et café.

....

CHAO PHRAYA

50, av. Laurier Ouest
Mile-End
(514) 272-5339

15 $ à 30 $

Grand restaurant de fine cuisine thaï-landaise. Ambiance traditionnelle. Ouvert le soir seulement. Table d'hôte tous les soirs.

....

BELLE THAÏLANDAISE (LA) ⌖

4514, rue Saint-Denis
Plateau Mont-Royal
(514) 843-6269

15 $ et moins

Ambiance traditionnelle. Grand choix de plats. À essayer : le poulet aux arachides, nouilles Singapour et pad thaï. Table d'hôte le midi incluant une soupe, rou-leau et plat principal.

....

THAI EXPRESS

3710, boul. Saint-Laurent
Plateau Mont-Royal
(514) 287-9957

15 $ et moins

Resto thaïlandais. Spécialités : soupes pho et plats populaires rapides. Prix modeste. Cuisine plus ou moins traditionnelle.

....

THAI GRILL

5101, boul. Saint-Laurent
Plateau Mont-Royal
(514) 270-5566

15 $ à 30 $

Fine cuisine thaïlandaise. Ambiance plu-tôt moderne, bar et lounge, assez tran-quille le midi. Spécialité : poissons grillés. Salle de réception pour les fêtes et groupes disponible.

....

CHU CHAI ⌖

4088, rue Saint-Denis
Plateau Mont-Royal
(514) 843-4194

15 $ à 30 $

Restaurant offrant une section express, style bistro, dédiée aux plats pour emporter. Ambiance thaïlandaise. Spécialité : cuisine végétarienne (végé-talienne). Table d'hôte souvent diffé-rente.

....

CUISINE CHEF CHAUS ♟

2437, av. du Mont-Royal Est
Plateau Mont-Royal
(514) 526-0230

15 $ à 30 $

Cuisines thaïlandaise et sichuanaise. Ambiance chaleureuse, aquarium. Table d'hôte le midi et le soir.

....

THAI-VIET ♟ ⌖

3610, rue Saint-Dominique
Plateau Mont-Royal
(514) 288-5577

15 $ à 30 $

Fines cuisines vietnamienne et thaïlan-daise. Menu diversifié, incluant des sou-pes, grillades, nouilles et autres plats. Terrasse d'une capacité de 80 personnes l'été. Décor typiquement asiatique.

....

RED THAI 🍸

3550, boul. Saint-Laurent
Plateau Mont-Royal
(514) 289-0998

30 $ à 45 $

Fine cuisine traditionnelle. Ambiance branchée, belles décorations. Plusieurs combinés disponibles et bonne variété de plats végétariens.

....

FORMOSA

2115, rue Saint-Denis
Quartier latin
(514) 282-1966

15 $ à 30 $

Menu exotique. Spécialités : cuisines thaïlandaise, indienne et chinoise. Ambiance moderne, foyer. Buffet sur demande pour les groupes de 80 et plus.

....

THAI ORCHID

138, rue Saint-Paul Est
Vieux-Montréal
(514) 861-6640

15 $ à 30 $

Restaurant thaïlandais renommé. Sections fumeurs et non-fumeurs séparées. Belle vue sur le vieux port. Table d'hôte pour aussi peu que 14 $ incluant soupe, rouleau, plat principal, dessert et café.

....

BAN THAI

862, rue Sainte-Catherine Est
Village
(514) 840-9299

15 $ et moins

Restaurant libre service, comptoirs et salle à manger. Différents combinés incluant entrée, plat principal et boisson gazeuse.

....

BATÒ THAI

1310, rue Sainte-Catherine Est
Village
(514) 524-6705

15 $ à 30 $

Ambiance typiquement thaïlandaise. Capacité de 70 personnes. Spécialité : poulet aux arachides. Table d'hôte le midi et le soir incluant entrée et plat principal (avec dessert et café le soir).

....

Ouest-de-l'Île

SALLY THAI 🍸

96, rue Sainte-Anne
Sainte-Anne-de-Bellevue
(514) 457-8111

15 $ et moins

Restaurant thaïlandais, prix abordable. Ambiance traditionnelle, musique thaïlandaise. Table d'hôte le soir incluant soupe, rouleau impérial et plat principal. Terrasse sur le bord de l'eau.

....

STE-ANNE SZECHUAN THAI

27, rue Sainte-Anne
Sainte-Anne-de-Bellevue
(514) 457-5366

15 $ à 30 $

Petit restaurant de fines cuisines thaïlandaise et sichuanaise. Ambiance romantique. Spécialité : poulet du Général Tao. Table d'hôte et assiette pour deux disponibles tous les jours.

....

THAÏLANDAIS

Rive-Sud

ROYAUME DE LA THAÏLANDE (LE) 🍷 ✒

4904, boul. Taschereau
Greenfield-Park
(450) 672-3051

15 $ et moins

Fine cuisine, bas prix. Ambiance romantique et calme. Spéciaux le midi et table d'hôte le soir.

THAÏLANDAIS

VÉGÉTARIEN

CAFE LOLA ROSA

545, rue Milton
Centre-ville
(514) 287-9337

15 $ et moins

Petit restaurant végétarien, cuisine du monde. Ambiance naturelle et colorée. Restaurant non-fumeurs, sans permis d'alcool. Aucune carte de crédit acceptée. Spécialité : burritos aux fèves noires.

COMMENSAL (LE) 🍷 ☂

1204, av. MgGill College
Centre-ville
(514) 871-1480

5122, ch. de la Côte-des-Neiges
Côte-des-Neiges
(514) 733-9755

5043, rue Saint-Denis
Plateau Mont-Royal
(514) 843-7741

15 $ et moins

Buffet végétarien, différentes sortes de buffets chauds, froids et desserts. Ambiance classique et calme.

GOVINDA

263, av. Duluth Est
Plateau Mont-Royal
(514) 284-5255

15 $ et moins

Buffet végétarien, cuisine du monde, en particulier de l'Inde. Ambiance mystique et ésotérique. Plusieurs plats extra disponibles.

VIVRES (LES) ☂

4434, rue Saint-Dominique
Plateau Mont-Royal
(514) 842-3479

15 $ et moins

Cuisine entièrement végétalienne. Ambiance décontractée et artistique. Exposition d'art de temps à autre. Spécial du jour tous les jours. Produits toujours frais et biologiques.

SPIRITE LOUNGE

1201-1205, rue Ontario Est
Village
(514) 529-6204

15 $ et moins

Restaurant végétarien, cuisine biologique. Bonne sélection de crêpes. Ambiance lounge ; capacité de 80 personnes. Menu à la carte seulement.

Resto Cité

VIETNAMIEN

CITRONELLE (LA)

1386, rue Fleury Est
Ahuntsic
(514) 382-4142

15 $ et moins

Fine cuisine vietnamienne. Bonne sélection de soupes tonkinoises, fruits de mer, grillades, rouleaux et plats sautés. Spécial midi-express tous les jours. Salades de papaye à ne pas manquer. Bon choix de vins.

AROMATE D'ASIE

1219, rue Mackay
Centre-ville
(514) 871-1668

15 $ et moins

Petit restaurant, fine cuisine vietnamienne. Ambiance familiale, décor asiatique. Service amical. Table d'hôte tous les jours. Spécialité : canard croustillant d'aromates d'Asie.

BAMBOU D'ORE

1448, rue Mackay
Centre-ville
(514) 937-0020

15 $ et moins

Spécialités : soupes, nouilles et grillades. Ambiance détendue, décor asiatique. Spéciaux le midi tous les jours.

PHÒ 2000

223, rue Sainte-Catherine Est
Centre-ville
(514) 289-0988

15 $ et moins

Grand restaurant. Spécialité : soupes tonkinoises. Cuisine légère, ambiance décontractée et asiatique. Spéciaux le midi incluant plat principal et bière en sus pour aussi peu que 6 $.

PHO-THAN-LONG

103, rue Sainte-Catherine Est
Centre-ville
(514) 848-0521

15 $ et moins

Cuisine vietnamienne, bonne sélection de soupes tonkinoises. Excellent rapport qualité/prix. Ambiance familiale.

BELLE VIETNAMIENNE PLUS (LA)

1206, av. Union
Centre-ville
(514) 866-8892

15 $ et moins

Restaurant idéal pour les lunchs d'affaires. Menu du jour et du soir. Fermé de 15 h à 17 h. Service pour emporter disponible.

BIO OPTIMUM

2090, av. Union
Centre-ville
(514) 843-8940

15 $ et moins

*Fine cuisine vietnamienne. Spécialité :
rouleaux printaniers, uniques à Montréal. Grand choix de grillades et de soupes ; spéciaux le midi. Ambiance sobre,
décor japonais.*

ONG CA CAN

79, rue Sainte-Catherine Est
Centre-ville
(514) 844-7817

15 $ à 30 $

*Fine cuisine vietnamienne. Spécialité :
sept saveurs de bœuf (plat roulé aux
feuilles de riz). Table d'hôte pouvant aller
jusqu'à 30 $. Capacité de 130 personnes.
Décor oriental et moderne.*

HOAI HUONG

5485, av. Victoria
Côte-des-Neiges
(514) 738-6610

15 $ et moins

*Cuisine traditionnelle. Spécialités :
grillades et soupes. Grande sélection de
soupes traditionnelles : soupe tonkinoise,
chin chin, won tong, fruits de mer.
Ambiance traditionnelle. Spéciaux le
midi incluant salade, riz et plat principal
pour aussi peu que 5 $.*

PHÒ BAC

5473, av. Victoria
Côte-des-Neiges
(514) 341-1265

15 $ et moins

*Restaurant vietnamien. Spécialité : sou-
pes traditionnelles. Cuisine santé, très
bas prix. Ambiance détendue. Service
pour emporter disponible.*

BANH CUON DAO VIEN

5623, ch. de la Côte-des-Neiges
Côte-des-Neiges
(514) 341-7120

15 $ et moins

*Bonne sélection de soupes, grillades,
fruits de mer et rouleaux à la vapeur.
Cuisine vietnamienne authentique. Bon
rapport qualité/prix. Spéciaux le midi.
Grande variété de combinés tous les
jours.*

HOANG YEN

6635, ch. de la Côte-des-Neiges
Côte-des-Neiges
(514) 731-3993

15 $ et moins

*Spécialité : sous-marins vietnamiens. Excel-
lent rapport qualité/prix.*

ORIENTAL NGAN DINH

5540-A, ch. de la
Côte-des-Neiges
Côte-des-Neiges
(514) 731-0663

15 $ et moins

*Variété de soupes, de rouleaux et de
grillades. Table d'hôte incluant soupe du
jour, rouleaux, salade et plat principal.*

PHÒ BANG

6135, ch. de la Côte-des-Neiges
Côte-des-Neiges
(514) 344-9776

15 $ et moins

*Grand restaurant de 300 places.
Spécialité : soupes tonkinoises traditionnelles. Décor vietnamien à thème tropical. Excellent rapport qualité/prix.*

PHÒ HOA

6208, ch. de la Côte-des-Neiges
Côte-des-Neiges
(514) 343-5018

15 $ et moins

Cuisine traditionnelle chevronnée. Spécialités : soupes, plats sautés et nouilles. Capacité de 100 personnes. Excellent rapport qualité/prix.

....

PHÒ LIÊN

5703-B, ch. de la
Côte-des-Neiges
Côte-des-Neiges
(514) 735-6949

15 $ et moins

Petit restaurant de soupes tonkinoises. Service rapide, prix raisonnable. Ambiance animée.

....

PHÒ PASTEUR

6260, ch. de la Côte-des-Neiges
Côte-des-Neiges
(514) 344-1863

15 $ et moins

Spécialités : soupes tonkinoises et rouleaux printaniers. Bon choix de plats santé. Ambiance décontractée. Excellent rapport qualité/prix.

....

SAIGONAISE (LA)

5711, ch. de la Côte-des-Neiges
Côte-des-Neiges
(514) 344-4952

15 $ et moins

Cuisine vietnamienne authentique. Spécialité : soupes tonkinoises. À essayer : la soupe saïgonnaise. Service pour emporter et livraison disponibles.

....

CHEZ TUNG ♟

3593, av. Appleton
Côte-des-Neiges
(514) 735-1888

15 $ et moins

Restaurant vietnamien typique. Spécialité : grillades, brochettes rouleaux et plats sautés. Excellent rapport qualité/prix.

....

CAMÉLIA (LE)

5024, ch. de la Côte-des-Neiges
Côte-des-Neiges
(514) 738-8083

15 $ à 30 $

Petit restaurant de fine cuisine, grande variété de plats : soupes tonkinoises, rouleaux, salades et grillades. Décor vietnamien. Table d'hôte le soir.

....

CHEZ LIEN

6780, rue Sherbrooke Est
Hochelaga-Maisonneuve
(514) 252-9088

10660, boul. Pie-IX
Montréal-Nord
(514) 322-9385

1999, av. du Mont-Royal Est
Plateau Mont-Royal
(514) 528-1999

8523, boul. Saint-Laurent
Villeray/Rosemont
(514) 389-9305

15 $ et moins

Cuisine vietnamienne authentique. Spécialité : soupes tonkinoises. Excellent rapport qualité/prix. Gastronomie diététique et légère. Service rapide.

....

VIETNAMIEN

VIETNAMIEN

LAI (LE)

6343, rue Sherbrooke Est
Hochelaga-Maisonneuve
(514) 256-7333

15 $ et moins

Cuisines vietnamienne et thaïlandaise. Spécialités : grillades, plats sautés et soupes tonkinoises. Table d'hôte le midi et le soir.

CHEZ WAN

288, av. Laurier Ouest
Mile-End
(514) 278-6753

15 $ et moins

Cuisines vietnamienne et thaïlandaise, bas prix. Menu varié : grillades, plats sautés, brochettes, rouleaux. Spéciaux le midi et livraison à partir de 8 $ d'achat.

PETITE TONKINOISE (LA)

140, av. Laurier Ouest
Mile-End
(514) 270-7586

15 $ et moins

Cuisine raffinée, bas prix. Excellentes soupes tonkinoises et bœuf à la citronnelle. Ambiance sympathique, belle terrasse l'été.

ESCALE À SAIGON

107, av. Laurier Ouest
Mile-End
(514) 272-3456

15 $ à 30 $

Fine cuisine vietnamienne. Ambiance feutrée et élégante. Grande sélection de plats authentiquement vietnamiens servis avec un flair artistique. Spéciaux le midi et table d'hôte le soir incluant trois services : entrée, plat principal avec riz parfumé et dessert. Terrasse d'une capacité de 20 personnes.

CYCLO (AU)

5136, av. du Parc
Mile-End
(514) 272-1477

30 $ à 45 $

Cuisine authentique vietnamienne. Menu très varié. Chef formé au Vietnam. Spécialités de la maison : rouleaux impériaux, riz de lotus, crêpes saïgonnaises et le poisson caramélisé.

N'PHO CHIEU TIM

433, rue Bélanger Est
Mile-End
(514) 277-5093

15 $ et moins

Cuisine santé. Spécialités : soupes tonkinoises, variété de rouleaux et de plats sautés. Ambiance décontractée et sans prétention. Excellent rapport qualité/prix.

HOAI NAM

360, rue Jean Talon Est
Mile-End
(514) 272-6099

15 $ et moins

Cuisine santé. Spécialité : soupes tonkinoises. Ambiance et décoration vietnamiennes. Capacité de 75 personnes.

NHU-Y

134, rue Jean Talon Ouest
Mile-End
(514) 948-8884

15 $ et moins

Petit restaurant. Au menu : grillades, plats sautés et variété de soupes. Ambiance décontractée. Excellent rapport qualité/prix.

YEN YEN

2709, rue Ontario Est
Montréal-Est
(514) 523-5846

15 $ et moins

Petit restaurant, capacité de 30 personnes, menu composé de soupes tonkinoises. Combinés tous les jours pour moins de 15 $. Ambiance familiale. Vin, bière, spiritueux et une variété d'alcools locaux.

....

CHEZ DIEN

7064, boul. Pie-IX
Montréal-Est
(514) 374-8802

15 $ et moins

Restaurant vietnamien d'une capacité de 80 places. Ambiance vietnamienne. Spécialités : soupes, rouleaux et grillades. Bon rapport qualité/prix.

....

THAO

2663, rue Ontario Est
Montréal-Est
(514) 522-5396

15 $ à 30 $

Cuisine vietnamienne santé. Spécialité : soupes tonkinoises. Menu régulier incluant aussi des soupes won ton, des assiettes d'escargots et une table d'hôte.

....

COIN D'ASIE

6020, rue Sherbrooke Ouest
Notre-Dame-de-Grâce
(514) 482-4035

15 $ à 30 $

Fine cuisine. Spécialité : fondue vietnamienne. Grande sélection de grillades, salades, soupes et fruits de mer. Spéciaux le midi, différents chaque jour. Ambiance asiatique, instruments de musique vietnamiens sur les murs.

....

DOAN

1356, av. Van Horne
Outremont
(514) 273-7056

15 $ et moins

Petit établissement familial. Cuisine authentique. Bonne variété de grillades et de soupes. Service pour emporter disponible. Spéciaux le midi et le soir. Restaurant non-fumeurs.

....

PAPAYE VERTE (LA)

365, av. Bernard Ouest
Outremont
(514) 279-0688

15 $ à 30 $

Fine cuisine. Spécialités : salades et différentes préparations de papayes vertes. Ambiance vietnamienne, service de traiteur. Présentation des plats raffinée. Menu du jour le midi et table d'hôte le soir.

....

BAMBOU BLEU

3985, rue Saint-Denis
Plateau Mont-Royal
(514) 845-1401

15 $ et moins

Spécialités : soupes, grillades et plats sautés. Excellent rapport qualité/prix. Portions généreuses.

....

NOUVEAU SAIGON

162, rue Prince Arthur Est
Plateau Mont-Royal
(514) 849-3915

15 $ et moins

Cuisines vietnamienne et thaïlandaise. Spécialités : grillades, plats sautés et soupes. Ambiance typiquement thaïlandaise, service amical et personnalisé. Table d'hôte le soir ; fermé le midi.

....

VIETNAMIEN

VIETNAMIEN

JUST NOODLES

3711, boul. Saint-Laurent
Plateau Mont-Royal
(514) 288-9593

15 $ et moins

Petit restaurant. Spécialité : les nouilles. Menu très varié, excellent rapport qualité/prix. Ambiance décontractée, idéale pour tout simplement bien manger. Assiettes préparées devant les clients.

MERVEILLE DU VIETNAM (LA)

4526, rue Saint-Denis
Plateau Mont-Royal
(514) 844-9884

15 $ à 30 $

Réputé depuis plusieurs années pour la qualité des mets et pour le service courtois. Menu varié composé, entre autres mets, de délicieux hors-d'œuvre, de grillades, d'un choix impressionnant de plats sautés et de desserts exotiques. Livraison possible.

BRIDÉS (LES)

2300, av. du Mont-Royal Est
Plateau Mont-Royal
(514) 596-0600

15 $ et moins

Cuisines vietnamienne et japonaise. Menu à la carte et table d'hôte incluant soupes, grillades, plats sautés et sushis. Ambiance asiatique.

LOTUS BLEU (LE) ♈☄

350, av. Duluth Est
Plateau Mont-Royal
(514) 843-6183

15 $ et moins

Charmant restaurant de fine cuisine. Spécialités : grillades et plats sautés. Excellent rapport qualité/prix. Ambiance animée. Table d'hôte incluant deux entrées et un plat principal. À essayer : le poulet à la sauce aux arachides.

CHEZ MAI LAN ♈

1708, av. Laurier Est
Plateau Mont-Royal
(514) 598-1292

15 $ et moins

Fine cuisine santé. Menu varié : plats sautés, rouleaux, grillades et soupes. Ambiance chaleureuse et asiatique, aquarium.

FAMILLE VIETNAMIENNE (LA) ♈

4051, rue Saint-André
Plateau Mont-Royal
(514) 524-5771

15 $ et moins

Petit restaurant vietnamien. On apporte son vin. Plats simples et authentiques. Ambiance accueillante et intime. Excellent rapport qualité/prix.

HARMONIE D'ASIE (L') ♈

65, av. Duluth Est
Plateau Mont-Royal
(514) 289-9972

15 $ à 30 $

Établi depuis 15 ans. Menu incluant, entre autres mets, rouleaux impériaux et printaniers, plats végétariens et plusieurs soupes. Ouvert de 17 h à 22 h.

SOUVENIRS D'INDOCHINE 🎐

243, av. du Mont-Royal Ouest
Plateau Mont-Royal
(514) 848-0336

15 $ à 30 $

Fine cuisine bien cotée depuis 10 ans. Menu très varié : nouilles, plats sautés, fruits de mer, rouleaux, soupes. Ambiance zen, clientèle d'artistes la semaine et familiale les fins de semaine. Expositions d'art occasionnellement. Terrasse avec vue sur la montagne.

CITÉ IMPÉRIALE (LA)

1053, boul. Saint-Laurent
Quartier chinois
(514) 875-8388

15 $ et moins

Cuisine vietnamienne authentique. Spécialité : soupes tonkinoises. À essayer : les rouleaux impériaux et la soupe de phòs et bùn bò. Bon rapport qualité/prix.

PHÒ BAC 97

1016, boul. Saint-Laurent
Quartier chinois
(514) 393-8116

15 $ et moins

Restaurant vietnamien. Spécialité : soupes traditionnelles. Cuisine santé, très bas prix. Ambiance détendue. Service pour emporter disponible.

PHO TRUC

1021, boul. Saint-Laurent
Quartier chinois
(514) 866-8288

15 $ et moins

Petit restaurant, ambiance authentiquement vietnamienne. Spécialités : soupes tonkinoises et crêpes vietnamiennes. Grand choix de plats de riz et de vermicelles.

PHÒ BANG NEW YORK

970, boul. Saint-Laurent
Quartier chinois
(514) 954-2032

15 $ et moins

Spécialité : soupes tonkinoises traditionnelles. Décor vietnamien à thème tropical. Excellent rapport qualité/prix.

CALI

1011, boul. Saint-Laurent
Quartier chinois
(514) 876-1064

15 $ et moins

Cuisine vietnamienne axée sur les soupes : soupe au bœuf, poulet et crevettes. Service pour emporter disponible. Ouvert sept jours par semaine.

PHO MINH

1021 B, boul. Saint-Laurent
Quartier chinois
(514) 866-8288

15 $ et moins

Bon choix de soupes, plats de vermicelles, grillades et crêpes vietnamiennes. Menu simple et pratique. Ambiance vietnamienne et clientèle en majorité vietnamienne.

CRISTAL DE SAIGON

1068, boul. Saint-Laurent
Quartier chinois
(514) 875-4275

15 $ à 30 $

Cuisine vietnamienne authentique. Pionnier des soupes-repas (phos) à Montréal. Ouvert depuis 1984. Bons rouleaux impériaux et soupes fraîches. L'un des rares restaurants à offrir le bouillon de nouilles aux œufs. Grand choix de soupes. À essayer : la soupe aux nouilles chinoises et au bœuf. Capacité de 30 personnes.

VIETNAMIEN

VIETNAMIEN

PHÓ ROSEMONT

435, boul. Rosemont
Rosemont/Petite-Patrie
(514) 271-2696

15 $ et moins

Cuisine authentique. Spécialité : soupes tonkinoises. À essayer : le pho tai. Décor simple, touches vietnamiennes. Service pour emporter disponible. Capacité de 24 personnes.

BAGUETTES D'ASIE (LES)

857, boul. Décarie
Saint-Laurent
(514) 744-4608

15 $ et moins

Spécialités : brochettes et fruits de mer. Ambiance asiatique, terrasse. Capacité de 110 personnes. Spéciaux le midi et table d'hôte le soir. Spécialité de la maison : sizzling.

RIVIÈRE SAIGON (LE)

910, boul. Décarie
Saint-Laurent
(514) 744-9400

15 $ et moins

Grande sélection de soupes tonkinoises et vietnamiennes traditionnelles. Décorations et ambiance asiatiques. Table d'hôte incluant deux rouleaux, soupe du jour, plat principal, dessert et thé.

CHEZ QUY PHI

1713, av. Dollard
Verdun/Lasalle
(514) 595-3937

15 $ et moins

Menu diversifié : nouilles frites, soupes tonkinoises, grillades, rouleaux. Ambiance à la fois asiatique et moderne. Spéciaux le midi et table d'hôte le soir.

MANDOLINE (LA)

122, rue McGill
Vieux-Montréal
(514) 397-4040

15 $ à 30 $

Plats avec de belles présentations. À essayer : leur soupe-repas. Bon choix de viandes, fruits de mer, nouilles croustillantes et rouleaux impériaux. Décor style bistro.

PHÒ VIET

1663, rue Amherst
Village
(514) 522-4116

15 $ et moins

Fine cuisine vietnamienne. Bonne sélection de soupes tonkinoises, rouleaux printaniers, grillades et nouilles. Ambiance familiale. Excellent rapport qualité/prix.

CAFÉ SAIGON

1280, rue Saint-André
Village
(514) 849-0429

15 $ et moins

Cuisine authentiquement vietnamienne. Spécialités : soupes, nouilles, rouleaux impériaux et grillades. Spéciaux le midi. Excellent rapport qualité/prix. Capacité de 100 personnes.

PERLE EXTRÊME ORIENT (LA)

1350, rue Sainte-Catherine Est
Village
(514) 527-7902

15 $ et moins

Cuisine vietnamienne, excellent rapport qualité/prix. Bon choix de soupes, de grillades et de plats sautés. Capacité de 50 personnes. Belle ambiance asiatique.

ESTASIE

1320, rue Sainte-Catherine Est
Village
(514) 598-1118

15 $ à 30 $

*Menu composé de plusieurs plats popu-
laires : sushis, spécialités thaïlandaises,
vietnamiennes et indonésiennes. Cuisine
raffinée offrant une variété de soupes, de
plats sautés et de brochettes.*

HOGOUM

7491, rue Saint-Denis
Villeray/Rosemont
(514) 271-5208

15 $ et moins

*Petit restaurant. Spécialité : soupes ton-
kinoises. Cuisine légère ; ambiance typiquement vietnamienne.*

PHO NAM DO

7166, rue Saint-Denis
Villeray/Rosemont
(514) 278-8756

15 $ et moins

*Spécialités : soupes tonkinoises. Bonne
sélection de riz, de fruits de mer et de
nouilles. Décor vietnamien, musique
traditionnelle. Combinés avec un excellent rapport qualité/prix.*

TAY HO

6412, rue Saint-Denis
Villeray/Rosemont
(514) 273-5627

15 $ et moins

*Cuisine vietnamienne authentique.
Bonne sélection de soupes tonkinoises.*

HA LONG

929, rue Saint-Zotique Est
Villeray/Rosemont
(514) 274-7010

15 $ et moins

*Cuisine santé. Spécialités : soupes tonki-
noises, grillades et fruits de mer. Décor
vietnamien. Spéciaux le midi.*

TRÀNG AN

7259, rue Saint-Denis
Villeray/Rosemont
(514) 272-9992

15 $ à 30 $

*Restaurant vietnamien authentique.
Cuisine santé composée de soupes pho,
de viandes grillées, de salades et de fruits
de mer.*

MANGOUSTAN (LE)

5935, rue Saint-Hubert
Villeray/Rosemont
(514) 495-9031

15 $ à 30 $

*Resto sympathique, ouvert depuis plus de
20 ans. Spécialités : soupe au citron et
gingembre, riz au poulet et rouleaux
impériaux. Ambiance sans prétention.*

Laval

CHEZ KIM

4826, boul. des Laurentides
Laval
(450) 625-2658

15 $ et moins

*Cuisines vietnamienne et thaïlandaise.
Spécialités : plats sautés et grillades. Ambiance amicale et romantique, souper à
la chandelle. Spéciaux le midi, choix
entre différents combinés. Bon service.*

VIETNAMIEN

Resto Cité

VIETNAMIEN

CHEZ LIEN

1216, boul. Curé-Labelle
Laval
(450) 681-3307

1710, boul. des Laurentides
Laval
(450) 662-2470

15 $ et moins

Cuisine vietnamienne authentique. Spécialité : soupes tonkinoises. Excellent rapport qualité/prix. Gastronomie diététique et légère. Service rapide.

....

CHEZ PHAM

2297, boul. Le Carrefour
Laval
(450) 681-5557

15 $ et moins

Fine cuisine vietnamienne. Spécialités : brochettes et plats sautés. Ambiance classique, accent asiatique. Spéciaux le midi ; capacité de 80 personnes.

....

BAYON ♟

281, boul. Labelle
Laval
(450) 971-1243

15 $ et moins

Cuisines vietnamienne, thaïlandaise et cambodgienne, bas prix. Menu entièrement à la carte. Spéciaux le midi. Ambiance typiquement asiatique.

....

MAISON PHAM (LA) ♟

610, boul. Cartier Ouest
Laval
(450) 682-3659

15 $ à 30 $

Fine cuisine vietnamienne. Spécialité : plats sautés. Décorations élégantes et feutrées ; capacité de 75 personnes. Table d'hôte le midi et le soir. Service amical.

....

Ouest-de-l'Île

ANH-TAÏ

4858, boul. des Sources
Dollard-des-Ormeaux
(514) 685-5092

15 $ et moins

Spécialités : grillades et plats sautés. Ambiance orientale et romantique, balcon et grand aquarium. Souper à la chandelle. Table d'hôte le midi.

....

CHEZ LIEN

3671, boul. Saint-Jean
Dollard-des-Ormeaux
(514) 626-5292

15 $ et moins

Spécialités : plats sautés, grillades, soupes et nouilles. Ambiance décontractée. Spéciaux le midi et table d'hôte le soir. Excellent rapport qualité/prix.

Rive-Sud

KINH DO (AU) ♟

8050, boul. Taschereau
Brossard
(450) 672-0282

15 $ et moins

Spécialités : soupes et brochettes. Ambiance classique, capacité de 100 personnes. Service pour emporter disponible.

....

PHÒ KIM ⚑

8080, boul. Taschereau
Brossard
(450) 923-2188

15 $ et moins

Bonne sélection de soupes tonkinoises. Ambiance vietnamienne et sereine. Combinés à la carte tous les jours.

....

DIVERS

MONTRÉAL / GLACES
BILBOQUET (LE)

1311, av. Bernard Ouest
Outremont
(514) 276-0414

15 $ et moins

La meilleure crème glacée et les sorbets les plus originaux en ville ! Les saveurs changent selon les saisons. Essayez notre glace à la tire d'érable. Fermé l'hiver jusqu'à la mi-mars.

MONTRÉAL / SOUPER / SPECTACLE
AUBERGE DU DRAGON ROUGE (L')

8870, rue Lajeunesse
Ahuntsic
(514) 858-5711

15 $ et moins

Restaurant à thème du Moyen Âge. Deux types de cuisine : gourmande et médiévale. Spécialités : sanglier, confit de canard et assiettes de dégustation.

MONTRÉAL / SOUPER / SPECTACLE
MAISON HANTÉE (LA)

1037, rue de Bleury
Centre-ville
(514) 392-9268

30 $ à 45 $

Restaurant thématique animé par des esprits (acteurs). Menu composé de tables d'hôte, cinq services : entrée, potage, plat principal, café et dessert.

MONTRÉAL / SOUPER / SPECTACLE
FESTIN DU GOUVERNEUR (LE)

Vieux Fort, Île-Sainte-Hélène
Parc-des-Îles
(514) 879-1141

30 $ à 45 $

Spectacle victorien de deux heures chaque soir. Menu permanent incluant salade, soupe aux légumes, poulet Wellington, etc. Restaurant situé dans un vieux fort bâti en 1820. Vue sur le port de Montréal.

MONTRÉAL / SOUPER / SPECTACLE
MEURTRE ET MYSTÈRE MÉDIÉVAL

6510, rue Viau
Villeray/Rosemont
(514) 525-6279

30 $ à 45 $

Restaurant qui offre un spectacle interactif pendant le souper. Spectacle mystère professionnel, humoristique et coloré où les gens doivent découvrir le coupable. Menu avec table d'hôte trois services.

DIVERS

MONTRÉAL / MAISON DE THÉ
MAISON DE THÉ CAMELLIA SINENSIS
351, rue Émery
Quartier latin
(514) 286-4002

15 $ et moins

Immense variété de techniques de préparation du thé. Décor international et ambiance calme. Bon choix de desserts.

....

MONTRÉAL / JUIF
ERNIE & ELLIE'S PLACE
6900, boul. Décarie
Côte-des-Neiges
(514) 344-4444

15 $ à 30 $

Restaurant kasher glatt avec deux cuisines : asiatique (sushis, chinois) et canadienne (grillades, steaks, hamburgers). Table d'hôte et spéciaux tous les jours. Livraison à partir de 10 $ d'achat. Stationnements souterrain et extérieur gratuits.

....

OUEST DE L'ÎLE / PAKISTANAIS
SHAHI PALACE

4773, boul. des Sources
Pierrefonds
(514) 685-0000

15 $ à 30 $

Petit restaurant, fine cuisine pakistanaise authentique. Assiettes préparées avec délicatesse et passion. Poulet au beurre qui vaut le détour. Une expérience à ne pas manquer.

....

MONTRÉAL / TIBÉTAIN
CHEZ GATSÉ RESTAURANT TIBÉTAIN
317, rue Ontario Est
Quartier latin
(514) 985-2494

15 $ et moins

Fine cuisine tibétaine traditionnelle. Spécialités : momos, assiette de Yeti et thé au beurre. Excellent rapport qualité/prix. Expérience hors de l'ordinaire.

....

MONTRÉAL / TURC
VIEUX ISTANBUL (AU)
1247, rue de Bleury
Centre-ville
(514) 861-6095

15 $ à 30 $

Cuisine authentiquement turque. Menu très exotique, portions copieuses. Mets savoureux et riches en histoire. Bon rapport qualité/prix. Ambiance chaleureuse et décontractée.

....

LAVAL / ANATOLIEN
CALYPSO
3401, boul. Cartier Ouest
Laval
(450) 686-8180

15 $ à 30 $

Charmante ambiance. Spécialités: poisson frais, brochettes et shawarma.

....

Restos coups de cœur

Resto Cité

Alpenhaus

25 RESTOS COUPS DE CŒUR

Alpenhaus est un restaurant romantique qui peut vous offrir d'authentiques et onctueuses fondues suisses aussi bien qu'une excellente cuisine européenne. Dès l'entrée, l'ambiance typique des auberges alpestres vous séduit et vous convie à entrer dans l'une ou l'autre des deux salles à manger du restaurant. D'un côté vous attend une galerie de murales, des armes anciennes, des clochetons traditionnels, des vitraux et des tapisseries de l'Europe féodale. De l'autre côté s'ouvre, du vendredi au dimanche seulement, la salle Heidi, une vaste pièce qui arbore fièrement l'étendard du canton d'Aargau. Cette salle, réchauffée par un foyer ardent et où trône un piano, est un décor parfait pour les soirées romantiques.

Qu'est ce qui caractérise la cuisine suisse ? D'abord l'association des saveurs. Le menu du restaurant Alpenhaus est un mariage parfaitement suisse d'influences allemandes, italiennes et françaises. Composé de grands favoris, un souper à la carte peut agréablement s'amorcer avec une raclette, ce qui ravira les amateurs de fondue au fromage. Les groupe pourraient aussi apprécier une entrée de viande des Grisons, suivie soit d'une soupe à l'oignon traditionnelle aux trois fromages, soit d'un copieux goulach légèrement épicé.

Le sommelier peut vous conseiller le vin qui s'accordera parfaitement à l'assortiment de viandes choisi. Notre préférence est allée au merlot Alpenhaus. Plusieurs bières suisses et européennes, telles la Tuborg ou la Swiss Mountain, vous sont également proposées.

Le restaurant a célébré son trente-sixième anniversaire cette année et vous pouvez y participer en choisissant un plat du menu « Célébration de fondues », qui comprend quatre sortes de ce mets : la fondue chinoise, la fondue au fromage suisse, la fondue bourguignonne et pour dessert, bien entendu, la fondue au chocolat. Les gourmets seront, par ailleurs, séduits par le carré d'agneau rôti parfumé de gelée à la menthe – une viande littéralement fondante !

Pour terminer, en classant hors liste la fondue au chocolat dont nous avons dit un mot, une crème caramel ou une salade de fruits avec crème glacée achèveront une soirée déjà mémorable dans ce charmant petit coin de Suisse situé à l'angle des rues Sainte-Catherine et Saint-Marc, au centre-ville de Montréal.

25 RESTOS COUPS DE CŒUR

Resto Cité

Le Berlin

L' histoire est simple : Mère Juenemann travailla dans un château allemand, y apprit tous les secrets de la cuisine locale, puis se fixa à Montréal où Markus Juenemann et sa famille ouvrirent le meilleur restaurant allemand de la ville.

Simple, oui, et c'est cette simplicité qui fait du Berlin l'un des meilleurs restos où l'on mange à sa guise, sans aucune réserve. Végétariens s'abstenir, la viande fait loi ici, et en grande… très grande quantité !

De l'extérieur, le bâtiment paraît plutôt quelconque, mais vu de l'intérieur cette impression change du tout au tout. Des décorations typiquement européennes, trophées, coupes et enseignes, sans oublier quelques photos du mur de Berlin, ornent une grande salle à manger accueillante, toute revêtue de blanc, où opère discrètement un service courtois et sympathique dans une ambiance d'outre-mer. Jusqu'ici rien d'exceptionnel, dira-t-on, car beaucoup de restaurants se nimbent d'une telle atmosphère.

Une fois assis, le consommateur remarque la généreuse carte des bières (c'est un restaurant allemand après tout !). Aucune cervoise locale ici, tout est importé d'Allemagne, de Hollande, de Belgique et d'Angleterre. Détail à souligner, on décèle le professionnalisme et la compétence du personnel, notamment dans son érudition en matière de bière.

Au menu, on ne trouve que de la viande, à l'exception de quelques soupes, comme le potage épicé de Serbie, et des entrées comme le camembert frit accompagné de sauce aux canneberges. Un poisson aussi, ici et là.

Une entrée fort appréciée est le plat de boulettes berlinoises, en l'occurrence un délicieux et abondant assortiment de bœuf et de porc rehaussé de trois variétés de moutarde - ou une plantureuse portion de saucisses nappées d'une sauce douce au cari, deux plats qui peuvent déjà rassasier les plus affamés d'entre nous. Une salade maison et un schnaps aux pommes accompagnent tous les mets de la maison.

Les plats principaux ont une allure encore plus pantagruélique. Une vaste sélection de succulents schnitzels (escalopes de porc servies avec des pommes de terre sautées et du chou rouge) s'offrent au choix des consommateurs. Si pour une quelconque raison les schnitzels ne font pas votre affaire, une colossale rinds-roulade (bœuf roulé, légèrement moutardé à la dijonnaise) vous ravira les papilles. Les nouveaux venus peuvent aussi goûter au plat du chef qui présente une vaste gamme de saucisses, de roulades de bœuf et de schnitzels.

Si il vous reste encore un peu de place (on vous garantit que non), un Marcus mutter (strudel aux pommes) comblera ce qui pourrait peut-être vous rester d'appétit. Pour faciliter la digestion, et finir en beauté, nous suggérons un **martini suede** – mélange corsé de café froid, de martini, d'espresso, de frangelico et de vodka.

C'est simple, le Berlin est l'un des meilleurs restaurants de Montréal en termes de quantité, de qualité et de prix. On prépare de la cuisine allemande et on y mange comme des Allemands, c'est-à-dire en se farcissant le ventre de saucisses, de viandes, de patates et de bière. Vous croyez que vous avez bon appétit ? Pour le mettre à l'épreuve, allez donc faire un tour au Berlin…

25 RESTOS COUPS DE CŒUR

101, rue Fairmount Ouest • *Mile-End* • *Tél. : (514) 270-3000*
15 $ à 30 $

Le Bleu Raisin

Ouvert depuis seulement quelques années, Le Bleu Raisin s'est déjà taillé une place de choix parmi les plus fins restaurants de la ville.

Dès votre arrivée, son décor minimaliste aux couleurs de terre vous ravira et son ambiance relaxante vous préparera à une authentique expérience de haute cuisine française.

Le menu concis propose une sélection de mets tous aussi rares et savoureux les uns que les autres. En entrée, la soupe aux tomates vous ouvrira l'appétit avec sa touche de basilic et de citron. De son côté, le croustillant de Victor & Berthold au cumin et à la moutarde constitue un excellent choix pour les amateurs de fromage, tandis que le sauté de champignons aux noisettes sur fond de madère saura plaire aux palais capables d'apprécier des goûts plus appuyés. Si les fruits de mer font votre affaire, les langoustines sautées au miel exciteront vos papilles gustatives avec leur mélange de gingembre et d'ail.

L'option d'un entremet s'offre à tous ceux qui désirent profiter pleinement de l'occasion d'une riche expérience culinaire, tout en respectant la thématique de *slow food* prônée par le restaurant. À ce sujet, vous pourrez choisir entre les litchis et saké ou la poire et son eau de vie.

Le médaillon de cerf rouge au porto et pistaches grillées, cuit à la perfection, se marie parfaitement avec le caviar d'aubergines, pour composer un plat de résistance dégageant tout un bouquet de saveurs. Les passionnés de canard seront également ravis. Le foie gras et cuisse de canard confite aux canneberges et sauternes ravira les gourmets par ses riches arômes et les canneberges éveilleront vos sens d'amateur de fine cuisine.

Comme dessert, vous ne pourriez vous tromper en choisissant la tartelette aux généreux morceaux de pommes, accompagnée de crème glacée, ou la marquise au chocolat qui vous permettra de conclure un délicieux souper en bonne compagnie.

Ce restaurant aux allures décontractées est à recommander chaudement, au risque de vous en voir devenir un client habituel. Et si tel était le cas, ne manquez pas, à l'occasion, de saluer Arnaud, le sympathique propriétaire du Bleu Raisin.

25 RESTOS COUPS DE CŒUR

5237, rue Saint-Denis • Plateau Mont-Royal • Tél. : (514) 271-2333
30 $ à 45 $

Bombay Palace

Situé au centre-ville, à deux pas de l'ancien Forum, le Bombay Palace est un restaurant indien, le premier et le plus ancien en son genre à Montréal, qui s'enorgueillit de ses dix-sept années d'existence. Ouvert en 1977 par M. Iqbal Chatwal, ce grand restaurant tout récemment rénové peut accueillir jusqu'à cent quinze personnes, mais l'efficacité du service et le charme du personnel font oublier les dimensions de l'établissement.

Grâce au savoir du chef Shri Ram qui a douze années d'expérience à son acquis, et à la méticuleuse attention du gérant Melwin John Quadros, un homme courtois issu de l'école d'administration en hôtellerie de Bombay, dont l'attention aux détails frise la perfection, l'un et l'autre secondés par un personnel accueillant, tout désir de chacun des hôtes est satisfait avec une attention vigilante qui a peu d'égal.

Le restaurant offre une délicieuse variété de mets allant d'un flamboyant buffet qui change tous les jours à un impressionnant menu à la carte. Pourquoi ne pas commencer par un grand verre de mangolassi, cette boisson indienne traditionnelle faite de mangues et de yaourt ? Comme entrée, laissez-

vous tenter par le samosa, une pâtisserie feuilletée farcie de petits pois et de pommes de terre sautées, ou peut-être par l'oignon bhaji, ou encore par l'assiette assortie, trois délices débordants de saveurs. Quand au pain naan, il est réellement succulent, cuit directement dans un coin du buffet.

Comme plat principal, on sera très tenté de choisir le poulet au beurre composé de morceaux de poulet tikka nappés d'une délicieuse sauce tomate crémeuse. Rien d'étonnant à ce que ce soit le plat le plus demandé ! Parmi les autres mets proposés, on se doit de citer l'agneau épicé vindaloo (agneau désossé et pommes de terre, cuits ensemble dans une sauce épicée relevée d'un soupçon de vinaigre) et les côtelettes d'agneau kandhari. Les crevettes konkani (crevettes préparées avec des épices traditionnelles, dans une sauce à base de coco) et le remarquable bœuf kashmiri korma vont stupéfier les gourmands par leurs saveurs rehaussées d'arômes exotiques traditionnels. Le palak paneer (fromage blanc cuit avec des épinards fraîchement moulus) est, quant à lui, à ranger dans une classe à part.

N'oubliez pas de goûter aux raita assortis (yogourt fouetté avec tomates et concombres). On vous suggérera avec raison de la bière pour accompagner votre repas. Une Cobra, qui est une bière blonde indienne, ou une Newcastle exaltent à merveille les mariages de goûts d'une telle expérience culinaire.

Terminez en beauté avec un gulab jamun, qui est le dessert maison, et un agréable thé masala. Votre expérience de dégustation au Bombay Palace vous donnera ainsi l'impression d'être un véritable maharajah.

25 RESTOS COUPS DE CŒUR

2201, rue Sainte-Catherine Ouest • Centre-ville • Tél.: (514) 932-7141
15 $ à 30 $

Le Bonaparte

Montréal est une ville vraiment extraordinaire : moderne par certains côtés, elle est par ailleurs exubérante dans ses héritages classiques. Cela est aussi vrai pour le Bonaparte, une institution culinaire et hôtelière qui a su se loger au carrefour de ces deux univers.

Situé dans le Vieux-Montréal, ce restaurant est un hommage à l'ancienne culture française de l'époque de Bonaparte.

Il gâte ses hôtes depuis près d'une vingtaine d'années avec une gastronomie française des plus authentiques. Le décor élégant est digne de l'Empereur lui-même. Les 31 chambres (dont une suite) de l'auberge Bonaparte, classée quatre étoiles, occupent, depuis 1999, les six étages situés au-dessus du restaurant.

Le restaurant lui-même comporte trois salles à manger dont celle de l'Impératrice, avec foyer, idéale pour les grandes soirées romantiques tout comme pour les repas d'affaires. Le service est assuré par un personnel professionnel et expérimenté, conscient des différentes exigences de la clientèle.

La carte du Bonaparte se distingue par un menu de dégustation de sept services. Pour un prix raisonnable, les invités peuvent savourer une délicieuse bisque de homard parfumée au gingembre, un fabuleux saumon fumé maison, une fine assiette de raviolis de champignons parfumés à la sauge fraîche, un délectable sorbet maison au citron vert et ses bulles, un juteux mignon de bœuf rôti aux cinq poivres et cognac ainsi qu'une symphonie de desserts qui, comme son nom l'indique, est un véritable orchestre sensuel. Pour rendre le tout encore plus enivrant, le menu propose plusieurs options pour chaque service.

Le soir, le menu à la carte offre une grande variété d'entrées chaudes ou froides, de viandes, de poissons et de crustacés. Le carré d'agneau avec sauce au porto et ratatouille niçoise est un chef-d'œuvre, un impératif pour tous les gourmets de fine cuisine française. Le suprême de volaille au brie fondant et jus de porto est égale-

ment un pur délice. La spécialité de la maison est toutefois le navarin de homard à la vanille et sa fondue d'épinards. L'assiette vaut tout simplement son pesant d'or …

Comme vin, le sommelier du Bonaparte vous propose le Domaine des Béates 1998, un rouge sec, parfait pour les viandes exquises de l'établissement. Les desserts sont tous préparés sur place. Pour finir la soirée en beauté, nous suggérons la crème brûlée, l'une des meilleures en ville.

Pour une soirée romantique des plus agréables, pour une cuisine raffinée, délectable et abordable, n'allez pas plus loin que le Vieux-Montréal. Vous trouverez au Bonaparte l'un des restaurants de prestige de la ville.

25 RESTOS COUPS DE CŒUR

Resto Cité

Le Cajun Blues

Sur le *boardwalk* de Sainte-Anne-de-Bellevue se niche un bijou de restaurant. C'est le Cajun Blues, ancien petit hospice romantiquement accroché à la rive du lac dans un site centenaire de l'ouest de l'île de Montréal. Avec sa cuisine authentiquement cajun, sa belle terrasse ouverte tout l'été et son ambiance engageante qui vous séduira dès que vous y mettrez les pieds, le Cajun Blues constituera sans doute l'une de vos plus belles découvertes gastronomiques.

Avec son décor à la fois sobre et exotique, et les spectacles de *rythm and blues* les samedis à 20 heures, le Cajun Blues est un endroit idéal pour les sorties décontractées, entre amis ou en famille, loin du brouhaha de la grande ville. Les arômes épicés qui vous accueillent et l'hospitalité de Tina, la belle propriétaire, sauront vous transporter sur Bourbon Street, à La Nouvelle-Orléans, avant même d'avoir consulté le menu. À l'intérieur, la cuisine ouverte donne à l'établissement un air familier et chaleureux et le service attentif, souriant et jeune, apporte à l'expérience une touche toute

personnelle et mémorable.

Au menu, on découvre toute une variété de plats authentiques : jambalaya, écrevisses, poulet noirci, poulet Bayou, galettes de crabes et autres délices. Mais la spécialité de la maison est sans doute les côtes levées, marinées à la sauce cajun. Plusieurs restaurants se vantent d'offrir les meilleures côtes levées qui soient, mais après avoir goûté ce chef-d'œuvre culinaire au Cajun Blues, vous y reviendrez tant l'équilibre est parfait entre épices et moelleux.

Les amateurs (et même les experts) de mets épicés seront également comblés. Le Cajun Blues offre un grand choix de plats qui pourront échauffer même les palais les plus endurcis. Goûtez le Louisiana (crevettes, écrevisses et légumes sautés dans une sauce au beurre chili-lime et vin blanc, avec jambalaya) si vous voulez impressionner votre partenaire… pourvu que vous-même teniez le coup, bien entendu !

Les desserts sont aussi soignés que les plats principaux. Si il vous reste un peu de place, le pâté de terre ou le pouding de pain sauce Jack Daniel's sont recommandables : vous vous en pourlécherez les babines.

Si vous appréciez les mets fort épicés, si vous aimez vous plonger dans l'atmosphère des belles soirées de la Louisiane ou si vous recherchez les petits coins discrets où diluer vos soucis de la vie quotidienne dans chaque gorgée d'un bon cocktail, le Cajun Blues vous comblera. C'est véritablement un joyau qui mérite d'être visité.

25 RESTOS COUPS DE CŒUR

60, rue Sainte-Anne • Sainte-Anne-de-Bellevue • Tél. : (514) 457-0878
15 $ à 30 $

Le Chang Thaï

Montréal est reconnu pour ses restaurants asiatiques, mais peu sont du niveau gastronomique du Chang Thaï. Situé en plein centre-ville, ce restaurant offre une palette incomparable de la cuisine thaïlandaise dans un décor élégant, agrémenté d'un service impeccable et d'une présentation raffinée.

Avec ses deux étages et une salle de réception, Chang Thaï est un endroit idéal pour les réunions d'affaires et les banquets. Le décor tamisé, orné de statuettes - le propriétaire est un connaisseur en œuvres d'arts – constitue un cadre exotique où le client se sent à l'aise au milieu de pièces authentiques de la culture thaïlandaise. Le service courtois et expérimenté est constamment prêt à répondre aux questions sur la meilleure manière de déguster les plats proposés (ce qui n'est pas toujours évident).

La cuisine de très haute qualité se distingue avantageusement de la multitude de restaurants thaïlandais de la place. Chaque table reçoit dès l'abord une portion de croustilles aux crevet-

tes avec sauce aux arachides, et à ceux qui souhaitent un apéritif, la maison recommande le Mai Thaï, un cocktail de jus d'ananas, de crème de banane et de menthe verte.

Les entrées sont préparées avec le plus grand soin. À retenir en particulier les savoureuses croquettes de poisson frit servies dans une sauce thaï épicée, le Katong Thong (panier doré de poulet broyé), les délicieuses brochettes de poulet à la sauce aux arachides et le calmar frit avec sa salade. Chacun de ces mets offre un aspect différent de la gastronomie thaïlandaise. Et n'oublions surtout pas la soupe de poulet de galanga au lait de coco, un plat débordant d'exotisme.

Comme plat principal, le pad thaï, les alléchantes crevettes géantes au lait de coco et le poisson croustillant frit constituent chacun une spécialité incontournable de la maison. Les desserts évoquent aussi les tropiques, comme le riz collant au lait de coco agrémenté de mangues fraîches dont les saveurs fondent littéralement en bouche.

Comme petite gâterie de temps en temps, rien de mieux que cette fine cuisine thaïlandaise. Que vous aimiez les restaurants classiques ou audacieux, le Chang Thaï vous ravira. C'est un véritable palais enflammé d'exotisme et de saveurs tropicales finement préparées.

25 RESTOS COUPS DE CŒUR

2100, rue Crescent • Centre-ville • Tél. : (514) 286-9994
15 $ à 30 $

Les Chenêts

Réputé pour offrir la plus grande carte des vins et spiritueux au Canada (la cave contient 43 000 bouteilles et offre plus de 3 250 crus aux clients) et classé record Guinness pour la plus grande collection de cognacs au monde (plus de 850 bouteilles uniques), Les Chenêts est une véritable légende montréalaise. Depuis plus d'une trentaine d'années, Monsieur Gillet et son équipe offrent à leurs hôtes une sélection de fine cuisine française que peu de restaurants peuvent égaler.

L'ambiance intime et chaleureuse du restaurant émane directement de l'époque bourgeoise napoléonienne. De belles assiettes et des pots en cuivre (2 150 pièces) ornent les murs et les tables, des fleurs fraîches agrémentent les soupers aux chandelles et des serveurs impeccablement mis, professionnels et courtois reflètent l'élégance et la classe d'un restaurant pouvant combler les attentes des plus hauts dignitaires de notre société. À part ses deux étages, le restaurant dispose, dans la cave à vins, d'un fabuleux salon privé V.I.P. qui peut accueillir de vingt-cinq à trente-cinq personnes.

Une fois installé, vous pourriez commencer votre excursion culinaire par un verre de Vieux Pineau des Charentes Francois Voyer, un apéritif rafraîchissant et doux qui préparera votre palais aux dégustations à venir. Comme entrée, laissez-vous séduire par un foie gras et salade d'endive et de mâche, présenté en forme de fleur épanouie avec un choix de vinaigrettes : la choron et la dijonnaise.

Le jambon de Bayonne ou le saumon frais de l'Atlantique au beurre blanc sont deux autres merveilles de l'établissement. Le saumon est présenté selon un thème marin : un petit homard perché sur un île de purée de brocolis et de carottes qui surplombe une mer formée de saumon et de beurre blanc. Vos yeux se régaleront de ce chef d'œuvre culinaire autant que votre palais.

Parmi les plats principaux, le filet de bœuf Wellington ou le carré d'agneau provençal servi rosé sont toujours d'excellents choix. Le carré d'agneau est normalement servi rosé, mais peut, bien entendu, être cuit à votre goût. Le vin proposé pour accompagner ce festin pourrait être le Château Pontet-Laroche, un bordeaux rouge qui se déguste aussi bien avec l'entrée qu'avec le plat principal.

Comme dessert, le sabayon aux framboises est toujours très apprécié. Il sera préparé devant vous : un peu de vin blanc, des œufs et du sucre, le tout mijoté sur un feu doux, un peu de poudre magique et la mixture merveilleuse est versée dans un verre déjà garni de framboises gourmandes.

Avec ses plats somptueux, sa présentation soignée, son personnel plein d'attentions et son décor majestueux digne des contes de fées, le restaurant Les Chenêts a tout pour satisfaire les plus fins connaisseurs de cuisine et de vins français.

25 RESTOS COUPS DE CŒUR

Resto Cité

Chez La Mère Michel

É tabli depuis quarante ans, Chez la Mère Michel est l'une des plus grandes institutions culinaires à Montréal. Peu de restaurants peuvent se vanter d'une telle réputation, mais l'excellence de la cuisine offerte par Monsieur et Madame Delbuguet depuis tant d'années mérite de nombreux éloges : c'est l'élite de la fine gastronomie française.

Notons cependant que la cuisine de ce restaurant hors pair n'est ni extravagante ni flamboyante. Les mets sont toujours copieux et bien présentés, mais sans ostentation. Le menu comporte aussi quelques touches locales, comme des vins et des fromages québécois, mais la cuisine et le décor restent classiquement français.

L'apéritif, en principe la liqueur de framboise avec mousseux, se trouve d'office sur votre table, vous n'avez même pas à vous en soucier. Les vins aussi... Mr. Delbuguet, un grand connaisseur, dispose d'une cave à vins abondante. Lauréat du prix Wine Spectator, son cellier pourrait constituer une fameuse collection si toutes ces bouteilles qui sommeillent n'étaient destinées aux consommateurs. Les bordeaux y occupent une place de choix.

25 RESTOS COUPS DE CŒUR

Pour ceux qui aiment les entrées authentiquement françaises, un feuilleté de pétoncles, moules et crevettes, ou des escargots au beurre à l'ail, sauront vous combler. Comme plat de résistance, le magret de canard au miel du Québec ou le poisson du jour vous laisseront un souvenir impérissable. Nous avons eu la chance de déguster l'omble chevalier de l'Atlantique à la sauce moutarde. Nous en avons rêvé pendant plusieurs jours.

Et que dire des desserts ! Le soufflé au Grand Marnier est parfait, réellement parfait, et le feuilleté aux fraises fraîches, qui a remporté de nombreux prix, vous rappellera pourquoi « cordon bleu » ne se dit qu'en français.

Le restaurant dispose également d'une salle champenoise réservée aux réceptions privées. Cette salle s'enorgueillit d'un ancien pressoir en bois.

Que vous soyez gens d'affaires, aristocrate, diplomate ou tout simplement à la recherche d'un excellent restaurant haut de gamme au service attentif et raffiné, tout cela pour un prix raisonnable, c'est chez La Mère Michel que votre choix se portera.

25 RESTOS COUPS DE CŒUR

1209, rue Guy • Centre-ville • Tél. : (514) 934-0473
45 $ et plus

Resto Cité

Le Daou

P eu d'établissements à Montréal atteignent la qualité du service traiteur du restaurant Daou. La réputation de l'établissement est telle que Céline Dion a elle-même invité le personnel de ce restaurant à régaler ses invités à l'occasion de son mariage thématique des Mille et une Nuits à Las Vegas. Tout simplement, le service et la cuisine libanaise y sont remarquables.

Il y a deux restaurants Daou, l'un situé rue Faillon et l'autre rue Marcel-Laurin. L'établissement a été ouvert par Nehmé Daou. Il est aujourd'hui géré par ses quatre filles et tout le personnel de la cuisine est exclusivement féminin. L'ambiance est volontairement familiale : les décorations sont simples et il n'est pas rare de voir un client libanais bavarder amicalement et même prendre son repas avec l'un ou l'autre des employés de la maison. Il est à remarquer, en passant, que le personnel du restaurant est très stable, tous travaillent chez Daou depuis nombre d'années.

25 RESTOS COUPS DE CŒUR

La salle à manger n'a aucune prétention mais, comme dans tous les contes de fées, il ne faut pas se fier aux apparences. La cuisine satisfera les princes les plus délicats et les vedettes les plus exigeantes.

Tous les ingrédients, qui ont une note typiquement arabe, sont rigoureusement frais et préparés avec le plus grand soin. Le taboulé (salade), le shanklish (boulettes de fromage maison) et l'hummus sont dignes de la meilleure tradition et, de plus, très appétissants.

Daou sert de nombreuses spécialités dont des brochettes grillées à la perfection, un poulet à l'ail qui est une explosion de saveurs intenses mais non agressives et le kibbe naye, une viande crue préparée, qui compose un plat des plus fins. On trouve aussi au menu un tendre filet mignon mariné à la perfection. Cette viande est une merveille de finesse.

On vous proposera aussi le café blanc (essence d'oranger) qui, semble-t-il, est unique en ville et s'avère de ce fait un impératif pour tout visiteur. La carte des vins propose un choix de grands crus libanais. Le Ksara (vin rouge) est comparable aux meilleurs vins italiens et français. Son arôme boisé accompagne magnifiquement les chiches kebabs à perfection. L'Arak, un peu plus sec et plus corsé, est en quelque sorte une version libanaise du Sambuca. Il constitue le choix habituel pour accompagner les plats traditionnels. Pour les amateurs de bière, l'Almasa, typiquement libanaise, figure aussi au menu.

À ces délices, ajoutons aussi l'ataif, une savoureuse pâtisserie fourrée à la ricotta et parfumée au sirop de fleur d'oranger.

Les enivrantes saveurs exotiques, le service impeccable et l'excellente réputation de restaurant libanais authentique font des établissements Daou de remarquables joyaux cachés dans Montréal.

25 RESTOS COUPS DE CŒUR

519, rue Faillon Est. • Parc Extension • Tél. : (514) 276-8310
2373, rue Marcel-Laurin • Saint-Laurent • Tél. : (514) 334-1199
15 $ à 30 $

Le Déjeuner Cosmopolitain

Tout le monde sait que le petit déjeuner est le plus important repas de la journée, et dès potron-minet, au Déjeuner Cosmopolitain, on souligne très justement l'importance accordée à ce credo. Décor élégant, personnel amical, ambiance confortable, table d'hôte exceptionnelle avec possibilité de plusieurs choix, le restaurant prend son service très au sérieux et porte une grande attention au moindre détail (notamment, vous trouverez une variété de sucres sur chaque table).

25 RESTOS COUPS DE CŒUR

Petite remarque : présentez-vous de bonne heure, car l'attente pour une table pourrait durer une bonne demi-heure. Le restaurant devrait s'agrandir en juin et offrir alors cent cinquante places avec, en outre, une salle privée pouvant recevoir cinquante per-

sonnes. L'établissement affiche « complet » tous les jours durant les déjeuners, qui sont servis de 6 h à 16 h.

Qu'est ce qui fait du Cosmopolitain un restaurant si couru ? C'est d'abord le propriétaire, Monsieur Epaminondas, un homme de bonne éducation mais plein de réserve et qui comprend la philosophie apte à promouvoir l'essor d'un établissement de ce genre : le respect et l'estime du client ainsi que la dignité du service. Son tempérament transparaît dans toutes les caractéristiques du restaurant, y compris chez le personnel, qui est fier d'être en partie responsable de la réputation du restaurant. Inutile de dire que les serveurs sont tous des gens du métier, diligents et polyglottes, et qu'ils ont l'art de vous mettre à l'aise.

Mais n'oublions pas la nourriture! Aucun déjeuner ne peut commencer sans les œufs, et ceux du Déjeuner Cosmopolitain sont plus gros et plus savoureux que partout ailleurs, pour la simple raison qu'on n'utilise que des produits organiques, sans agents de conservation ni colorants. On ne sert que des œufs de type Omega 3, les meilleurs qui soient. L'établissement est fier d'être l'un des meilleurs restaurants spécialisés en déjeuners.

Avec du bacon croustillant québécois ou d'opulentes tranches de jambon paysan, une bonne portion de fèves, des bagels Fairmount de blé entier organique cuits au four à bois, sans oublier les saucisses continentales si appréciées, le menu offre un large choix aux clients les plus exigeants. Pour compléter, il faudrait encore dire un mot de leurs « patates style maison » et de la meilleure crème anglaise qui soit à Montréal, une spécialité incontournable du Déjeuner Cosmopolitain.

Les fruits utilisés sont de toute première qualité, même si ils ne sont pas de saison. Demandez un jus fraîchement pressé, vous goûterez la différence. Les crêpes, qu'elles soient flambées ou non, sont extraordinaires, mais tenez vous loin de leur crème spéciale ou de leur chocolat velouté et crémeux, vous risqueriez de ne plus quitter la table ! Ces spécialités sont réellement indescriptibles.

L'établissement veille avec scrupule aux moindres détails. On vous offre un vaste choix de pains, le café est exceptionnel et les serveuses sont toujours présentes. Même les paniers contenant les berlingots de lait et de crème débordent de provisions.

Le Déjeuner Cosmopolitain est clairement le meilleur restaurant de petits déjeuners de la région de Montréal. La qualité de la cuisine, le service attentionné et les produits et ingrédients haut de gamme offerts font de cet établissement un endroit où la mine des grognons matinaux les plus coriaces se déride à coup sûr.

25 RESTOS COUPS DE CŒUR

3208, boulevard Saint-Martin Ouest • Laval • Tél. : (450) 688-4984
15 $ et moins

Resto Cité

Escale à Saigon

Montréal est une ville truffée de restaurants, dont plusieurs sont spécialisés dans l'art culinaire asiatique. Mais seuls quelques-uns, comme l'Escale à Saigon, offrent une cuisine aussi authentique et aussi véritablement traditionnelle. C'est un vrai plaisir que de se laisser envahir par les arômes et les saveurs émanant d'une culture aussi ancienne, tout en jouissant d'un service et d'une gastronomie qui frisent la perfection.

Sur l'élégante avenue Laurier, l'Escale à Saigon, une grande table vietnamienne de haute tradition, offre une large gamme de spécialités rarement trouvées ailleurs. Nguyen Lee, à la fois chef et propriétaire, et toute son équipe vous accueillent chaleureusement dans un cadre raffiné et vous proposent un voyage gastronomique au cœur de trois régions du Viêtnam qui s'échelonnent de Hanoi à Saigon, en passant par Hué, l'ancienne capitale des rois, et les cités interdites, où perdure encore le parfum du précieux bois de santal.

Tous les midis, dans ce charmant restaurant, les gens d'affaires du centre-ville viennent côtoyer les universitaires et leurs voisins des maisons de production de ce quartier chatoyant et intellectuel. Ce coin est devenu un rendez-vous gourmand, tant pour les habitués que pour les élégantes d'Outremont. On vient ici pour la soupe savoureuse aux légumes et tamarin tropical. On y vient aussi pour les nems croustillants, faits d'authentiques galettes de riz vietnamiennes, qu'on trouve rarement dans les autres restaurants asiatiques. Ces deux hors-d'œuvre légers ne sont qu'un prélude au vaste choix de plats proposés dans la table d'hôte du midi et qui comprend entre autres les délicieux banh cuon ou raviolis vietnamiens cuits à la vapeur, dont la pâte très fine, presque transparente, est farcie de viande de porc et de champignons noirs, les nids de nouilles dorées au poulet et aux légumes frais de saison, ou encore les suprêmes de volaille sautés au gingembre ou à la citronnelle. On trouve aussi un vaste éventail de poissons et fruits de mer, saumon sur le gril, crevettes sauce tamarin, pétoncles, moules et calmars. L'élégance du décor est partout présente, notamment dans la magnifique vaisselle et jusqu'au cœur de chacun des plats savoureux.

Le soir, l'ambiance devient féerique quand la lumière se fait douce et que les chandelles orangées s'illuminent. Le doux dépaysement du jardin asiatique invite au voyage gourmand d'un souper en tête-à-tête ou d'un repas intime en famille. La table d'hôte du soir comprend notamment le canard désossé au pot parsemé de poivre vert et shitaké, les délices de porc au caramel doux et le saumon croustillant sauce à la mangue et au gingembre, tout cela servi avec du riz à la vapeur ou avec du riz spécial Le Santal à l'ail et aux raisins blancs. La dégustation et l'appréciation de ces délices de la grande carte nous entraînent dans un monde où la gastronomie fait partie du patrimoine culturel d'un pays riche en traditions. Sans oublier les succulents desserts qui évoquent la nostalgie des soirs de fête dans ce pays de rêve.

Nguyen Lee, qui exploite aussi ses trois restaurants Le Santal, devenus la coqueluche des Parisiens, a ouvert récemment cette table, presque trop élégante pour les petits prix pratiqués, dans le but de faire goûter aux Montréalais les vraies saveurs de la cuisine vietnamienne. Escale à Saigon est l'endroit idéal où inviter des amis que l'on aime choyer.

107, avenue Laurier Ouest • Outremont • Tél. : (514) 272-3456
15 $ à 30 $

25 RESTOS COUPS DE CŒUR

Resto Cité

Focaccia di Carpaccio

Situé en plein centre-ville, Focaccia di Carpaccio représente l'élite des bistros italiens de Montréal. Avec son atmosphère jeune et branchée, le soir, et son ambiance d'affaires le midi, le restaurant peut satisfaire tous les goûts.

L'établissement comporte deux étages : une salle à manger au premier et un bar avec scène au sous-sol. Le décor à la fois rétro, moderne et quelque peu avant-gardiste offre un cadre idéal tant pour les spectacles de jazz au bar que pour les sorties entre amis.

Le restaurant offre notamment à ses hôtes de copieuses portions de pâtes maison, de pizzas et un vaste assortiment de sandwiches, mais le soir, les gourmands peuvent s'offrir un menu du chef plus élaboré et qui propose un large choix d'entrées et de plats préparés avec une grande finesse.

Pourquoi ne pas commencer la soirée par le portobello grillé, céleri-rave et saumon fumé, une véritable entrée flamboyante, et le carpaccio de filet mignon (viande crue préparée), si délicat qu'il fond littéralement dans la bouche.

25 RESTOS COUPS DE CŒUR

Comme plat principal, le risotto con carne avec gorgonzola et huile de truffes comblera les appétits les plus difficiles, sinon, on ne peut pas se tromper en goûtant le rôti de bœuf au jus sur purée avec ratatouille, une assiette aussi agréable à voir qu'à déguster. Vous pourriez compléter ce régal par l'un des quatre-vingt-dix vins au choix, dont vingt et un servis au verre, une sélection impressionnante pour un restaurant spécialisé en cuisine de tous les jours. Ne manquez surtout pas les desserts maison, comme le tiramisu traditionnel ou au chocolat, pour terminer sur une note légère dans ce restaurant connu pour ses portions généreuses.

Le Focaccia di Carpaccio offre un peu de tout : spectacle, bar et portions copieuses. Ne manquez pas ce sympathique point de rencontre. Son ambiance, son enthousiasme et ses plats délicieux sont faits pour charmer le visiteur d'un jour et le transformer du même coup en un client régulier.

25 RESTOS COUPS DE CŒUR

2077, rue Université • Centre-ville • Tél. : (514) 284-1115
15 $ à 30 $

Resto Cité

Khyber Pass

Montréal est incontestablement la capitale gastronomique de l'Amérique du Nord, non seulement par le grand nombre de ses restaurants, mais aussi par l'énorme variété des cuisines représentées. L'un des établissements les plus exotiques de la ville est situé sur la rue Duluth Est, et c'est un secret jalousement gardé par ses clients fidèles. Il s'agit du Khyber Pass, le meilleur restaurant afghan authentique de Montréal.

Historiquement, Khyber Pass est le nom d'un célèbre défilé entre l'Afghanistan et le Pakistan, que des personnages illustres comme Gengis Khan, Alexandre le Grand et Marco Polo ont traversé. Fidèle à l'Histoire, l'établissement nous livre sa riche culture et son passé mélancolique au travers d'affiches sur les murs, de tapis afghans, de rythmes afghans, de costumes traditionnels et, bien sûr, de son art culinaire.

La cuisine est sobre et sans prétention. Nous ne trouverons aucun plat américanisé ou adapté à l'occidentale. Le menu se limite aux spécialités du pays : une infinie variété de riz, de préparations d'agneau et des pâtes traditionnelles comme le mantoo et le ashak.

Une soirée au Khyber Pass commence toujours par un panier de pain traditionnel naan avec trois sortes de trempettes : à la coriandre, au piment et à l'ail avec menthe. Les entrées sont délicates et aromatiques. Le mantoo et le ashak, servis avec un coulis de yogourt à la menthe, débordent de saveurs évocatrices.

Tous les plats principaux s'accompagnent de riz basmati dont il existe trois variétés. L'agneau est un impératif à la table de tout dégustateur. C'est peut-être le meilleur de toute la ville. Quelconques à première vue, ces petites côtelettes, une fois savourées, explosent de menthe et d'épices. L'effet est plutôt étrange, puisque ces épices ne se manifestent que quelques secondes après avoir dégusté la viande. On ne peut alors s'empêcher de rêver aux explorations de Marco Polo qui révélèrent ce monde de saveurs exotiques. Mais à côté de l'agneau qui à lui seul vaut la visite, il ne faut pas oublier la caille rôtie et le teka (filet mignon) qui sont, eux aussi, hautement recommandables.

La recherche de l'exotisme est, à elle seule, une raison suffisante pour visiter ce restaurant, mais les curieux ne seront pas déçus, car toute la cuisine est réellement exquise. Le Khyber Pass est définitivement une merveille montréalaise à ne pas manquer.

506, rue Duluth Est • Plateau Mont-Royal • Tél. : (514) 844-7131
15 $ à 30 $

Resto Cité

Milos

*« La priorité chez Milos est de toujours trouver
le meilleur de ce que le monde a à nous offrir. »*

Voilà comment Costas Spiliadis a transformé Milos en l'un des meilleurs restaurants d'Amérique du Nord. Correctif : Milos n'est pas seulement un restaurant, c'est une acropole gastronomique, un véritable marché, une expérience à faire au moins une fois dans sa vie.

À première vue, Milos allie simplicité grecque et charme désuet. Les décorations de caractère rustique sont étalées sur deux étages qui peuvent accueillir quelque deux cents personnes, une caractéristique intéressante car le restaurant a beaucoup à offrir.

C'est la qualité des produits qui a fait de Milos un centre gastronomique international. Les poissons et fruits de mer sont fraîchement importés des meilleurs endroits du monde : pêcheries familiales des îles grecques, des rives du Maroc, de la Tunisie, du Portugal et de la Floride. Et quand on dit frais, on ne ment pas. Certains poissons sont importés de Grèce et servis à Montréal le soir même de leur capture.

Presque tous les prix sur le menu **sont fixés au poids.** Les poissons sont étalés sur de la glace à la vue des clients. Une fois choisis, ils sont pesés et leur prix calculé d'après le **prix du marché au moment de la clôture.** Tout est d'une extraordinaire fraîcheur. Quant à la cuisson, elle frise la perfection. Après cuisson de deux calamari, on change l'huile de cuisson.

Le résultat donne un calmar tendre et moelleux, bien supérieur au même plat servi ailleurs.

La pieuvre de Tunisie garnie d'oignons, de câpres et de poivrons rouges et jaunes de Hollande surpasse sans conteste ce que l'on trouve ailleurs. Les pleurotes de Pologne peuvent remplacer la plupart des viandes d'ici et le Milos spécial (plat de courgettes et d'aubergines frites servies avec du tzatziki maison), a un goût délicieusement nature, non sans raison : tous les produits agricoles proviennent des meilleurs cultivateurs de produits biologiques en Amérique du Nord.

Le miel utilisé dans plusieurs mets est importé directement de Kythira, petite île de la mer Égée, où les abeilles butinent uniquement le pollen des fleurs de thym sauvage.

Les poissons sont cuits directement sur le gril et préparés avec simplicité afin d'en conserver la saveur propre. Citron et épices sont les seuls ingrédients ajoutés. Qu'il s'agisse du pompano de Floride, du fagri sauvage de Grèce ou du saint-pierre sauvage du Portugal, vous êtes assuré de consommer le meilleur produit.

Les plats peuvent paraître assez chers, mais on ne paie pas seulement pour le goût, on paie également pour la qualité des produits, pour l'expérience et pour la satisfaction de recevoir ce qu'il y a de meilleur dans ce que le monde a à nous offrir. Milos est sans nul doute l'une des plus succulentes tables d'Amérique du Nord.

25 RESTOS COUPS DE CŒUR

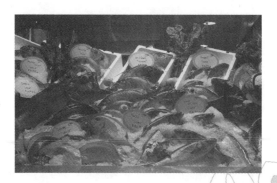

5357, *avenue du Parc* • Mile-End • *Tél. : (514) 272-3522*
45 $ et plus

Moishe's

fondé en 1938, Moishe's ne mérite que des éloges depuis plus de soixante ans. Le restaurant est une véritable institution à Montréal avec son atmosphère traditionnelle où ont évolué des générations de familles, des couples en quête d'un tête-à-tête romantique et des gens d'affaires, sans oublier son service de classe et probablement les meilleurs steaks de la province.

Dès votre arrivée, vous avez le choix de laisser votre manteau au vestiaire et de prendre un apéritif au bar.

Le restaurant est doté d'un personnel expérimenté, attentif aux goûts de la clientèle, toujours prêt à vous aider à faire un choix. Suggestion de la maison avant de commencer un repas sensationnel : leur fameux Dry Martini pour ouvrir l'appétit.

Comme entrée, vous aurez le choix entre une variété de mets tels que le saumon mariné ou fumé, le foie haché et les oignons frits, spécialité de l'établissement.

25 RESTOS COUPS DE CŒUR

Comme sélectionner les vins d'une carte fort généreuse peut causer quelque embarras, demandez alors conseil au sommelier. Le chardonnay qui nous a été recommandé a superbement accompagné nos diverses entrées.

Choisir le plat principal n'est guère une tâche facile, mais le filet mignon assorti de la fameuse patate Monte Carlo est toujours un excellent choix. Finement préparé, le bifteck dans l'aloyau (*steak sirloin*) plaira à n'importe quel amateur de viandes.

Les à-côtés sont tout aussi délectables. Les champignons portobellos, les courgettes et les asperges rehaussent votre plat à merveille, sans oublier les crevettes grillées, qui à elles seules feront chavirer les plus exigeants des gourmets.

Comme vin d'accompagnement, vous aurez amplement le choix. La carte des vins compte plus de deux cent vingt-cinq bouteilles - une sélection qui a éveillé l'intérêt du respectable magazine *Wine Spectator*. Essayez un bon vin rouge californien qui accompagne à la perfection toutes les viandes rouges.

S'il vous reste encore un peu d'appétit, une variété de dix desserts vous est offerte. Tous préparés par un maître pâtissier maison, les tartelettes aux bananes, les mille-feuilles ainsi que les gâteaux au moka et au chocolat, pour n'en citer que quelques uns, combleront tous les gourmands.

Pour un restaurant à la hauteur de sa réputation et pour déguster un des meilleurs steaks en ville, Moishe's demeure un choix incontestable.

25 RESTOS COUPS DE CŒUR

Resto Cité

Mr. Ma

Penser à la cuisine sichuannaise suffit déjà à nous mettre l'eau à la bouche. Avec leurs saveurs délicatement épicées et leurs plats aromatiques, les délices du sud de la Chine centrale sont les favoris des amateurs de mets asiatiques.

Contrairement à ce que l'on croit, les plats sichuannais ne sont pas nécessairement très épicés, mais plutôt relevés de différents arômes exotiques, et c'est cette variété qui est fort appréciée chez Mr. Ma, situé en plein cœur de Montréal.

Mr. Ma est un adorable restaurant plein de finesse et d'élégance, un exemple de simplicité et de beauté asiatiques. De grands vases posés entre les tables, des figurines chinoises traditionnelles et des cadres accrochés aux murs, un intérieur spacieux combiné à un éclairage tamisé feront de vos repas des moments chaleureux et mémorables.

Les convives désireux de s'initier à une grande variété de saveurs seront comblés par le choix de mets qui incluent des rouleaux de pâtes diverses, un assortiment de soupes – dou-

ces, fortes, aux fruits de mer ou tout simplement au poulet – des délices sichuannais et autres plats maison. Bref, de la fine cuisine asiatique.

Avec un vaste choix au menu, les soirées chez Mr. Ma peuvent se poursuivre jusqu'au cœur de la nuit. Nous suggérons d'entamer le repas avec la soupe aigre et piquante, elle vous ouvrira l'appétit pour tout ce qui s'ensuivra. Les favoris du chef sont le poulet sur canapé au sésame, les beignets au porc avec sauce épicée au beurre d'arachide, le poulet du général Tao, les tranchés d'agneau à la Hunan, le canard grande friture et le porc Mu Shu. Chacun de ces régals est apprêté avec compétence et passion et servi, si on le désire, avec un délicieux mélange de légumes, riz ou nouilles. Pour couronner le tout, essayez la bonne bière froide Tsingtao.

Le personnel expérimenté, attentif et toujours souriant de chez Mr. Ma comblera toutes vos exigences. Que vous recherchiez un banquet extravagant ou un fabuleux dîner sichuannais, Mr. Ma est un choix incontournable et il mérite de figurer sur notre liste des vingt-cinq meilleurs restaurants de Montréal.

25 RESTOS COUPS DE CŒUR

New Tripolis

On dit que le meilleur vient souvent par petites quantités. Cela est partiellement vrai chez New Tripolis, un petit restaurant de soixante places, avec terrasse, situé sur la rue Saint-Roch. Je dis « partiellement » parce que, malgré sa capacité limitée, le restaurant est renommé pour ses portions non seulement généreuses, mais aussi pour la qualité de ses mets extraordinaires à prix abordable.

Ouvert depuis déjà trente ans, le restaurant New Tripolis est la propriété de Joseph et de Steve Eliopoulos qui ont su gagner le respect et l'admiration des connaisseurs et des restaurateurs du tout Montréal. Petite note : à notre passage dans ce restaurant, la moitié des clients réguliers étaient eux-mêmes des propriétaires de restaurants.

Qu'est ce qui rend ce petit restaurant si célèbre ? Joseph et Steve Eliopoulos, évidemment, mais aussi la qualité des produits et des épices et le dévouement d'un père et d'un fils sachant ce qu'est la vraie cuisine grecque dépourvue de plats dits au goût du jour. Les assiettes sont généreusement garnies, et ce, sans compter ni riz ni garniture. Chaque salade Village grec ou Village vert est à elle seule assez copieuse pour deux personnes.

Le restaurant ne ferme jamais. Les clients peuvent passer à n'importe quel moment pour savourer leur pikilia (assortiment de tzatziki, taramosalata, scordalia, crabe, harengs et dolmadakia), leurs tendres et pulpeuses pieuvres grillées ou le saganaki (fromage kefalotiri frit), une explosion de saveurs vivifiantes.

Tous les ingrédients sont choisis méticuleusement sur le marché ; le menu ne comporte que ce qui est frais et raffiné. Rares sont les restaurants où les patrons préfèrent décevoir leurs clients en reconnaissant qu'ils n'ont pas de requin frit ce jour-là (du moins le requin que Tripolis a l'habitude de servir), par respect pour sa réputation de fraîcheur.

Les tendres côtelettes d'agneau, les énormes et juteux biftecks de côtes, les morues frites aux arômes d'océan et les délicats souvlakis sont tous préparés à la perfection, sans être le moins du monde dénaturés. On y trouve même les soupes aux tripes ou à l'agneau qui, d'après Steve Eliopoulos, purifient le système digestif après les folles soirées en ville durant les fins de semaine.

Pour créer une ambiance encore plus proche de la Grèce, les clients ont aussi la possibilité de savourer ces mets sublimes avec du vin et de l'eau importés de Grèce, confortablement installés sur la jolie petite terrasse de l'établissement.

Si vous ne connaissez pas ce lieu secret du monde gastronomique montréalais (peut-être aussi les autres restaurateurs viennent-ils s'initier aux astuces de la maison?), passez donc chez New Tripolis. Que ce soit à quatre heures de l'après-midi ou du matin, vous y serez toujours chaleureusement accueilli.

25 RESTOS COUPS DE CŒUR

679, rue Saint-Roch • Parc Extension • Tél. : (514) 277-4689
15 $ à 30 $

Le Passe-partout

Tirant le nom d'un instrument servant à la fabrication du pain, le Passe-partout a été créé en 1981 par le chef James MacGuire et son épouse. Ce restaurant est nimbé d'une atmosphère sereine dans un décor traditionnel qui saura plaire à tous.

Avec son choix de plats français et sa carte des vins impeccable, le Passe-partout est un lieu propice aux soupers en tête-à-tête, où chaque table offre un côté chaleureux et intime. Chacun s'y retrouve pour une expérience gastronomique sans égale.

Après un bon mousseux qui devrait vous ouvrir l'appétit (Blanquette de Limoux), comme le veut la tradition, le menu vous est expliqué en long et en large. Pour débuter, vous avez un choix d'entrées chaudes et froides. Accompagné d'un vin blanc, le Pinot Blanc Diamant d'Alsace, savourez par exemple un plat de rillettes de Tours ou une mousse de foies blonds de volaille sur pain rustique au levain.

Pour le deuxième plat, le saucisson de poisson et crevettes est un choix recommandable. Avec un arôme des plus remar-

quables, la sauce beurre blanc au Ricard et épinards est une merveille en bouche. Ce plat se savoure pleinement accompagné d'un vin blanc, un bon Sancerre par exemple. Quoique vous soyez tenté d'en reprendre, soyez sage car le menu offre encore une multitude de choix possibles.

La longe de veau au jus d'asperges accompagnée d'un mélange de riz basmati et sauvage est servie avec des champignons sauvages frais. Un Buzet Baron d'Ardeuil fera bon ménage avec cette viande délicieusement tendre.

Et pour entamer le début de la fin de cette belle expérience gastronomique, une salade verte mariée à un plat de fromages, les uns plus savoureux que les autres, vous sera proposée. Dégustez des fromages québécois uniques, ou même un traditionnel fromage bleu en compagnie d'un pain aux raisins et aux noix.

Les becs sucrés pourront jouir d'un délicieux feuilleté maison aux poires et à la crème glacée ou de l'onctueuse mousse au chocolat. Accompagnez cela d'un espresso ou d'un café au lait velouté et votre soirée aura été parfaite.

Le Passe-partout est une expérience inoubliable et une gâterie gastronomique de choix, pourquoi ne pas y passer une soirée en amoureux ? En sortant, n'oubliez pas d'emporter le pain qui vous est gracieusement offert dans la boulangerie qui occupe la salle adjacente au restaurant. Bon appétit !

25 RESTOS COUPS DE CŒUR

Le Piment Rouge

Lauréat de nombreux prix depuis vingt ans pour son service et sa gastronomie sichuannaise, le Piment Rouge, situé dans l'hôtel Windsor, est un véritable joyau chinois dans le centre commercial de Montréal. En dépit du coût et de l'attente, le service et les vertus culinaires du Piment Rouge sont à la hauteur de sa réputation.

Dès leur entrée, les clients sont toujours accueillis par un sourire amical, un décor presque féerique et par une élégance comparable à la salle de bal d'un château. La tour de bouteilles de vins, à elle seule, vaut le déplacement - avec plus de cinq cents bouteilles de vin en plein centre du restaurant, c'est une vision unique à Montréal.

Fort de ses nombreuses années d'expérience et de maîtrise culinaire à Taiwan, le chef Chen a fait du poulet Général Tao, arrosé d'une sauce maison spéciale, et des rouleaux de pâte Hunan au beurre d'arachide les plats les plus réputés du menu.

D'autres favoris incluent les légumes assortis sautés avec racines de lotus, le bœuf croustillant au sésame, les crevettes poivrées nichées au cœur d'épinards croustillants et les crevettes à la sauce sichuannaise, tous prodigieux de saveur.

N'hésitez pas à demander au serveur de vous recommander un vin. Ils s'y connaissent, comme nous l'avons constaté par l'excellent choix de fin merlot (Baron Philippe de Rothschild) et de Chardonnay (Caliterra) qui nous a été recommandé.

Pour finir la soirée avec délicatesse, un verre désaltérant de Errazuriz (vin de dessert) qu'accompagnent des boules de riz farcies au sésame ou une petite pâtisserie croustillante aux mangues vous emporteront dans un paradis sucré parfumé de senteurs tropicales.

Restaurant favori des notables, des gens d'affaires et des célébrités du cinéma, le Piment Rouge se classe comme l'un des meilleurs établissements de haute gastronomie à Montréal.

25 RESTOS COUPS DE CŒUR

1170, rue Peel • Centre-ville • Tél. : (514) 866-7816
30 $ à 45 $

Pino

L es soirées à Montréal ne seront plus les mêmes avec un restaurant tel que Pino situé à l'angle de la rue Crescent et du
boulevard de Maisonneuve. Depuis sa rénovation, ce resto-
bar pourrait être la solution de rechange à l'éternelle routine
de bars et de clubs.

Pino n'est pas seulement une trattoria de classe, c'est aussi un
lieu de rencontre, un café, un bar « 5 à 8 », un salon de réception, un véritable palace où les clients peuvent passer des soirées entières à causer, dîner et se fréquenter, sans même avoir
à se déplacer. Et quelle allure ! Jeune, branché, élégant sont les
termes qui viennent à l'esprit lorsqu'on découvre ses décorations raffinées qui pourraient tout aussi bien orner une galerie d'art contemporain.

La cuisine exquise est l'œuvre du chef Nacim Louali, un véritable maître en présentation et art culinaire. Axé sur une gastronomie méditerranéenne, Pino propose une excellente sélection d'entrées comme le Polpi alla griglia piccanti (poulpes
grillés sur lit de rapini) et le Calamari fritti (calmars frits), à lui
seul un classique fort connu, relevé d'une trempette marinara.

Et que dire des mets principaux, apprêtés avec encore plus de
soin ! Le Costata di Vitello (côte de veau grillée aux herbes
avec sauce porto) et la Costolette di Agnello (carré d'agneau

25 RESTOS COUPS DE CŒUR

Resto Cité

à la moutarde) peuvent séduire même les plus dédaigneux. Ajoutez à cela un gâteau au fromage voilé de chocolat blanc comme une jeune mariée, et des élans de péché nous envahissent pour le reste de la nuit.

Peu importe l'âge que vous avez, vous ne pouvez pas manquer cet étalage de raffinement, idéal pour les sorties entre amis et couples. Rien de mieux pour émouvoir l'âme et les sens que de passer une belle soirée chez Pino.

25 RESTOS COUPS DE CŒUR

Ristorante Lucca

Situé au cœur du quartier italien, Lucca représente le meilleur des restaurants *cucina rustica* à Montréal. Avec sa joyeuse ambiance de bistro, cet authentique resto trattoria chatouille la fringale des résidents de l'endroit depuis 1998, qu'il s'agisse de gens d'affaires ou d'amateurs de fine cuisine italienne authentique.

Dès l'entrée, les clients subissent le charme d'un restaurant d'atmosphère traditionnelle. Le menu change chaque jour, mais au lieu d'être présenté sur une carte flamboyante, il est calligraphié à la craie sur un tableau. Le choix consiste toujours en six entrées, trois sortes de viandes et pâtes, deux sortes de poissons et un risotto.

L'été, l'établissement s'ouvre sur une belle vitrine ouverte. Les décorations sont plutôt modernes, simples et chic, mais ce qui compte le plus et distingue le restaurant comme l'un des meilleurs en son genre se résume en deux mots : le service et la cuisine.

Tous les serveurs ont des années d'expérience à leur actif et plusieurs d'entre eux ont déjà travaillé dans d'autres restaurants de grande renommée. Cela se lit sur leurs traits; aucun n'a moins de trente ans. Posez-leur n'importe quelle question, que ce soit sur les plats proposés ou sur la sélection des vins, et vous obtiendrez une réponse comme si le menu leur était gravé dans la mémoire.

La cuisine est tout simplement ineffable. La capacité limitée du restaurant se voit dans l'attention portée aux détails et dans la préparation de chaque assiette. Les entrées comme les bruschettas, la mozzarella de bison, le calmar frit avec basilic en sauce aïoli et les portobellos et shiitakes sont tous préparés avec le même amour de la perfection.

Les entremets sont apprêtés avec soin. Le linguini peche frisco (moules, coquilles Saint-Jacques, palourdes, crevettes et saumon à l'huile d'olive, sauce à l'ail ou sauce tomate) et le risoto porcini avec fromage parmesan vous laisseront muets d'admiration.

Les plats principaux sont présentés avec art. Lors de notre visite, la mosaic di peche était composée de crevettes géantes, filet de flétan et saumon grillé servis sur un lit de courgettes et piments rouges. La costata di vitello (veau avec épinards sautés), servie avec un crémeux à-côté de polenta au fromage, est un témoin du potentiel de la cuisine italienne traditionnelle.

Ajoutez à cela un merveilleux vin blanc (Lacryma Christi, 2001), et finissez le tout avec un soufflé au chocolat digne d'apaiser n'importe quel « choco-holic », ou un délicat tiramisu et vous voilà emporté dans un monde où la cuisine parle avec des mots de velours couronnés de saveurs divines. Oui, Lucca est vraiment une expérience hors de l'ordinaire.

25 RESTOS COUPS DE CŒUR

12, rue Dante • La Petite-Italie • (514) 278-6502
30 $ à 45 $

La Serenata

Tapie derrière le centre commercial Centennial Plaza, sur le boulevard de Brunswick, se cache La Serenata, l'une des plus belles découvertes à Montréal en matière de fine cuisine italienne.

Ouvert depuis quelques années déjà, le restaurant révèle à ses hôtes une élégante ambiance moderne, des murs boisés, un magnifique foyer central et, mieux encore, une cuisine italienne de la plus fine qualité.

Avec un menu du jour changé quotidiennement et un menu du soir renouvelé tous les mois, les chefs Angelo et Sergio, qui sont aussi les propriétaires, proposent, grâce à leurs années d'expérience, l'une des plus traditionnelles cuisines italiennes sans jamais  manquer d'y incorporer une bonne touche de nouveauté et des flots d'harmonie gustatives.

Le restaurant comporte un merveilleux cellier vitré visible de la salle à manger. Face à une telle ostentation, il est difficile de maîtriser ses pulsions et un vin de qualité savamment sélectionné se trouve ainsi rapidement livré à table. Le cellier contient plus de quinze cents bouteilles, dont certaines rarissimes à Montréal comme des Super Tuscan, des Brunello et bien d'autres.

Une soirée à La Serenata commence, gracieusement offert, par un plat classique de bruschettas (traditionnelles ou au fromage) assaisonnées d'épices maison, prélude odorant de ce qui va suivre.

Le menu propose une variété d'entrées telles que des calmars tendres et croustillants, des moules au vin blanc agrémentées d'un coulis de tomates et d'ail, des portobellos grillés et bien d'autres spécialités. À ceux qui préfèrent un peu de tout cela, l'Antipasto Assortito Serenata propose un délicieux mélange de composants froids avec crevettes marinées et courgettes grillées, jardinière de légumes, melon prosciutto, salami de Gênes et olives siciliennes.

Comme plat principal, la maison offre la scaloppina di vitello Serenata, une escalope de veau garnie de pleurotes, d'échalotes, d'ail et de tomates fraîches, une véritable sérénade pour les sens, ou encore, si vous préférez, de merveilleuses côtelettes d'agneau si délicates qu'elles fondent dans la bouche. Et vous ne connaissez pas le plaisir de déguster des crevettes si vous n'avez pas goûté les gamberi Serenata (crevettes préparées à l'ail, avec sauce tomate et cognac).

Comme dans toute bonne chanson, il faut finir en beauté et donc une crème brûlée ou un tiramisu (spécial de la maison) achèveront la soirée comme il se doit. De délicieux sorbets en forme de fruits pourront aussi satisfaire à la fois vos yeux et votre gourmandise.

Discrètement blottie dans l'ouest de l'Île, La Serenata est un restaurant que nul ne peut ignorer. Sa fine cuisine vous émerveillera à juste titre, c'est une des cuisines italiennes les plus raffinées de Montréal.

25 RESTOS COUPS DE CŒUR

53, boulevard de Brunswick • Dollard-des-Ormeaux • Tél. : (514) 684-1321
15 $ à 30 $

Sho-Dan

Depuis quelques années la vogue de la cuisine japonaise n'a cessé de croître et cela est largement dû à une croissance de la sensibilisation à la santé dans la société. C'est ainsi que l'on retrouve plusieurs restaurants sushi à Montréal, mais peu sont aussi branchés que Sho-Dan.

Derrière une belle façade s'ouvre un grand restaurant acclimaté aux tendances modernes du centre-ville de Montréal. Service soigné, attentif et serveurs bilingues font du Sho-Dan un endroit très apprécié. Plus extraordinaire encore est l'attention portée aux deux facettes de l'atmosphère de l'établissement.

Le midi s'y rencontrent des gens d'affaires et, le soir, les lumières tamisées éclairent une clientèle cosmopolite à la recherche d'élégance et de style. Avec sa musique asiatique mais quelque peu jazzée, Sho-Dan se classe parmi les meilleurs restaurants « hip-hop sushi». Deux salles privées qui peuvent accueillir vingt-quatre personnes et un charmant comptoir à sushi encadrent la salle à manger fort spacieuse.

La cuisine est abordable, innovatrice et en constante évolution, avec au menu plusieurs spécialités de la maison, comme les pizzas sushi (thon, saumon fumé, caviar vert et sauce épicée sur riz frit), le Rose Maki (crevettes tempura avec thon rouge, avocat et mayonnaise au citron et asperges), ou le Black Dragon, une préparation farcie de zeste. Ces deux derniers plats conviennent particulièrement à ceux qui n'aiment pas le poisson cru.

25 RESTOS COUPS DE CŒUR

Aux plus audacieux nous suggérons le Tin Tin (saumon épicé avec laitue, enveloppe de feuille de soya, mayonnaise de citron et feuilles d'aneth). Le tout en sirotant un Golden Martini, fabuleux mélange parfumé de saké Black & Gold et de liqueur de prune. Chaque plat jouit d'une belle présentation. Le restaurant propose aussi une rare sélection de desserts sushi.

Sho-Dan est incontestablement le meilleur des restaurants japonais de Montréal. Son ambiance raffinée et moderne est le reflet de l'évolution qu'a subie la cuisine du pays du Soleil Levant en Amérique du Nord. Pour cette raison, nous décernons à Sho-Dan une note d'excellence.

Stash Café

En 1972, Stanislaw Pruszynski, un Polonais, ouvrit l'un des premiers marchés aux puces à Montréal. L'établissement connut le succès et devint un lieu de rencontre pour les artistes de toute tendance. Avec le temps, Monsieur Pruszynski commença à distribuer des potages pour apaiser la fringale de ses clients et l'ancêtre du Stash Café Bazaar venait de naître.

Quelques années plus tard, Madame Bujnicka fit l'acquisition de l'établissement. Après vingt-cinq ans de bons et loyaux services, le restaurant déménagea dans la séduisante rue Saint-Paul dans le Vieux-Montréal et devint simplement le Stash Café, Stash étant l'abréviation de Stanislaw.

Aujourd'hui, sous la direction efficace de Madame Bujnicka, Stash Café est le meilleur restaurant polonais de Montréal. Le resto évoque une charmante atmosphère de bistro d'avant-guerre. Dans une ambiance intime quelque peu mélancolique, teintée de couleur bourgogne, un pianiste berce tous les jours, à partir de six heures du soir, une clientèle réfléchie et posée en quête d'une cuisine à sa mesure.

Aucun souper polonais ne peut débuter sans avoir pris auparavant un petit coup de vodka, et Stash Café offre trois des

25 RESTOS COUPS DE CŒUR

meilleurs choix polonais en la matière. Notre favorite : la Zubrówka - une excellente vodka aux parfums d'herbe à bison.

La cuisine est typiquement polonaise et comprend des mets traditionnels de toutes les régions du pays. On y retrouve des assiettes d'après-chasse, comme le bigos — un ragoût composé de choux, de viandes, de saucissons et de champignons sauvages — et des délicieuses spécialités du cru, comme les pirojkis — petits chaussons de pâte farcis de viande, de fromage ou de choux.

Pour les novices de la gastronomie polonaise, un *menu débutant* propose un assortiment de plats les plus connus tandis que les connaisseurs peuvent se gâter avec l'une ou l'autre spécialité à base de canard ou de sanglier polonais.

Tous les plats sont préparés avec le souci de plaire aux Polonais. Les crêpes aux pommes de terre sont délicates et croustillantes, comme la tradition le veut. Les savoureuses krokiety (crêpes farcies de viande, légèrement recouvertes de chapelure) rendent hommage à ce qu'on peut réussir avec un peu de farine et un brin d'imagination. Les côtelettes de porc panées donnent du mordant au menu, et pour les connaisseurs audacieux, la tendre soupe aux tripes est parfaitement épicée et parfumée de mille et un arômes montagnards. Les golabki (choux farcis recouverts d'une sauce délicieuse) et les charlottes aux pommes et aux poires, quant à elles, représentent le nec plus ultra de l'ancienne cuisine maison de Pologne.

Ce resto classique européen reflète l'élite des bistros que l'on retrouve à Montréal. Avec son atmosphère feutrée et sa cuisine au cachet d'authenticité, Stash Café réussit à capter l'essence même de la Pologne. C'est définitivement un restaurant à fréquenter !

200, rue Saint-Paul Ouest • Tél. : 514-845-6611
15 $ à 30 $

Resto Cité

INDEX

INDEX

INDEX

INDEX

Resto Cité

INDEX

INDEX

INDEX

INDEX